U0937600

猴面包树

Sortir des

Jean Cottraux

des

走出负面情绪

émotions

[法] 让·科特洛 著 吴博 译

négatives

上海三联书店

前言

更好地与自己的情绪共处

负面情绪是每个人生活的一部分，如果否定它只会让情况更加严重。自从20世纪初开始，焦虑、怨怼、憎恨、抑郁这四种负面情绪不断滋生，又通过各种社交媒体被大幅度放大。

生态环境危机已经使得人心惶惶，近年来新冠病毒的流行让人的负面情绪状况更是雪上加霜。为了能够与负面情绪共处，我们最好首先认识它们，然后才能正确应对。

在本书的第一部分，我会分析大量有关负面情绪的研究成果，帮助大家更好地认识情绪的物理特征和心理特征。在第二部分，我会向大家介绍一套可以管理并且平复负面情绪的方法，也就是“负面情绪自我调节法”（PAEN），这套方法汇集了各种简单易行的技巧，能够在日常生活中帮助大家对抗各种负面情绪。负面情绪分为两种：伤害自己的负面情绪、伤害别人的负面情绪。六种戕害自身的常见负面情绪有：焦虑、内疚、悲伤、哀悼、懊悔、屈辱；六种损害他人的负面情绪有：愤怒、羡妒、蔑视、猜忌、怨怼、憎恨。在第三部分，我会和大家讨论有些人是如何用蒙昧的憎恨吹起民粹主义的烈火的。另外，还会介绍人们对死亡的焦虑是怎样体现在科幻文学作品以及超人类主义学说中的。超人类主义学说认为，在未来社会里人们会以获得更强的理性为借口，使用人工智能保护人类免遭各种情绪的侵扰。在本书的最后一部分，我会向大家展示大有希望的未来，这一部分讨论的内容是积极情绪的力量、如何保持良好的状态、获得精神力量的方法。

本书向广大读者提供了很多种调整情绪的技巧，以帮助人们保持良好的精神状态，帮助周围的亲朋好友乐观向上，为生活设立新的安全锚定点。

本书也是对人类本性的思考。当下社会，一定有方法防止个人信仰的崩塌，防止群体的憎恨情绪高涨。这需要每个人做好自己，接受正面积极的训练，面对权威不胆怯、不退缩，坚守善良和美好。

目录

第一部分

我们的情绪

情绪的舞台

法国剧作家让·拉辛（Jean Racine, 1667年）创作的悲剧女主角费德尔，在遇到了丈夫前妻的儿子伊波利特之后，一见钟情，她对闺中密友这样描述自己的感觉：

一见他，我双颊绯红；一见他，我面色苍白。
狂热的心中泛起波澜；
眼里空无一物，不能再发一言；
一时如身处冰窖，一时如堕入烘炉，冰火两重天。

拉辛这部剧作从推出到今天已经过去了三百五十多年，但是在当代的电影里依然会出现类似的桥段：一名女性向闺蜜倾诉同样充满感情的话语。导演会用正反打镜头向观众呈现两个对话者的眼神和面部表情，让两位女性通过想象体验这段描写，然后以闪回镜头呈现出伊波利特用退却与拒绝回应费德尔充满情欲的冲击。

戏剧中的这一幕体现了整个故事的萌芽，引导观众进入王后费德尔的角色。在第五幕，由于费德尔复杂的感情，加上伊波利特的断然拒绝，费德尔产生自己应该受到惩罚的想法，最终自杀：

在我失去的清澈的双眼看来，
死亡会洗涤污点，归还清白。

从17世纪到今天，一切都没有变，情绪和情感刻在人类的遗传基因当中，在身体反应、思想、言语、行为等方面以同样的方式展现。除了社会环境改变了情绪的具体表现之外，情绪的基本精髓并没有变。在情绪舞台的背后，隐藏着复杂的机制，在第一部分，我们将一同发现这种隐藏的复杂机制。

第一章

情绪、思想、行为

最开始出现的是行为，“宇宙大爆炸”是初始行为，依据物理法则和随机原则进行演变。假如上天创造了万物，那么这是一种有感情的行为，并且带有目的性，目的是善良和好奇的。也许万事万物的出现仅仅是上天平淡无奇的行为，那么世界的创造不过是掷骰子一样的偶然产物？有同情心的上天对人类思想的矛盾是否感到怜悯？情绪中存在荒谬之处，用科学方法研究各种情绪的原因，借以解释非理性。

什么是情绪？

我们不断地使用“情绪”这个词，但是却并没有给出清晰、实用、令人满意的定义，科学家们也没办法给出人人可以接受的全面解释。所以，为了防止罗列一大堆相互矛盾、卖弄学问的概念，我需要选择一个有效的定义，这个定义适用于整本书的内容。

情绪是一种生理、认知（精神）、行为上的简短而激烈的反应，体现了受内部或者外部事件影响之人的主观亲身经验。

情绪与孤独紧密相关。比如，一个男人独自在家，出现了心肌梗死的症状，他非常焦虑，明白自己的生死就在呼吸之间，于是马上拨打急救电话。再举一个例子，一位孤独的女性被爱人抛弃，听着和爱人第一次相遇时的歌曲，满心忧伤地想起已经离开的爱人，想起两个人在一起的甜蜜时光……

这两个典型的例子都属于人们情绪生活的一部分，而且在电影、小说、戏剧、音乐里常常出现。流行歌曲里有两个永恒不变的主题：和爱人第一次见面两情相悦、分手刻骨铭心的痛苦。不断重复的阿拉伯花式乐曲可以牢牢地印在我们的记忆中，直到变成萦绕心头的执念［泰勒(Taylor)等人，2014年］。聪明的音乐家善用这种令人上瘾的“音乐毒品”。

在作曲家莫里斯·拉威尔(Maurice Ravel)创作的著名作品《博莱罗》(*Boléro*)里，在十七分钟的时间里重复了十八次同样的主题旋律。拉威尔告诉一位朋友，如果加上点运气，这段不断重复的旋律可能和《马德龙》(*La Madelon*)一样著名。结果远远超出了拉威尔的希望，《博莱罗》成了全球名曲，给拉威尔本人和他的继承者带来了名誉和财富。不过，拉威尔本人认为，创作这段乐曲仅仅是一次人生经历，这次作曲如果音乐、音素等天时地利人和条件不变的话，任何音乐学院的优秀学生都可能取得同样的成绩。

情境、事件、想法、记忆闪回、声音、音乐会触发情绪。但是如果没有人类植物神经系统、意识和潜意识的思想、行为系统这三种系统的反馈，情绪是不会产生的。

理智与情绪

情绪的特点是身体上快乐或者不快的感觉，环境刺激产生的生理改变对应各种情绪。机体并不是被动地做出反应，而是会根据自身接受刺激的特点不同做出不同的反应。机体对于事件的感知取决于之前的经验以及当时所处的物理状态。

情绪是一种通过无意识的、自发的内脏反应表现出来的生理过程。植物神经系统（也被称作自主神经系统）控制平滑肌，平滑肌保证消化系统、心血管系统、胰腺和肾上腺髓质等大多数的外分泌腺的正常运行。肾上腺髓质能够分泌人人皆知的肾上腺素，这种激素对于运动员来说至关重要。

与自己的肚肠交谈

首先，需要指出的是，人们单单凭借自己的生活经验不会了解生理学，因为生理学总是在我们意识不到的情况下发挥作用。其次，法国俗语“这种情绪我深有体会（l' émotion nous prend aux tripes）”的字面意义是“情绪影响肚肠”，这种说法很有道理。恐惧会对消化系统产生影响，导致腹痛、腹泻。在法国政坛可以形容政治人物“拥有共和国的肚肠”。与其他人的“肚肠”谈话属于政治人物众多魅力中的一种，这种魅力可以激发民众的情绪，这种情绪可以是对政敌的仇恨，也可以让民众觉得自己属于创造历史的一群人从而感到快乐。这样的比喻同样适用于政治人物贪污腐败的事件。法国政治家爱德华·赫里欧（Édouard Herriot）说过这样的讽刺名言：“政治就像灌制的香肠，闻起来像大便，但又不会臭得过分。”

在英语里有“gut feeling”的说法，字面意义是“来自肚肠的感觉”，意思是“直觉”。即使最理性的人做事也会依据直觉。我的美国老师罗伯特·保罗·利伯曼（Robert Paul Liberman）是经验丰富的科学家。他本人表示，自己在招聘合作伙伴的时候依据的不是应聘者的简历，而是“gut feeling”，也就是根据直觉判断应聘者是否适合这份工作。他在研究工作里总是根据严格的统计数据用科学方法认真规划、分析、执行，而在处理职业关系时却恰恰相反，他更加相信直觉而不是科学论证。

认知与情绪：我们怎样思考？

我们通常把认知作为情绪的对立面：认知是认识的行为，指的是获得认识世界的知识，这种获得知识的行为源自一系列脑力活动：感知、诠释、记忆储存、从记忆中唤醒导入意识。认知的过程比较缓慢，情绪则可以瞬间爆发。在情绪的支配下，我们在心脏跳动的一刹那就能够做出抉择。的确，这样做出的决定节省时间，可是长期来看，这样的决定往往不是最合适的决定，因为我们做出决定的依据不具客观性，而是潜意识的影响。

我们把这种根据事实瞬时判断的方法叫作启发法。这类思考捷径需要动用直觉，然后得出结论、做出选择，但不一定能够保证所得结果的质量。

信息处理：缓慢模式还是快速模式？

2002年，诺贝尔经济学奖获得者丹尼尔·卡尼曼（Daniel Kahneman，2011年）提出一种假想：我们的大脑有两个系统，系统一根据直觉和情绪迅速处理信息，系统二根据逻辑处理信息，速度较慢。

系统一采用的是认知启发法：法语“启发法”（heuristique）一词源自古希腊语，表示“猜”“找到”。认知启发法遵循预设方案，也就是说预判，这是不需要花费气力的自动判断。而系统二采取客观判断，需要长时间处理各种互相矛盾的信息。认知启发法分为三种，在下文将详细说明。

认知启发法分为三种:

代表性启发法，指的是根据个例或者根据事先形成的想法做出判断。这种认知方式对应的是抽样统计方法，也就是说一个例子相当于一个样本，数量有限的样本相当于全体对象。比如：所有的英国人都是红头发，所有的天鹅都是白色的。

这种方法从来不考虑少数特例，所以可能导致极其严重的后果。可能只有寥寥几个在暗处工作的美国中央情报局（CIA）探员，事先得知2001年9月11日美国世贸中心双子塔恐怖袭击事件，遗憾的是没有人听他们的意见。新冠病毒的流行产生了巨大的、可怕的后果，可能已经有人预见这种全球规模的大疫情有一天会爆发，但是没人相信他们，这些人遭到边缘化。

可支配启发法，指的是使用记忆中可以迅速支配的信息来做出判断。主张在脑海中出现的第一个想法或者第一幅画面是正确的——即使这个想法或者画面未必恰当——

人们说思想一定正确，那是因为直觉从不出错。

锚定启发法，指的是对于事先形成的预判不进行修正或者无法修正的做法，即使事实证明这么做是错误的也不进行修正。对实验测试进行评估的统计学家表示，他们可以放任这种情绪化的判断，即使这些判断与自己接受培训时学到的正确标准相左，也会听凭这些判断，不加干预。统计学家可以说是最严谨的一群人——在我进行研究的时候，他们给我很大帮助，让我避免受到情绪的左右，严格尊重统计测试的结果。但是，统计学家有时候也会实施第二套标准——严以待人，宽于律己。

理性和情绪一样，在人们做决定时非常有用。当然，一切还要取决于具体情况。如果有老虎追我们，我们感到恐惧，最好想也不想就爬上树。如果准备结婚、买一套公寓、开存款—股票账户、撰写科学报告，这时候最好要运用理性仔细思考。

情绪智力

人们总是把语言智力和情绪智力作为相对的两个概念，把多元智力理论和传统的智力测验的概念置于对立面。传统的智力测验只是把智力作为一个单一元素，认为智力是建立关联的能力。为了让大家分辨关于情绪智力的流言，最好仔细研究几位先行者给出的定义，萨洛维（Salovey）、梅耶（Mayer）、卡鲁索（Caruso）在20世纪90年代末提出了“情绪智力”这个概念［戈捷（Gauthier）和拉里维（Larivée），2007年］。这三名科学家的研究成果显示，具备情绪智力的人处理来自情绪的信息的时候拥有更大的认知层次优势：这样的人能够从中看到行动的意义和规则。

什么是情绪智力？

情绪智力由四种能力组成：

1. 感知和表达情绪的能力；
2. 纳入这些情绪便于思考的能力；
3. 理解来自情绪的意义和信息的能力；
4. 管理情绪的能力。

萨洛维、梅耶、卡鲁索三位科学家创造并研发了一种测试情绪智力的工具——MSCEIT情绪智力评测表（Mayer-Salovey-Caruso Emotional Intelligence Test），并且确认这个工具非常有效。用这种心理测量工具进行的研究确认它的智力测量模式有效。用该测试工具测试的情绪能力彼此关联。情绪智力用最简单的方式包含了传统意义上的智力。令人高兴的是，随着年龄的增长测试成绩越来越高：这表示人类的生活经验越丰富，理解他人情绪的能力就越强。

情绪智力是不是个性的体现呢？一项研究（萨洛维、梅耶、卡鲁索，2002年）表明，正如情绪智力概念的创立者们所定义的那样，情绪智力和心理学传统定义的“个性”没有关联。这项研究是情绪智力具备价值的强力证据。但是，没有任何有价值的科学研究证明在MSCEIT情绪智力评测表上得高分的人在社会生活中更加成功。尽管如此，各种流行文化下的伪心理学仍然在情绪智力这个概念上大做文章，并且在企业开设相关培训课程。

面孔、反应、情绪

法国哲学家、数学家、物理学家勒内·笛卡儿（René Descartes）在他1649年撰写的书籍《灵魂的激情》（*Les Passions de l'âme*）一书中提出了一个假设——人类拥有一定数量的基本情绪：仰慕、爱情、仇恨、欲望、欢乐、悲伤。笛卡儿认为，情绪位于灵魂和肉体之间，情绪让灵魂受苦，让肉体行动，各种情感都要服从理性。

但是，直到1872年人们才开始对情绪进行真正的科学研究。那一年达尔文出版了《人与动物的情绪表达》（*L'Expression des émotions chez l'homme et les animaux*）一书。这部作品的依据是作者对周围亲友的研究、对动物行为的观察、对图画和照片的研究、对当事人实地调查的研究。从此之后，人们开始了对情绪的各种科学研究。这是一项正在进行中的科学研究项目，研究的主题是情绪心理学，下文是内容节选：

母亲和孩子之间沟通的首要方式……是面部和身体的表情动作……我们很快可以通过其他人的表情感觉到对方的善意。表情动作让言语具有活力和能量，它们能够表现出和他人互动时的真实想法，言语与之相比真实性要低，因为言语可以伪装。

观察他人非语言行为，尤其是面部表情，能够准确感知他人的想法。达尔文统计出八种基本情绪：惊讶、悲伤、愤怒、快乐、蔑视、厌恶、惭愧、恐惧。内疚、狡猾、固执、惊愕等情绪和别的情绪区分度不是很高，所以被排除在外。

达尔文认为，耸肩膀、用头表示否定这个行为世界通用，到处都一样，但是用头表示肯定这个动作各地的表达就有差异。

保罗·艾克曼（Paul Ekman）支持这样的一种假设：面部表

情能够反映最基本的情绪，这些情绪由内而发，在所有的文化中相同［艾克曼（Ekman），1982年；艾克曼和戴维森（Davidson），1994年；艾克曼和达尔文（Darwin），1996年］。

艾克曼不断测试这种假设，并且研发出一套面部行为编码系统（Facial Action Coding System, FACS），具体来说就是，在十秒到十五秒的时间里向受试者展示六张面孔的照片，然后请受试者说出照片上面孔表达的情绪；还可以请受试者听一段叙述，然后在三张照片里选择一张照片，照片上的表情要符合故事叙述声调所表达的情绪。这六张照片分别表达了欢乐、愤怒、恐惧、悲伤、厌恶、惊讶。起初，“惊讶”从理论上说就属于六种基本情绪之一，不过在很多组测试当中发现，人们很难分清楚“恐惧”和“惊讶”这两种情绪。

经过大量的工作之后，保罗·艾克曼和他的团队得出结论，存在几种基本情绪：欢乐、愤怒、恐惧、悲伤、厌恶、惊讶、蔑视。不过人们对“蔑视”和“惊讶”两种情绪存在争议，大多数研究者认为，可以把基本情绪限定为五种：欢乐、愤怒、恐惧、悲伤、厌恶。因为“厌恶”和“蔑视”的表达很相似，“惊讶”和“恐惧”的表达也很相似。

基本情绪与遗传基因命令下的“缆线”相同，这种遗传基因为所有灵长类动物所共有（不要忘记，人类也属于灵长类动物）。

作为灵长类动物，情绪需要具备很精确的特点。情绪自发、迅速地出现，无法自主控制，而且伴随每一种情绪出现的还有影像、想法、特殊的感觉。这些情绪都能够通过面部表情体现出来。

情绪可以以更加微妙的形式表现出来：通过面部一过性的表情，这些表情转瞬即逝，有的只能通过摄像机慢放才能发现。这些非自主控制的短暂“泄露”能够展现当事人想要隐藏情绪的真实想法。

基本情绪是迅速、自动、不可避免的反应，智人与其他所有灵长类动物都具备基本情绪。

虚假的情绪

人类可以模仿某种情绪，也可以情绪造假，“外交微笑”就是这种情况。真正的微笑会牵涉颧骨部位肌肉的收缩，眼睛皱起，这就是“布洛涅的迪谢纳微笑”(sourire de Duchenne de Boulogne)。迪谢纳(Duchenne)是法国解剖学家，在1862年描述了什么是真正的微笑。我们可以分辨真正的微笑和虚假的微笑：颧骨部位的肌肉收缩，但是没有眼睛皱起，这种微笑是人类主观命令下的假笑，如果仔细观察很容易辨别。

蛇蝎美人的两副面孔：温柔与危险

演员这个职业需要表达各种情绪，眼神和面部表情是演员的谋生工具。美国女演员简·格里尔（Jane Greer）在1940年患上了颜面神经麻痹的疾病。和所有患这种疾病的人一样，简·格里尔必须每天练习面部肌肉作为康复训练。经过了五年的训练，这种疾病在她脸上几乎没有留下任何后遗症，而且她把这种劣势转化成优势：完美地控制面部表情。她把这种能力用在著名的黑色电影《漩涡之外》（雅克·特纳导演，1947年）（*Out of the Past*, Jacques Tourneur, 1947）中。在电影中她扮演一名蛇蝎美人，诱惑了罗伯特·米彻姆（Robert Mitchum）和柯克·道格拉斯（Kirk Douglas）两名演员扮演的角色，并把他们彻底毁掉。

情绪是一种行为，正如它的名称所示，有时是一种富有戏剧色彩的行为。法语的“情绪”（émotion）一词来自拉丁语“motio”，意思是“运动”，正是面部肌肉收缩流露出人的情绪。但是，情绪也可以通过其他非语言行为表达。情绪激动可以让人蠢蠢欲动、奔跑、战栗、焦躁不安、颤动、逃跑、进攻、说话、仰天摔倒、从柜子上摔下去、从悬崖上摔下去、说话结巴、口误等。

情绪还会带来类似交感神经的兴奋反应：脸红、面色变白、出汗、瞳孔直径变化。声音也会反映出情绪变化。另外，情绪变化会伴随心率改变、呼吸频率改变、由于发汗导致皮肤导电性变化。情绪可以伪装，仔细观察的话可以发现情绪反应，根据声音频率的变化也可以辨别出情绪反应。

社会影响下的情绪

尽管艾克曼强调情绪是内在产物，但是也不能否认社会影响在情绪塑造方面扮演的角色。五种基本情绪是依赖于社交规则的“开放程序”，并且这些“程序”引导情绪向某种行为发展。比如，日本人在观看令人感动的电影的时候比北美的观众更能控制自己的情绪，在面对权威的时候日本人会通过微笑掩盖自己的真实情绪。这是因为在场的人作为观察者可能提出批评，严格的社会规则让当事人把情绪内化，于是出现了这样的表现。但是在完全放任自己的时候，日本人和其他任何文化下的人一样，任凭情绪发泄。这里，情绪的另一面是担心其他人的看法、怕自己得到负面的评价。

在这种社会环境下，就会出现“保住脸面”这样的表达方式，即在艰难的环境下人为干预表达积极情绪的情况。

情绪和记忆

“三个小音符，讪笑嘲弄你，在记忆深处……”在记忆中的哪一部分会藏着亨利·柯比(Henri Colpi)的电影《长别离》(*Une aussi longue absence*, 1961年)的三个小音符呢？

人类存在六种记忆，在人类遗忘、回忆方面起到重大作用。

其中两种记忆是短时记忆。第一种短时记忆是仅能够持续几毫秒的感觉记忆，这是一种储存信息的预先记忆。第二种短时记忆是工作记忆，持续时间从几秒钟到几分钟不等。这种记忆可以让我们找到之前放的钥匙，记住电话号码，记住汽车停在哪里。

另外四种记忆属于长时记忆。程序记忆帮助我们记忆运动习惯和条件反射的自动行为。程序记忆让我们能在驾驶汽车的时候不去思考怎样驾驶，在遇到红绿灯的时候自然而然地做出反应，看到著名大厨饭店招牌菜的时候分泌唾液，和“巴甫洛夫的条件反射试验”一样。

语义记忆对应的是我们在学校、在书本中、在社会交往里所学到的东西、所学习到的语言，以及让我们在社会中正常生活所需要的规则，这种记忆让我们能够书写、进行科学研究、演奏音乐。正是在这种结构当中存在认知图示（schémas cognitifs）[1]，认知图示让人类能够认识、理解、诠释这个世界；认知图示能够过滤感知数据的深度结构，根据过往的知识对数据做出解释；认知图示可以自动运行并且给情绪体验赋予意义。这种记忆是永恒的，因为知识永远不会陈旧。

情节记忆是对于生活中事件的记忆。这是个人化、陈旧的记忆，能够唤起过去的感觉细节。这种记忆类似于自传，对应围绕某一具体日期凝结的回忆。当回忆的事件触及意识，情节记忆会引起情绪的回归——出现所谓的“闪光灯记忆”。情节记忆完全是个性化的，也就是在这里储存着努力克服遗忘的“三个小音符”。情绪的激活能够打开回忆的大门，在小说、电影里会把这种闪光灯似的记忆叫作“闪回”：一个词、一种声音、一件事能够触发情绪，激活和回忆相关的一系列图像、感觉。闪回可以是幸福的回忆，也可以是濒临死亡的经历：患有

1 认知图示是瑞士心理学家让·皮亚杰（Jean Piaget）提出的概念。“图示”（schéma）也会被译作“基模”，用来描述思维或行为模式，用于描述先入为主思想的心理结构，表示世界某些观点的框架，是用于组织新信息的系统。人使用图示组织现有的知识，并且为将来理解新知识提供框架。比如各种学术规则、刻板印象等都属于图示。——译者注

创伤后压力综合征的人会出现闪回。

怎样做才能唤起情节记忆呢？虽然菲尔腾（Velten）［吉莱（Gilet），2008年］研发了一种方法，用音乐诱导积极情绪或者消极情绪，不过气味和味道具备更强的激活记忆的潜力。

时间的气味

这是马塞尔·普鲁斯特（Marcel Proust）在《追忆似水年华》（*À la recherche du temps perdu*，1919年）中关于玛德莱娜蛋糕的著名片段：

“回忆却突然出现了：那点心的滋味就是我在贡布雷时某一个星期天早晨吃到过的‘小玛德莱娜’的滋味（因为那天我在做弥撒前没有出门），我到莱奥妮姨妈的房内去请安，她把一块‘小玛德莱娜’放到不知是茶叶泡的还是椴花泡的茶水中去浸过之后送给我吃。”

和马塞尔·普鲁斯特一样，我们每个人都有属于自己的玛德莱娜蛋糕：房子关门闭户很久发出的霉味、牡蛎的味道、樱桃收获时节的味道、夏天雨后湿润泥土的气味、老学校旁边忍冬散发的气味、一位身穿黑衣的女士散发出迷人的香水气息……但是并非所有人都有美好的童年，嗅觉同样可以引发糟糕的回忆。阿尔丰斯·布达尔（Alphonse Boudard）经历了坎坷、满是罪行生活之后，在弗雷讷监狱服刑十六年。他回忆起那段经历，在小说《樱桃》（*La Cerise*[1]，1963年）里做了详细描述。布达尔觉得，这段监狱生活是自己最终取得成绩的一段人生经历，后来他成了小说家、电影编剧，并且创作了电影《鼠妇的蜕变》（*La Métamorphose des cloportes*）。下面是小说《樱桃》的节选。

“监狱，首先是气味，对嗅觉灵敏的人来说那里有些很不真实的东西。那是一种混合的气味：死老鼠、猫尿、霉菌、各种粪便、臭脚、煤气灯泄露的气体、冷掉的烟头、卷心菜汤、日常的酸腐味。”

马塞尔·普鲁斯特和阿尔丰斯·布达尔的直觉得到了科学证实。功能性核磁共振研究［赫日（Herz）等，2004年］

1　如果不知道阿尔丰斯布达尔和卢克埃蒂安（Luc Etienne）创作的书籍《同化方法学俗语》（*La Méthode à Mimile*，1970年），请看书里给出的解释：樱桃指的是霉运、晦气、倒霉、恶事、失败、坏运气、厄运、贫穷、穷困、拮据、悲惨，也是失败和被抛弃的感觉。

证明，通过香水引起回忆能够引发大脑负责情绪情感区域（海马体和杏仁核）的明显反应，这种反应要比使用视觉图像引起回忆的反应更强烈。尽管和音乐、淡淡的香气、旧日的气息相比，使用照片引起回忆导致的情绪反应相对较弱，但是照片有助于保存自传式的记忆。照片可以将我们经历过的瞬间永远保存下来，或者有一天后代子孙会认真地收集这些照片，但没有人知道他们会用怎样的眼光审视我们的回忆。

陈述性记忆或者外显记忆是以具备意识的方式通过语言引起回忆的。这种记忆让人能够学习，可以有

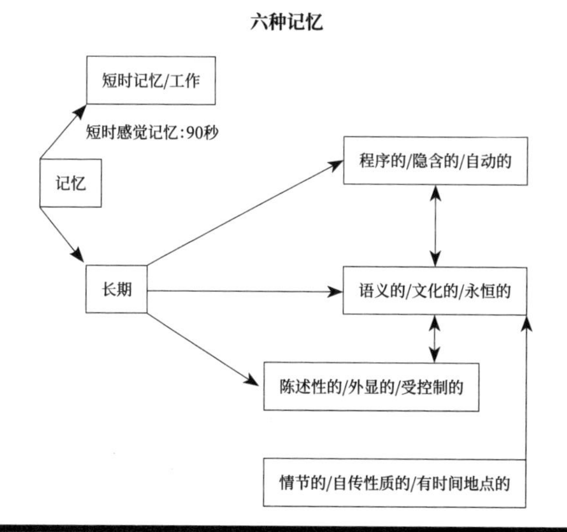

意识地想起事实并就此展开讨论。陈述性记忆首先是情节记忆，让人能够用词语、书写或者各种不同的艺术方式表达自己的经历，然后变成语义记忆，根据事先建构的认知图示或者根据给出诠释的新型认知图示把经历过的事件分类，于是围绕自己、他人、世界建立整套的理论，引导未来的行为。上图介绍了六种类型记忆的关系。

大多数记忆是非陈述性记忆，也就是说这些记忆以人们意识不到的形式运行。

情绪是不是有意识诠释的产物？

所有的讨论都开始于威廉 · 詹姆斯（William James）的一篇文章《情绪是什么？》（*Qu'estce qu'une émotion?*, 1884年）。詹姆斯认为，情绪是身体的反应——心率加快、肌肉收缩、肠子痉挛、瞳孔扩大、出汗——所有来自身体的信息产生情绪。这些信息到达大脑，大脑给每一种情绪贴一个标签，比如，欢乐、愤怒、厌恶、悲伤、恐惧。

所以，这是来自身体的特殊信息，我们认为这是情绪：我们害怕因为我们颤抖，我们悲伤因为我们哭泣。脏腑的感觉发生在身体内，影响我们，甚至在不定的时间里“感染”我们。

于是，当无意识的生理反应转向有意识的思想的时候，我们称之为“情感”。把有意识的诠释贴上标签，变成快乐、悲伤、焦虑、恐惧、厌恶、生气。这种标签，不但取决于人所处的环境，更重要的是还取决于人怎样诠释，取决于记忆把情绪置于什么样的环境之下。

所以，把身体的反应和引起这种反应的原因联系起来，情绪是对这种联系的诠释。通过下图解释这种理论，这是认知演化图［莫那（Monat）和拉扎鲁斯（Lazarus），1991年］。这幅图尽管因为表现出智力至上主义而遭到批评，但是因为它简单明了，所以广为流传。

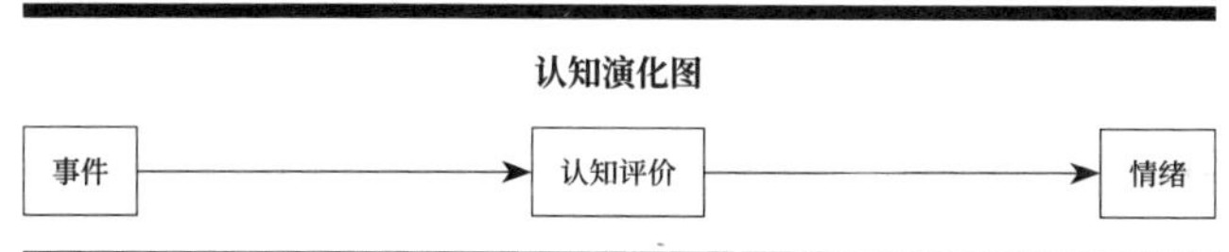

根据拉扎鲁斯提出的模型，认知是原因，有意识的认知评价是感受情感状态将其认作情绪。不过，拉扎鲁斯认为，有些情绪可以通过无意识、自动的方式触发，但是拉扎鲁斯仍然保持“理智主义者”的状态。后期的研究主要探索无意识程序，这种无意识程序能够在跨越意识的门槛前把脏腑的感觉转化成无意识的情感。

情绪源自无意识的情感吗?

扎荣茨［(Zajonc)，1980年］提出一种假设：情感判断的特点是预认知、非语言、自动、不可避免的。情感和认知属于两套不同但相互连接的系统。情绪判断优先发生，用自动、即时、不可避免、无法撤回的方式运行，类似于爱情里的一见钟情。情绪可能不需要有意识的认知标签，因为不论发生什么，不论有任何与意识相反的证据，情绪仅仅见证了始终存在的无意识选择。下列图示代表了这种模式。

那么，怎样解释情感的主导地位？怎样解释我们更偏好这种自动、不可逆的特性呢？答案在“多看效应”当中。所谓的“多看效应”指的是人们喜欢自己熟悉的东西。这种认知方法指出，我们所有的品位都受到儿童时期以及更晚时期的经验影响，这些经验持久地塑造了我们的个性。很多研究成果［扎荣茨（Zajonc），1968年；伯恩斯坦(Bornsein)，1992、2004年］证实了这个理论。人们喜欢自己已经了解的东西，并且还想要更多同样的东西。这种吸引力非常有效，而且在人们自己意识不到的情况下，这种吸引力就在发挥作用。阿尔方斯·德·拉马丁(Alphonse de Lamartine)在《米莉或者出生之地》(*Milly ou la terre natale*)中这样写道：

> 无生命的物品你们有灵魂吗？
> 谁依恋我们的灵魂，谁让灵魂去爱？

潜意识曝光(在没有意识到的情况下感知)对于固定品位和喜好非常有效。刺激的意识减弱这种效果。很多研究成果证明，无意识地处理信息在表面的客观选择上扮演了重要角色[贝里奇(Berridge)、文科尔曼(Winkielman)，2003年]。

情绪走的短路径和长路径

勒杜[(LeDoux)，1998、2002年]提出了一种简单的模式，这种模式能够解释关于情绪的两种理论。一种理论认为情绪是情感现象；另一种理论认为情绪是复杂的思想程序，有意识地诠释占据首要位置。勒杜的学说建立在一系列的实验基础之上。

当人看到潜在危险的时候会触发恐惧的情绪，比如，看到了树枝的影子以为是蛇或者其他危险的动物；在情况不明的时候，大脑会选择短路径，迅速、自动地做出决定，或者进攻，或者逃跑，或者僵在原地（fight, flight or freeze）。

战斗的态度

我上次遇到蛇是在自己的花园里，我看到那条蛇之后，它仅仅活了十几秒钟就被我消灭了：那十几秒钟是我找铲子的时间。所以我当时选择了“战斗”。在儿童时期，我见到爬行动物就会逃跑，因为父母的教育使我害怕蛇，父母这么教育是为了保护我，为了我的安全。

这就是短路径，它自动发生、没有意识参与。短路径对应的是大脑的古老部分——丘脑，丘脑和杏仁核有连接。从杏仁核发出的信息会被传递到前额皮质层，执行有利于生存的行为。海马体包含条件反射记忆和反射行为记忆，所以有必要保持海马体的完整。记忆可以让大脑迅速分析环境，采取决定性的行动。

短路径通过大脑的杏仁核，杏仁核是边缘系统的一部分，是所有情绪的汇集地。杏仁核可以监测到基本的情绪刺激：恐惧、厌恶、悲伤、愤怒、快乐。左侧杏仁核回应声音表达，右侧杏仁核回应面部表情表达。

不过，在情况不明确的时候，大脑可以走长路径，也就是说通过前额叶区和感觉区，让意识参与进来。拥有记忆的大脑各个区域，尤其是海马体，会分析环境、诠释刺激，然后准备行动。

大脑各个区域激活在语义记忆里的认知图示，语义记忆赋予情绪经验意义。和短路径相比，长路径更加稳妥，但是更耗费时间，所以当面临生死抉择的时候选择长路径可能会丢掉性命。

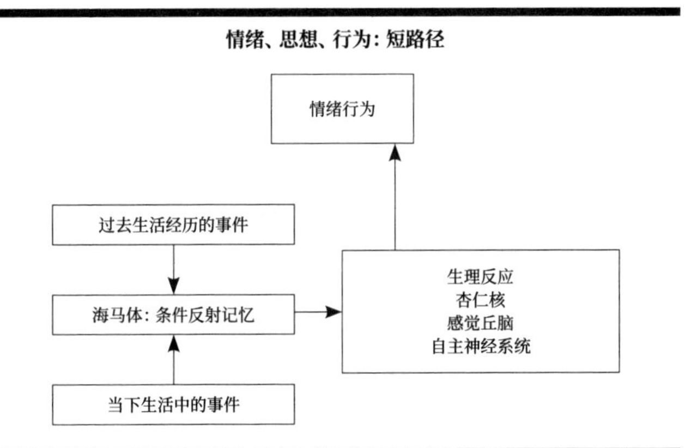

情绪、思想、行为：短路径

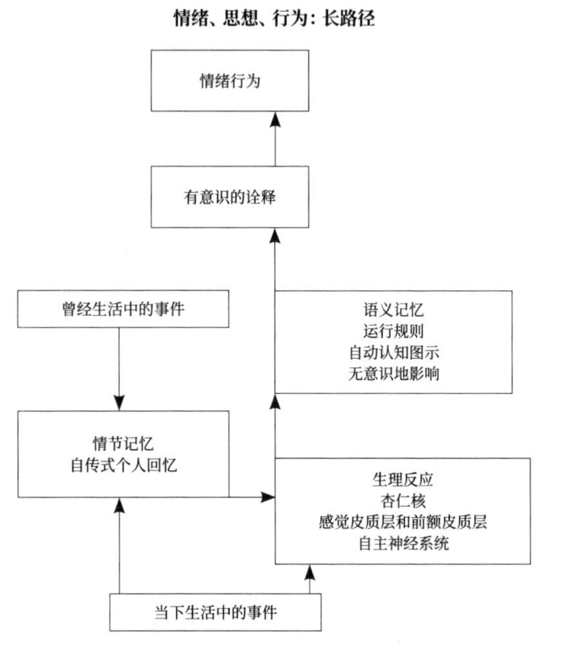

情绪、思想、行为：长路径

各种恐惧症、创伤后应激、边缘型人格（或者被称作边缘型人格障碍，指的是情绪冲动的个性和不稳定的个性）等情况都属于带有强烈焦虑的情感障碍，具有这些情感障碍的人大脑选择的都是“短路径”。对这些人来说，杏仁核是学习恐惧和负面情绪的支撑。但是，勒杜（LeDoux，1992年）承认，如果前额叶受损，那么面对不断引发焦虑的情况时，前额叶会强化对恐惧和焦虑的反应。也就是说，这种情况下的心理适应过程中意识很可能在发挥作用。

逐渐适应是神经科学的基础方法之一。根据认知疗法和行为疗法，把患者置于能够引起焦虑的环境中，逐渐强化引起焦虑的因素，不断重复并且慢慢延长患者暴露的时间，使之逐渐适应。在实践中，心理治疗师利用短路径，鼓励患者面对害怕的东西，等待负面情绪逐渐消退（暴露在导致焦虑的环境下）。同时，心理治疗师也利用并向患者解释长路径，并且对患者的不适给出最理性的解释（认知重构）。

下图用简单的方式总结了长短两种路径背后情绪经

简单解释恐惧引发的两条路径（根据勒杜的研究制作，1996年）

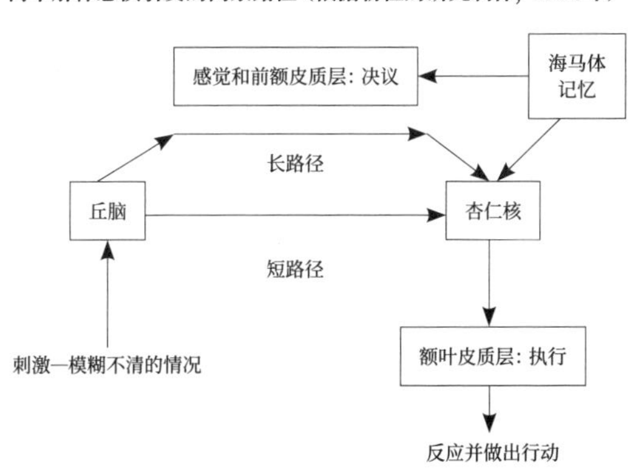

验的依据。

结论：人类情绪的作用

情绪最主要的作用是“适应”。和冷静的认知、逻辑思想相比，情绪是火热、无序的认知，根植于人类原始的兽性之中。情绪存在的目的在于增强个体和集体存活的能力。在状态不明需要迅速做出决定的情况下，恐惧的情绪会被激活，判断要面对的是朋友还是敌人。恐惧可以集中精神，警醒意识，增加记忆储存。厌恶和味觉能够提醒我们要远离哪些食物。愤怒会让原始状态的人类更容易进入暴力行为和拯救行为的状态；当然，在和平时代的文明人身上，愤怒情绪常常招致批评。

最后，再看一下各种积极的情绪，用艺术方式表达的欢乐、幸福可以建立积极的情感连接。总之，不论负面情绪还是正面情绪，都可以通过情感同化、共同记忆的方式产生有助于人类存活的行为。

第二章

情绪与科技

如果我们认为科技来自人类的理性，而情绪是感情的产物，那么科技和情绪就应该是相对的两个概念。但是，在心理学上情感却被赋予了科学的身份，而且存在一种科技可以客观表达、处理甚至操纵情绪反应的说法。而且，人工智能的最新发展非常注重社会对于个人情绪和集体情绪的支配与影响。

情绪，一种可以记录的现象

记录情绪最古老的方式是皮肤电反应（英文缩写为GSR：galvanic skin response）记录，20世纪第一个十年间这种方法就存在。最早研究这种方法的一位心理分析师是卡尔·古斯塔夫·荣格（C. G. Jung），他对情绪感应进行了心理分析，在他著名的研究成果中就提到了皮肤电反应方法。

皮肤电反应的做法是对手指皮肤施加微量的电流，记录皮肤的导电情况：受测试者越激动，就越会出汗，这样就越有利于电流传导。给受试者展示会引起情绪波动的幻灯片，播放能触动受试者思想情绪的语言描述，这时候只要用电阻表（测试工具）简单测一下皮肤反应就可以大致估计受试者的情绪反应强弱。

这种可以测量皮肤电反应的仪器售价大约十几欧元，但是在山达基教[1]的教堂里人们给这种机器取名叫“心灵电仪表[2]”，销售价格高达五千欧元。可见，揭示人类情感的价格不菲。

可以把这种简单的检测仪器改造，当检测到的情绪越强烈，仪器就会发出越尖厉的声音。将这种高亢的声音传输给受试者，之后请受试者放松自己的情绪。越放松自己，仪器发出的声音越低沉，最后达到事先设定的阈值，声音完全消失。我和我的研究团队用这样的方法成功治疗了肌肉紧张造成的头痛，造成这种症状的因素之一往往是紧张、焦虑。研究证明，从焦虑程度、头痛的严重程度和频繁程度几个标准评价，通过皮肤电反应反馈进行治疗的效果要比舒尔茨（Schultz）放松疗法的效果更好［柯莱（Collet）、科特洛（Cottraux）、热内（Jeunet），1986年］。

记录心率、呼吸频率同样可以反映出人的情绪。多道记录仪，也叫“测谎仪”，能够记录心率、皮肤导电性、呼吸频率、体温、血压、瞳孔直径等。首先对嫌疑人提一些

---

1 山达基教也被译成“科学神教”“科学教”，1953 年由罗恩·霍博特在美国建立。有些国家视其为宗教，有些国家视其为营利组织。山达基教的各种行为饱受争议，很多人认为山达基教是邪教组织。——译者注

2 此处法语原文为“électromètre”，指的是测量电荷的静电计，很可能是原文的印刷错误。山达基教销售的测量情绪的仪器是“électropsychomètre”（心灵电仪表），其原理和测量皮肤电反应的电阻表一样。——译者注

普通的问题，然后突然提问有关嫌疑人可能犯下的重罪的相关问题，观察记录仪的变化。通过多道记录仪测谎的原理在于不同人的生理系统反应不尽相同，情绪反应各异。

从1935年开始，多道记录仪在美国法庭上大获成功。在美国，这种仪器的测试结果被认定是具备证据的价值的。如果证人拒绝接受多道记录仪的测试，那么证人证词的可信度就大打折扣，人们会怀疑他说谎。从1994年开始，人们在美国、加拿大、比利时用电脑控制测谎仪，但是测谎仪的结果在法国仍然不能作为法律认可的证据。

测谎仪，大银幕上的道具

一部根据真实事件改编的美国电影《反案记》[英文名：*Call Northside 777*，导演是亨利·哈萨维（Henry Hathaway），1948年]，讲述了芝加哥一起真实的司法错误案件。一位出色的记者解开了案件谜团，使嫌疑犯沉冤昭雪，审问的时候就使用了多道记录仪。电影里介绍了多道记录仪的发明者莱昂纳德·基勒（Leonard Keeler），他在影片中扮演自己。基勒觉得没有任何演员能够正确使用他的发明。

用神经成像技术看到情绪

三十多年以来，科研人员使用各种取得重大进步的神经成像技术研究情绪。利用这些技术，我们可以分析在情绪刺激下大脑不同区域的激活、静止情况，然后绘制在各种情绪控制下的大脑图像、冷静理智控制下的大脑图像。大脑成像在下面四大领域取得了突出进步：恐惧、抑郁、社会焦虑、创伤后压力。很多研究显示出这些障碍是如何影响情绪的。

对于感知到的信息再次诠释会减轻恐惧和焦虑

哈里里（Hariri）等科研人员使用功能性核磁共振对正常人进行研究。受试者要面对两种试验情况。

在第一种情况下，科研人员要求受试者观察产生威胁或者导致焦虑的情景，包括六种自然刺激（动物照片等）和六种人工刺激（左轮手枪的照片等）。受试者的情绪反应表现为双侧杏仁核的强烈反应。

在第二种情况下，受试者面对同样的刺激，试验人员测试受试者的认知情况。也就是说要求受试者重新诠释、评估上一次看到过的情景。这次，受试者的双侧杏仁核反应减弱。另外，观察到右侧前额叶皮质层反应增强，也就是说“理性”脑的反应增强。同样，负责产生话语的布若卡氏区表现得更加活跃，属于情绪脑一部分的左侧扣带皮层区也更加活跃。

抑郁导致积极信息阻滞、情绪抑制

使用功能性核磁共振可以发现，抑郁患者处理积极信息、激活情绪脑（海马体区域）的时候会遇到困难。在抑郁症患者面前展示表达幸福的面孔，抑郁症患者大脑相应区域不活跃，而没有抑郁情绪的人则很容易激活这些区域。经过抗抑郁治疗，抑郁症患者可以再次正常激活这些区域。这一实验结果支持在抑郁时对积极情绪信息认知阻碍这一假设［福马克（Furmark）等，2007年］。

使用正电子发射计算机断层扫描（PET）技术对抑郁患者进行研究，结果显示接受了认知疗法的患者和服用抗抑郁药的患者在前额皮质层中部和前部眶额皮层有弱反应，这些区域是产生理性思想的区域。颞叶和枕叶右侧皮质区域属于情绪脑的一部分，这些区域也更加活跃［肯尼迪（Kennedy）等，2007年］。

没有办法详细分析针对抑郁的全部2300项神经—成像研究。通过元分析，具体说来是汤普森（Thompson）等科研人员2014年对神经—成像进行集中研究，得到的稳定结果显示，患者的海马体所在区域体积缩小了，这一区域是负责记忆和情绪生活的。

社交焦虑的患者大脑双侧杏仁核活跃

社交焦虑、社交恐惧症的患者惧怕其他人的目光，感觉其他人的目光仿佛是批评和指责。最具代表性的研究是福马克（Furmark）等科研工作者的研究（2002年）。十八名患者参与了这项研究，根据《精神疾病诊断与统计手册》的标准，这些患者都患有社交恐惧症。研究者把这些患者随机分成三组：第一组接受作用于五羟色胺[1]的抗抑郁药治疗：西酞普兰（citalopram）[商业药物名称各不相同，比如“塞洛普拉姆”（seropram）]；第二组接受认知行为治疗；第三组作为对照组置于等待接受治疗的名单上，暂时不接受任何治疗，最终评估时间的治疗作用和患者自愈的效果。

在六个人到八个人面前讲话两分半钟，听众始终保持安静，可以将其作为社交焦虑的触发测试。经过九个星期的治疗，和接受治疗的两组患者相比，对照组患者的病情没有明显好转。使用西酞普兰治疗和行为认知疗法的结果对比显示，这两组患者都表现出明显的好转。

1　五羟色胺又称血清素、血清张力素、血清胺，一般认为这种物质有助于让人感到幸福和快乐。——译者注

值得注意的是，接受西酞普兰治疗和行为认知疗法的两组患者症状好转，他们大脑中的双侧杏仁核的活跃程度明显降低。对照组患者大脑中的双侧杏仁核活动情况不变。而且，接受治疗的两组患者的边缘系统（即海马体和杏仁核周围皮质层）的活动减弱。经过一年的跟踪治疗和观察，确认边缘系统杏仁核区域的活动减轻程度与临床改善程度相关。

创伤后压力引起语言障碍和情绪调整

法国作家帕特里克·莫迪亚诺（Patrick Modiano）在小说《暗店街》（*Rue des boutiques obscures*）里写过这样的话："为什么有些往事如同照片一般精确，一幕幕地涌上心头？"

▷创伤经历

战争、恐怖袭击、家庭暴力、外界暴力、强奸、乱伦等非正常事件导致当事人与死神擦肩而过、体验难以想象的经历，尤其是暴力事件发生在家庭或者是日常居所内，都会导致创伤后压力。当事人经历这类事件之后往往产生不真实感，眼前出现闪回，重新浮现创伤前一天的事件或者反复重新经历创伤事件。当事人会回避所有可能让自己回忆起创伤事件的一切东西，常常感到焦虑、紧张，甚至会出现无法控制的惊厥。当事人的性格可能改变，表现出抑郁情绪，有自杀倾向，对酒精或者毒品产生依赖，以弥补自身障碍。大多数人经历了生死考验、损害身体与精神的创伤之后，往往会遗忘那段创伤经历，可是为什么有少部分人会深陷在过往的痛苦经历之中无法自拔呢？

▷创伤和大脑的反应

在研究中，使用正电子发射计算机断层扫描、单光子发射型计算机断层成像（SPECT）、功能性核磁共振记录创伤后压力的症状发现，大脑布若卡氏区活动减弱、右侧杏仁核被激活［于尔（Hull），2002年；拉尼厄斯（Lanius），2004年］。

人类大脑是自发的生物化学电活动中枢，这种电活动会产生微弱的磁场变化。在头皮上几处地方记录这种变化的技术被称作“脑磁图”（MEG）。使用脑磁图技术可以分析大脑活动进程，还可以确定大脑活动中心每次的具体位置；可以把大脑的活动转化成标准化图像。脑磁图可以记录大脑对外部刺激毫秒之内的情绪反应结果。

在一项对创伤后压力病症患者的研究中，科研人员使用暴露疗法，请这些患者讲述他们的创伤经历。研究结果显示，在向出现好转的患者展示引起反感[1]的图片时，这些患者大脑枕部—顶部的活动增强，也就是说他们的专注力

1　图像源自存在有效诱发力的图像库，这些图像经过国际研究的认证。

增强［阿登纳（Adenauer）等，2011年］。

因此，我和我们的研究团队以遭受创伤后压力的患者为对象，研究他们的个人心理图像。这是一项简单的试点研究，却在再次激活创伤经历和相应心理治疗领域获得了引起关注的结果［科特洛（Cottraux）等，2015年］。

九名习惯用右手、有创伤后压力综合征的女性同意参与这项研究。根据协议，她们应该按照顺序分三个步骤接受试验：想象一幅“中性”的画面，回想导致个人创伤的回忆，最后再想象一幅“平静”的画面，描述受到创伤的情景以及引发的创伤回忆，并使用录音带记录下来。对实验中发出刺激的三个阶段全程使用脑磁图记录，每个阶段持续三分钟；同时还测量研究对象的焦虑程度、心率、心理图像的强烈程度。

研究结果表明，在“创伤”阶段，“焦虑程度”和“心率”两项数值明显升高，在出现“平静”画面的时候，以上两项数值回归正常水平，“心理图像的强烈程度”在三个阶段中都保持稳定。上述研究结果证明，在出现导致创伤情境下的患者的确体验到强烈的情绪感受。

我们最感兴趣的还是大脑的反应：结果并没有让我们失望。当出现创伤性刺激的时候，只有左脑发生变化。大脑在次级视皮层、岛叶、前运动皮层、布若卡氏区的活动

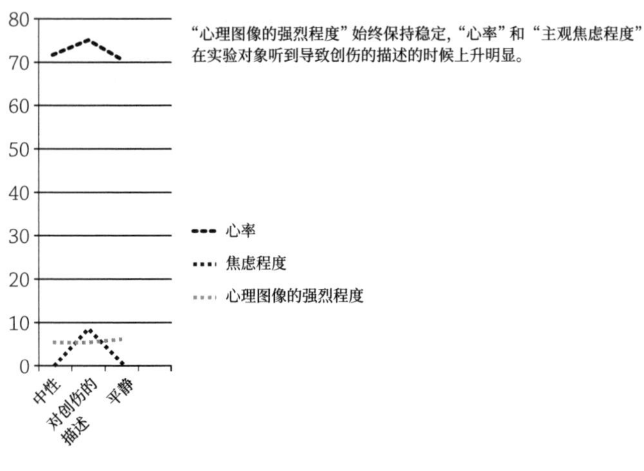

明显减少。三分钟时间的创伤回忆可以导致负责语言表达区域和情绪调节区域的活动减少，也就是说上述情况阻碍了大脑的两种重要功能。这两种功能和两个情绪指标紧密相关：主观焦虑程度和心率。

实验结束以后，参加实验的患者接受了认知行为疗法的治疗。

下图展示了典型患者的脑磁图结果。脑磁图显示了比创伤刺激影响更轻微的中性刺激影响。这是对导致个人创伤图像的大脑反应顶峰。

脑磁图：受试者

在岛叶、运动皮层、布若卡氏区，阿尔法脑波强度明显降低（p < 0,0001）

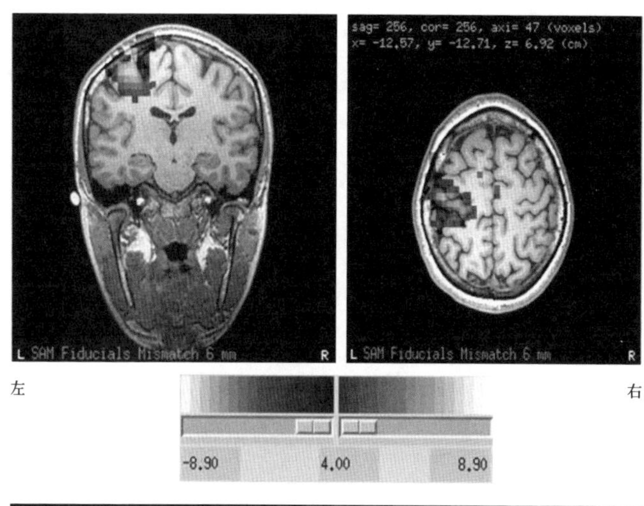

和无法描述的回忆对话

一项试验性研究，利用脑磁图第一次展示出个人创伤性回忆对管理语言和情绪的大脑区域的影响。每次出现严重创伤的时候，患者会出现无法使用语言功能的情况，这种症状对应的是大脑布若卡氏区的抑制（布若卡氏区负责处理语言）。由此产生精神焦虑以及身体上的感觉，在治疗时应该朝自传体记忆和语义记忆回溯创伤的词语，目的在于消除暴力造成的创伤。这项研究开辟了治疗中全程使用仪器记录的道路，让人们认识习惯创伤记忆的过程，了解缓解创伤后压力的有效疗法的基础，即认知重构。

心理治疗师的角色可以用如下比喻简单概括：如同古希腊神话故事中俄耳甫斯（Orphée）和欧利蒂斯（Eurydice）的经历一样，心理治疗师在幽冥界陪伴患者，把患者带到人类的世界中去。治疗师是摆渡人，把自传体记忆中无法描述的记忆转移到陈述性记忆中，那么患者就可以用语言来表达这段记忆；同时，患者就能够赶走自己经历过的恐惧。

镜像神经元和共情（empathie）

共情分为两种：冷共情，指的是人们可以把自己置于另外一个人的位置上，但是不切身感受对方的感情；热共情，指的是把自己置于另外一个人的位置上，而且对其经历的感情感同身受，这种情况往往被称作“同情（sympathie）”。动词“同情（sympathiser）”本身的意思是“与……一起受苦”，后来词义逐渐扩展，变成了“以友好的方式体会他人的感受”。不同个体共同体会感受覆盖更加广泛的领域，研究起初在猿猴身上进行。

灵长类动物很早就有理解意愿和感情的能力。有些存在于大脑额部前运动皮层的神经元，在猿猴准备抓取食物的时候变得活跃。贾科莫 · 里佐拉蒂(Giacomo Rizzolatti, 2008年)通过试验证明，一只猴子在观察到其他猴子抓取食物的行为时，激活了“镜像神经元”，这些神经元编码这种行为，并且记住了其代表的意义和目的。于是，通过观察其他猴子的大脑，大脑可以以“镜像”方式自动反映另一只猴子的行为。这种特殊的神经元系统处于大脑的额部和顶部区域，使我们观察其他个体时大脑相应出现“镜像反应”。大脑的这种功能对于学习来说非常重要，而且运行效果很高。法语动词“模仿(singer)[1]”就恰如其分地反映出这种以镜像为原理的效仿行为。

在人类身上，通过神经影像技术得到间接证据，证明人类大脑存在镜像神经元。这一过程结合了感情、感知、行为，研究人员接下来发现，庞大的脑部网络和镜像神经元有关：额部的运动皮层区域、顶部感觉区域，加上能够调控情绪的岛叶和前扣带皮层区域。这些区域是共情能力的支柱，让·德赛提(Jean Decety)和蒂埃里·查米纳德(Thierry Chaminade, 2003年)做出过相关报告。他们使用

---

1 法语中“模仿(singer)”和“猴子(singe)”两个词拥有同样的词根。——译者注

正电子发射计算机断层扫描装置记录受试者大脑的反应。受试者观看视频，视频里演员讲述故事，有的是悲伤的故事，有的是中性的故事，演员的演绎活灵活现，仿佛自己亲身经历过一样。讲述这些故事的时候，演员的行为有时和故事引发的情绪协调一致，有时和故事引发的情绪不一致。在视频结束以后，要求受试者评估演员的情绪，说出自己喜欢这些演员的哪些表演。结果显示，受试者看到演员的行为和讲述的悲伤故事协调一致的时候，受试者处理情绪的大脑结构非常活跃。大脑皮质顶部右侧下方区域属于镜像神经元网络，这片区域活跃。当受试者看到演员的社会行为和故事引起的情绪不相符的时候，镜像神经元网络就不会被激活。所以，传递情绪的非语言交流要比语言内容在交流上更加有力。

蛊惑人心的宣传和广告

在重视商业和回报率的社会里，人们着重于通过影响民众情绪来得到权力。著名心理学家西格蒙德·弗洛伊德（Sigmund Freud）的外甥爱德华·伯尼斯（Edward Bernays，1891—1995年）写了一本非常大胆的书，讲述自己移民美国后在广告界的经历。美国的中央情报局（CIA）在1954年策动危地马拉政变，伯尼斯是煽动政变者之一。当时的危地马拉总统哈科沃·阿本斯（Jacopo Arbenz）过于倾向社会主义，于是被一位亲美的政治家取代，这名政治家对占有危地马拉大片土地的美国联合果品公司（United Fruit）采取更加柔和的政策[1]。

爱德华·伯尼斯最著名的成就是"发明"了一种高效的广告技巧，他把广告和条件反射训练结合起来，这就是广告狂轰滥炸的基本理念。这种技巧成了强有力的广告推广器：他著名的舅舅弗洛伊德指出，性欲以及人们意识不到的各种欲望在人类行为中非常重要。根据签订的广告合同，伯尼斯需要为香烟销售做宣传，他把烟草与女性独立和满足感联系起来。为了产生大规模的影响，伯尼斯需要找到大众喜欢模仿的榜样。所以，在20世纪30年代到60年代的电影里，几乎所有的男女演员都抽烟。观察一下这些演员的行为：蛇蝎美人向受害者的脸上喷出一口烟雾、女人向难以追求的男人喷云吐雾、男人若有所思；被充满色情意味的烟雾笼罩。这种场景的出现并非仅仅因为导演希

---

1 因为民选总统哈科沃·阿本斯推行社会主义政策，没收了美国联合果品公司的闲置土地，所以在美国中央情报局的策划下，1954 年危地马拉爆发政变，美国扶植的军事独裁政府上台。——译者注

望出现烟雾缭绕且充满性暗示的黑白电影镜头，更因为一些经典的黑色电影都出自香烟厂商投资的电影公司，香烟厂商希望通过电影达到宣传烟草产品的目的。为了消除观众的负罪感，爱德华·伯尼斯请医生登上媒体，这些收人钱财的医生自然要替人消灾，否认烟草的一切危害。于是，尽管亨弗莱·鲍嘉（Humphrey Bogart）等一些明星死于肺癌或食道癌，但很大一部分的美国电影和其他国家的电影仍然沦为烟草行业的宣传工具。

点烟的女人

亨弗莱·鲍嘉是一部黑色电影里的正面主角，扮演马提尼克岛的船东，因为爱情加入了反抗维希法国统治的反抗军。这部电影法语版的名字是《焦虑的码头》（*Le Port de l'angoisse*），法语版的电影名既可笑又令人费解。电影根据海明威的小说改编，在美国的名字是《逃亡》（*To have and have not*），这个名字质量很高，表达清晰，观众会被带入到两位主角的人生之中。最后的镜头里，劳伦·白考尔（Lauren Bacall）直接对亨弗莱·鲍嘉说："如果你想我了，只要吹个口哨就行。"在真实生活中，两人后来真的喜结连理。

2010年，迫于美国健康机构的压力，美国电影行业里有关烟草的镜头减少了50%，时至今日这一比例又反弹到72%。法国，卫生部试图禁止烟草，可是至今也没有取得什么成果。

“如果你想要我，只要吹个口哨就行”，《逃亡》，霍华德·霍克斯（Haward Hawks）导演，1944年。

情绪促发与神经营销

今天，在市场营销和广告领域，操纵人们下意识选择过程的手法被广泛应用。其实这就是“促发”产生的影响。

什么是“促发”？这是一个简单的过程，可以把这个概念如此归纳：出现的一个刺激很可能引发另外一个刺激。举例来说，听到“苹果”这个词很可能引发人们想到“水果”，而不太会联想到“面包”，而且这一过程自动发生。“促发”是常见的心理学现象，常常被用作市场营销手段，引导消费者在潜意识中产生反应，从而影响消费者有意识的决定。

同样，潜在的性信息可以隐藏在表面意义模糊的影像中，人们看到这样的影像不会马上接收到关于性的信息，观众需要“想得更远”才能把销售的产品和“性”联系起来。神经营销经常使用仅仅利用“展示”产生的影响：引发情绪渴求的性快感。大脑会屈从于广告信息中隐含的潜意识层面的刺激。很多网络红人藏在网络背后引导网民、带风向，神经营销是操纵、说服消费者的手段之一，而且这种操作表面上看起来目的高尚，比如网红打着“为消费者谋利益”的旗号进行营销。

贝里奇（Berridge）、文科尔曼（Winkielman，2003年）的研究表明，如果向口渴的受试者展示洋溢着幸福的面庞，影响其潜意识，那么果汁销量就会增加50%；如果展示的是愤怒的面庞，果汁销量就会下降。在整个试验过程中受试者没有任何有意识的情绪变化。

伏隔核是管理情绪和潜意识喜好的大脑区域，位于皮层结构和皮层下结构交汇的深处。伏隔核接受脑干的信号，而脑干负责管理植物神经的反应。伏隔核还接受大脑前额皮质区域的信号，前额皮质区域在认知评估情绪的方面起作用。所以伏隔核是有意识行为和无意识行为的汇合点。伏隔核的作用现在已经广为人知，伏隔核属于奖励系统的一部分，同时还是情绪、认知、行为的界面。伏隔核接受来自前额叶和颞叶区域的信息之后做出选择，采取有效的行动［弗洛雷思科（Floresco），2015年］。奖励系统包括两组特殊神经元之间的神经连接，其中一组位于腹侧被盖区，另一组位于伏隔核。

用人工智能捕捉情绪

可以编制程序使得人工智能辨别、发现人通过面部表情和声音发出的情绪信号。人工智能学会这种技能之后，就能够以毫秒为单位瞬间自动执行任务，而且会迅速、彻底地重复执行。一些大型企业已经在各个方面应用这类科技，比如：评测对某个品牌的好感度、评估广告宣传的结果、评估某个产品在网络上的负面评价。企业先理解网民所思所想，然后调整广告传递的信息，这是当下市场营销的神兵利器。但是网络上的数据总量巨大（大数据），所以需要人工智能的算法处理，最终获得有实用意义的结果［阿姆胡纳（Amroune），2020年；德维莱尔（Devillers），2020年］。

分析民众的感情仅仅是个开始。在法国，为了公共安全，监视人们情绪的技术已经应用在超过6万台摄像头上。

在不远的将来，最强大的大型跨国企业（谷歌、苹果、脸书、亚马逊、微软）就能够评估员工的情绪状态。各种人工智能声音、视频传感器，可以根据声音和面孔分析出员工的情绪。这个监视网络能够让企业实时了解到员工情绪对工作业绩的影响，更好地管理这些“情绪资本”，提高效益。比如，给优秀员工分发奖金激励他们，断绝绩效差的员工升迁机会作为惩罚，发现情绪不稳定的员工并引导他们去咨询医生以得到治疗。根据传感器得到的摄像信息软件能够分析出各种数据，企业可以根据分析结果选择管理层的干部。以前根据实验室心理测评表格选择干部的方式成本昂贵，而且有可能造假。

新资本主义的斯达汉诺夫运动[1]或许就在这样的背景下诞生于企业之中。想象一下：机器人把嘉奖颁发给企业里的最佳员工，在脸书、推特上造势宣传奖励员工这条新闻，请获奖员工最喜欢的明星亲自给员工发送贺电。斯大林的梦想可能会在消费社会最终实现。

还有一种小配件在捕捉情绪方面也会充分展现出它的

---

1 斯达汉诺夫运动是苏联时期的社会主义工作竞赛的群众运动，旨在提高工作效率。——译者注

价值——个人情绪助手。这种配件的外形是一副带着摄像头的眼镜，里面装有面部情绪识别软件和耳机。其实，在我写下这段文字的时候，这种产品就已经在研发当中，现在或许已经研发完成了。这种个人情绪助手最终或许能帮助人们提高情商。每个人都可以在情绪助手的帮助下使自己和其他人相处得更加和谐，相当于你有一个便携式人力资源经理，他根据对方心理情况，做出判断，然后在你耳边低声给你出谋划策。比如，你的个人情绪助手会这样给你提出建议:“他处在防御状态，别逼得太紧，先让他安心。好好奉承他一下，然后再开始谈判。”就像这样，这种小仪器会实时地给予使用者全面的指导。

这种全面指导能够解决工作上的冲突，引导每个提出过分要求的人平复情绪，有利于解决劳资对抗。这位充满善意的“老大哥”[1]已经在我们生活中出现了。不过，由于人工智能非常强大，随着云端上的个人数据越来越多，社会问题也会逐渐累积。国家会要求信息科技界高层实行透明化操作，使之更加符合伦理。谷歌、苹果、脸书、亚马逊、微软这些公司会遭到民众越来越强烈的反对。

马克 · 扎克伯格（Mark Zuckerberg）在2018年4月10日接受

1 “老大哥”（big brother）是乔治 · 奥威尔的小说《1984》中的人物形象，是大洋国的领袖、党内最高领导人，永远出现在无处不在的电幕之上，随时随地监视人民。——译者注质询，出席美国国会的听证会，解释“剑桥分析”(Cambridge Analytica)事件，这就是公众要求大公司透明化、伦理化操作的第一步。剑桥分析公司擅长扩大政治影响力，有人怀疑这家公司在用户不知情的情况下获得脸书870万名用户的数据，帮助唐纳德·特朗普赢得总统大选。

想象一下未来的情景吧！一个不识字的人操控机器人重新写出马基雅维利(Machiavel)的现代版《君主论》，告诉服务对象怎样才能得到大众的赞同，获得观众的喜爱，永远保持网络赋予的权力——在社交网络脸书上得到大量“赞”获得的权力。那是集权主义的末日！如果我们能够让大众喜欢自己，那就没有任何理由压迫民众、独揽大权！

结论：孤岛困境

关于情绪的各种科技手段首先用于具象化人类心理学中隐藏的兽性一面，然后随着神经成像技术的出现，相关科技变成认识心理疾病的手段，以及找到治疗方法的工具。今天，通过社交网络、监视摄像、强大的算法分析获得民众情绪的数据，这种做法给当今社会提出了严重的伦理挑战。

不久之后，恐怕只有完全斩断网络、来到孤岛上野外求生才能得到自由。现在，这种去荒岛生活的旅游项目正在蓬勃发展。一个高度科技化的社会惊恐地发现自己的对立面——鲁滨逊式孤岛。

第三章

性情、激情、感情

基本情绪持续时间短，仅仅持续几秒钟。有的时候需要使用慢镜头播放才能辨认出人的基本情绪。不过，其他更加持久的情绪表现形式是积极情绪和消极情绪的支柱，它们是性情、激情、感情。

郁闷的性情与忧郁

第一个对性情感兴趣的医生是古希腊的希波克拉底（Hippocrate，公元前460年—公元前377年），他曾经描述过胆汁体质，认为胆汁体质是深度忧郁的来源。忧郁的人就是因为黑胆汁过剩，“黑胆汁”在希腊语里的意思就是“忧郁”，在拉丁语里的意思是“忧郁之人”。“黑胆汁”这个词在现代法语中也有所体现，法语的一个流行短语的字面意义是“给自己制造胆汁[1]”，其代表的意思就是“忧虑、烦恼、不安”。

“黑胆汁”的概念也进入了文学领域。莫里哀给肖像画般的剧作《愤世嫉俗者》（*Misanthrope*）加了副标题：恋爱中的忧郁之人。故事的主人公阿尔塞斯特（Alceste）讨厌世人，尽管他通常都厌恶女性，可是却不幸地爱上了美丽风流的交际花塞利梅纳（Célimène）。这种矛盾是整部戏剧的重要情节，最终

1 这个短语的法语原文是“se faire de la bile”。——译者注

阿尔塞斯特隐居起来，在当时“隐居”指的是他躲在了自己外省的住房当中。这种在外省拥有豪华住宅的生活是当今时代四分之三巴黎人的梦想，可是在当时却如同噩梦，因为远离国王、远离宫廷、远离闪闪发光的首都。

用今天的语言形容，可以说这种忧郁的厌世者不够“酷”，不喜交际，见到什么都批评，觉得任何东西、任何人都配不上自己。心理学以更加客观的方式解释了“负面情感”或者“神经质”(neuroticisme)的概念，这种概念是英国心理学家汉斯·艾森克(Hans Jürgen Eysenck)提出的(1971年)。

感激与矜持

在20世纪80年代初耶路撒冷的一次学术会议上，我有幸见到了汉斯·艾森克。我当时很年轻，非常崇敬这位伟大的心理学家。而且艾森克在他著名的杂志《行为研究与治疗》(*Behaviour Research and Therapy*)上对我关于行为疗法的作品给予了高度评价。艾森克战前曾经在法国第戎大学学习，所以能够读懂法文。艾森克出生在德国，之后为了逃避德国纳粹对犹太人的迫害逃亡到英国，后来成为莫兹利医院(Maudsley Hospita)心理学院院长。我朝艾

> 森克走过去，做了自我介绍，然后向他表示自己的感激之情。我当时还是青年，我发现自己的热情让他感到有点尴尬。我面前的艾森克突然表现得非常矜持，艾森克的学生多次说过他的这个特点。虽然艾森克看上去有些冷淡，我依然毫无理由地崇敬他。这种冷淡仅仅是出于自我保护的矜持。艾森克善于提出心理学上正确的科学问题，指导极其富于远见的科学研究。在当时那个时代，信息产业处于幼年，艾森克表示自己的头脑相当于电脑。

汉斯·艾森克的所有研究成果当中，个性里的要素之一——“神经质”是当今最受认可的。这是人格的五种基本特点之一：经验开放性、尽责性、外向性、亲和性、神经质。

下文总结了这五种基本特点的情绪特征、认知特征、行为特征，而且从一个极端介绍到了另一个极端。神经质的对立面是情绪稳定，神经质是表现出负面情绪倾向的绝佳晴雨表。接受过良好教育的心理学家研发出了精妙的心理量表可以测量神经质的程度［罗兰（Rolland），2019年］。

五种人格的重要特点：人格的五个维度、三十个方面

1. 开放性：开放v.s.守旧

幻想、美感、通畅的负面情绪或者正面情绪、革新行为、对想法的讨论、对价值的质疑。

2. 尽责性：意识（限制）v.s.冲动

能力、秩序意识、责任意识、寻求成功、纪律、思考、深思。

3. 外向性：外向v.s.内向

热情、社会交往意识、自我肯定、活性、寻找感觉、正面情绪。

4. 亲和性：亲和性v.s.对抗性

信心、正直、利他、顺从、谦虚、同情、共情。

5. 神经质：神经质v.s.情绪稳定

焦虑、怒气与敌对、抑郁倾向、羞怯、冲动、脆弱的感觉。

1996年，一个科学团队发现了两个很有研究价值的等位基因，它们能够编码五羟色胺转运体。要知道，五羟色胺的作用是管理情绪和行为。根据这个模型，这两个等位基因中，一个是短等位基因（S），一个是长等位基因（L）。

短臂的等位基因能够让五羟色胺转运体的活动能力降低50%，所以它可以抑制五羟色胺的神经传递。我们都知道，五羟色胺类的抗抑郁药对于治疗抑郁症、焦虑症、强迫症非常有效。这类抗抑郁药的销售能够资助对抗焦虑—抑郁的研究工作，所有医药公司互相竞争，以无可辩驳的生物科学知识为基础开发有效的药物。

短臂等位基因和长臂等位基因的概念得到广泛认可，并且世界各地的医学院校都这样教授学生，普遍认为这一对等位基因是抑郁症、焦虑症、自杀、成瘾等问题严重程度的标志物。当然，社会环境、生活中遭遇的事件也是上述问题产生的诱因。

全世界关于基因导致焦虑、抑郁问题的科研文章一共发表了大约450篇，博德（Border）等科研人员2019年研究取得成果后对此提出了质疑。博德研究的样本在6万例至40万例之间，这次研究的结论是，以前研究统计功能很弱，把假阳性结果也记录在内。

当然，这次研究结果并没有否定抑郁症和焦虑症中的基因因素，而是说应该在其他方面寻找病因。研究前进的过程就是提出假设、证明假设错误、提出新假设。

临床检测和心理测量更加可信。汉斯·艾森克晚年在自己能力范围内验证了希波克拉底根据直觉对“忧郁”问题提出的理论，为此他十分自豪。的确，艾森克发现人类本性的基础之一是焦虑、悲观、谨慎、控制、预防原则。物种的演化有利于焦虑基因的传播，因为鲁莽的人在有机会把自己的基因遗产传给下一代之前就可能已经被大自然清除掉了。

一个具有神经质特点的人在没有遭受客观威胁的情况下，常常会有避让、撤退、逃跑等行为。这样的人不懂得如何应对危险的情况，因为负面思想和负面情绪而感到痛苦。神经质的人通常焦虑、担忧、消极、抑郁、难以抗住压力、不稳定、情绪化，他们往往毫无原因就产生负罪感，自我评价很低。焦虑情绪使得他们在自己所处的环境中害怕接触新事物、回避可能出现的威胁。从积极的方面看，这样的人谨慎小心、关心他人，能通过完美的行为补偿自己的焦虑情绪。

与男性相比，神经质这种心理特征在女性身上更加常见，这是全面焦虑、恐慌症、恐怖症的基础。神经质的心理特征还存在于抑郁情感障碍患者身上，或者是单一的抑郁，具体表现是反复出现抑郁情绪；或者是躁郁症，具体表现是一段时间的抑郁状态和一段时间的过分欣快状态交替出现。

冲动与边缘型人格障碍

冲动是广泛存在的性格特征，冲动的特点在于无法抑制自己危险的行为、对社会造成危害的行为。冲动的人行动时不考虑对自己或对他人造成的后果。冲动具体表现为缺乏规划、迅速决定、敢于冒险［贝雷（Baylé）等科研人员，2000年］。爱冲动者的大脑喜欢走“短路径”，直接通过丘脑和杏仁核，而“长路径”则要通过前额叶区，冲动之人的长路径会“短路”。

神经质和冲动共同出现在边缘型人格中［索尔－扎弗拉（Sauer-Zavla）、巴洛（Barlow），2014年］。

边缘型人格是什么？边缘型人格的人遇到无足轻重的小事就会生气、焦虑、悲伤，感到空虚。这些情绪可能导致自杀、自残、暴饮暴食、各种成瘾性行为。边缘型人格的人始终处在不稳定状态，他们的情绪每天、每时、每刻都在变化，这会最终导致亲朋好友抛弃他们，这也是边缘型人格的人最担心的事情。

如果我爱你，当心点儿

在一次心理治疗的时候，我听到一位边缘型

人格患者向我讲述她的故事。那是她的一次爱情经历：她和自己的伴侣激烈争吵，互相打对方耳光，然后两个人一起跑去警察局报案，控告对方。可是警察局的警员拒绝立案，因为他们已经为了更加严重的城市暴力犯罪忙得不可开交，根本无暇顾及他们。于是警察找来调解人处理他们的分手问题。这一系列事件导致这位患者出现了抑郁的症状。

边缘型人格的成因有基因因素、遗传特点，还包括过早的情感缺失、造成终身影响的创伤性事件。55%具备边缘型人格的人被诊断患有性侵犯造成的创伤后压力[延(Yen)等科研人员，2020年]。

暴力与激情

虽然激情最初源自情绪的爆发和瞬时的爱恋，但是激情要比感情更短暂，激情的强烈程度随着时间逐渐消退，有时会如同夏日的暴风雨一样戛然而止。

激情的上演哺育了戏剧、小说、电影、音乐等多种艺术。反过来，这些主要的艺术形式又会塑造情感，甚至在塑造情感的同时激发幻想和欲望，为本来感情贫乏的人们带来想法和欲望。

激情四射的爱情故事总是始于激烈情绪的迸发，那是一种兴奋的状态，充满见证爱情火焰的幻想。爱情故事表现为异常的兴奋，快乐与痛苦轮番登场。在法语中“激情”(passion)一词有“痛苦”(souffrance)的含义，“耶稣受难”(passion du Christ)这个法语表达中就用了“激情”这个词，此时它的意思是“痛苦”。法语动词“受苦”(pâtir)和“激情”的词源相同。“同情”(compatir)的意思是“共同受苦”：这就是为什么我们会在爱情的火焰面前犹豫不决，因为一旦激情“熄灭”，我们就有可能遭受爱情的折磨，而且得不到丝毫同情。

从冷静客观的角度看，这个浓情蜜意、热情似火的阶段似乎充满幸福和美好，但同时也显得不切实际、忽略时间。在生理层面上，这个阶段里人体正在经历一场神经化学风暴，五羟色胺总量急剧下降，多巴胺总量迅速上升，激活了奖励机制以及寻求刺激和快乐的机制。

小说家、诗人、音乐家早在心理学家之前就已经发现了激情产生到消失的全过程。在爱情生活中，激情产生之后，幻想让激情升温，到达辉煌的顶点，然后在平庸的日常生活里激情逐渐消退，有时甚至会退到爱情的反面——憎恨。

不论原因如何，激情终将消失，激情的消失甚至可能导致爱人的死亡。激情有时会引发杀戮。夫妻之间发生的命案中男性往往是杀人者：根据法国司法检查总局2019年的资料显示，85%的情况是男性犯下杀人罪行。男性把“爱慕的对象”当成物品，如果女性因为对继续维护伴侣的完美形象的行为感到厌倦，想要打破激情的自恋怪圈，那么男性会变得很危险。男性伴侣在性的方面沮丧失望、遭到侮辱，那么就会希望通过暴力、要挟、威胁留住女性伴侣。在极端的情况下，男性会通过犯罪达到目的：为了不把“爱慕的对象”让给情敌，男性会杀死伴侣，有时候在杀人之后还会自杀。

法庭有时对这种激情犯罪的惩罚力度很轻，因为法律专家认为这是极端剧烈的情况，并没有预谋，由通奸行为引发，导致凶手最终在暴怒状态下杀人，不存在后续的谋杀。我曾经在获得犯罪学证书的学习过程中了解到正式的理论。这种理论认为，激情状态绝不会反复出现，因为“对象”消失之后，激情消退，不用担心当事人重复犯罪。因此，重罪法庭的专家和陪审团通常表现出过分的宽容。实际上，真正意义上的激情犯罪少之又少。

当代社会中可悲的事实是，夫妻间的暴力行为经常发展为谋杀（一般受害者为女性）。这时夫妻之间已经没有初期的激情，这些罪行很少和恋爱的激情相关，是经过预谋的谋杀，在或长或短的时间里暴力行为逐渐升级，最终发生命案。除了失业、酒精、毒品的影响以外，很多杀妻案中作为凶手的丈夫身上存在自恋、偏执、变态等精神障碍，或者患有精神病。社会上流行的大男子主义的刻板印象在谋杀案件中起到推波助澜的作用。

由于在父权社会中存在一套女性正确行为的文化准则，违反了这些准则会引发“荣誉谋杀”。每年世界上大约有五千人死于荣誉谋杀。很久以前这套准则在欧洲盛行，但是当下的西方社会，这套准则已经走向衰败，今天大多数的荣誉谋杀发生在非洲大陆和亚洲（联合国妇女署，2019年）。

感情与社会情绪

感情是一种看待生活的方式，是一种心理态度抑或持续思考的系统，是建立在情绪之上而非建立在理性和逻辑上的。

小说家是最先探索深层次感情的人。拉法耶特（La

Fayette）夫人创作的《克莱芙王妃》（*La Princesse de Clèves*，1678年）开创了心理小说的先河。其中有一条暗线连接着马塞尔·普鲁斯特（Marcel Proust）、维吉尼亚·伍尔夫（Virginia Woolf）以及所有意识流文学，这种文学作品用内心独白表现出各种情绪。马塞尔·普鲁斯特把这些心理活动称作“心灵的间歇”，他担心忘记自己的经历，于是在纸上用不可磨灭的“感情墨汁”写下了亲身经历的故事，“因为连接遗忘和记忆的是心灵的间歇”。

心理学家邀请很多大学生作为样本参与试验，使用237个富有感情的词语进行试验。研究表明，法语单词“情绪”投射出强烈的心理活动，这种心理活动未必都令人愉快，而感情会长时间持续［尼登塔尔（Niedentahl）等人的研究成果，2004年］。

美国著名神经学、心理学家安东尼·达马西奥（Antonio Damasio）是为感情这个研究课题贡献最大的科学家之一。他取得最令人瞩目的成果是拓宽了保罗·艾克曼提出的人类与动物形态学的概念，发展了约瑟夫·勒杜（Joseph LeDoux）的神经生物学模型。

安东尼·达马西奥认为存在六种和基因相关的基本情绪：恐惧、愤怒、厌恶、惊讶、悲伤、快乐，情绪是短暂、瞬时的现象，而感情更加持久。这和保罗·艾克曼的模型没什么区别。但是安东尼 · 达马西奥提出的模型更加进步，解释了个人心理学的主题。在心理治疗实践和职业压力管理方法中，可以用这种模型开发探索每个人的日常生活。

让我们一起看一下这个模型的不同层级吧。

的确存在无意识情绪。那些感受过无意识情绪的人没办法把这些情绪和引发这些情绪的事件联系起来，而且还存在评估这些情绪的无意识认知。经过无意识的评估之后，第二次评估，也就是有意识的评估，会把“未经加工”的情绪转化成细致的感情。在需要通过艺术表现的时候，这种感情还要再次精炼。

安东尼 · 达马西奥（2003年，2006年）认为生物学意义上的情绪不仅仅是基因造成的。他认为，感情是同时对身体状态感知和对心理状态感知的结合。感情与引起感情的情况关系紧密。但是感情和情绪不同，感情是关于情绪的思想——元认知。

情绪可以分成三个种类：

◉ 背景情绪，指的是机体不容易感知的生物运作：有能量、热情、烦躁、不安，这些情绪是整体的反映。这些情绪是生存的基本状态，和需求、动机紧密相连。

◉ 基本情绪，指的是传统的六种情绪：快乐、悲伤、愤怒、厌恶、恐惧、惊讶。

◉ 社会情绪，指的是十种[1]基本情绪：同情、羞愧、内疚、骄傲、嫉妒、感激、仰慕、愤慨、蔑视。

结论：感情，个人主题和认知图示

社会情绪的概念有各种各样的细微差别，需要考虑到这些才能更好地理解日常生活经验。安东尼·达马西奥选择的十种情绪的依据仅仅是个人选择，没有明确的科

1 此处应该是法语原文的错误，原文中写的是“十种”情绪，但是随后仅仅具体列出九种情绪。——译者注

学根据，但是这反映出科学界在进一步深入理解什么是情绪。

我们永远都可以重新审视、扩大情绪这个调色板上的颜色种类，以便更充分地理解情绪生活的各种微妙之处。社会情绪的概念显示，情绪和认知如同一张纸的正反面，个人主题把两者结合起来。

这个主题以正面情感和负面感情的形式展现，这些感情围绕着个人诠释体系即认知图示展开。这是下一章要讨论的主题。

第四章

用认知疗法治疗情绪障碍

认知行为疗法在情绪、感情、认知图示、行为之间建立了联系。这种方法使用了认知、行为、情绪、人际方面的技术，被应用于治疗情感障碍、抑郁，后来成功推广应用于治疗所有的心理障碍［科特洛（Cottraux），2020年］。

认知疗法：情绪、内心独白、认知图示

亚伦·特姆金·贝克（Aaron Temkin Beck）在其1976年的成名作《情绪障碍的认知疗法》（*La Thérapie cognitive des troubles émotionnels*）一书中讲述了自己怎样发现“认知探测”（sonde cognitive），最终研发出阐述情绪、意识认知（cognitions conscientes）、无意识认知结构（les structures cognitives inconscientes）之间关系的模型——“图示”，图示的作用是处理信息。

在治疗过程中，贝克与患者谈话的同时，发现了患者的第二种思想动向，这种患者没有表达出来的思想动向属于前意识，与情绪相关联。患者不会表达自己的想法与心理图像，除非心理医生请患者集中精力并且把这些想法说出来。因为想法不受意识控制，飞速地自动涌现，亚伦·特姆金·贝克称之为“自动想法”或者“自主想法”。通过他们的研究可以详细分析情绪障碍的内部运行机制，因为“情绪是通向认知的康庄大道”。心理医生和患者可以进入

前意识的认知图示或者无意识的认知图示，这些认知图示能够解释各种负面想法。认知探测寻找内心独白，可以根据重要的主题把内心独白分类，这些主题是图示的关键，人们通过图示来处理信息。

当在心理治疗期间出现强烈情绪的时候，心理医生可以通过直接的问题引出患者思想的自动更新。心理治疗最关键的是在共情的状态下和患者接触。心理医生也可以使用角色扮演的方式重现情境，或者使用视觉化技术通过想象重现场景。

拿一次心理治疗中的一段过程为例：

“请告诉我，昨天您的伴侣说过让您伤心的话，我们试着一起看一下这对您意味着什么？请闭上眼睛，想象他对您说那句话时的情景，您心中的第一个想法是什么？”

“他不喜欢我，而且没人喜欢我。”

这样一步一步地引导，心理医生和患者可以一起回溯到感情缺乏的图示、不被他人爱的图示。该图示可能在部分内容上和患者儿童时期不太友好、饱受指责的环境相关联，也可能和创伤经历相关联。和患者一起回顾图示的“历史”，有可能发现问题出现的那个时刻，其何时被储存在自传体记忆当中，并如何成为僵化的图示，以消极的方式来诠释世界、他人和未来。

接下来，经过二十几次的治疗，心理医生有可能通过认知、情感、行为、人际方面的技巧改变这种图示。这样可以发展积极的态度，帮助患者重新通过行动掌控自己的生活。治疗还可以延伸到日常生活当中，每次出现强烈情绪的时候填好一份表格，使用这种治疗方法。我在另一本书里具体介绍了所有的治疗技术。〔科特洛（Cottraux），2020年〕。

心理疾病障碍的认知模型可以概括为以下十点：

◉ 图示代表了对现实的个人诠释和自动诠释，所以这些图示以无意识的方式处理信息；

◉ 图示影响个人适应的策略；

◉ 图示表现为每种重要精神病类型特有的认知扭曲，这是“偏见”——在心理学中被称为“功能失调的态度”；

◉ 这些图示可以成为个性的基础，通过个体认知的易感性彼此相连；

◉ 造成每种精神病理障碍的原因有对自己、对当下环境、对未来的错误诠释；

◉ 这些图示通过对事件的选择性关注体现，这些事件可以确认图示——图示代表了自我实现的预测；

◉ 病理性图示是被环境选择过的心理结构，不能适应另外的环境；

- 图示与神经网络连接，同时管理情绪、信仰、行为；
- 激活情绪和与情绪关联的自动想法可以进入图示；
- 总之，深度认知图示是潜意识的再表达。

下图介绍了（心理学意义上的）图示和情节记忆、语义记忆之间的关系。

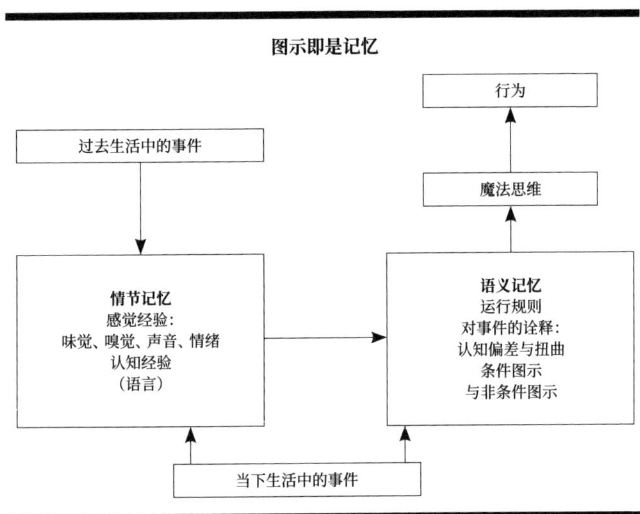

最初开发这个模型的目的是治疗抑郁症，后来该模型被应用于全部精神病理障碍上，并且在数千次对照实验中进行测试。最后证明，认知行为疗法是经过科学验证的最佳心理治疗方法。这种疗法可以应用在所有的精神病理障碍的治疗中［霍夫曼（Hofmann）等，2012年］。

图示与人格

在所有的人格障碍中，过早获得的图示源自重复出现的生活经历，这些经历导致患者陷入失败与负面情绪的漩涡之中［科特洛（Cottraux），2001年］。人们在生活中常见的失败经历包括：因为冲动导致多次职场失利、钟情爱恋却暴力分手、多次遭遇车祸、各种原因的成瘾、交友不慎误入歧途，等等。

大众喜欢黑色小说、侦探小说，背后的原因是这类小说既具有现实性又充满诗意，故事中的普通人会有各种峰回路转的不幸遭遇，经常出现致人死亡的情节。黑色电影如同一场噩梦，明暗对比让我们接受所有现实中不太可能出现的故事情节，因为在暗夜深处，我们心中最黑暗的思想变得激情澎湃，甚至“面目全非”。假如没有在恰当的时候做出恰当的选择，那么，每个人或者看到事件本来的样子，或者想象事件应该是什么样子。当反派或者蛇蝎美人以悲惨的结局收场，电影大银幕上出现“剧终”的字样时，观众的情绪得到净化，并且随着泪水释放出来。

有人在生活中多次重复体验失败的经历，这时候需要问一个基本问题：为什么一个人本来应该成功完成很多事情，却常常陷入困境？为什么这些人不能改变自己？一些聪明人不断遭遇失败，这样的事例值得详细分析。

第一种解释是这样的人过度悲伤，无法质疑自我。改变认知图示相当于否定自己、远离自己熟悉的形象，有时候还需要放弃家庭、背叛群体、否定文化。改变图示如同离开祖国前往一块陌生的土地，在那里一切都不一样。人们通过分析五种有意识或者无意识的进程，详细地分析事实，这些进程可以保证人生剧本中的故事完整顺畅。这五种进程如下。

屈从图示

在认知层面，只有符合图示的信息才会得以保留并被增强。不符合图示的信息会被弃之不理。于是出现被称作锚定试探（heuristique d' ancrage）的行为，阻止改变错误、有害的概念。我们在心理治疗、日常生活中经常听到这样的话："我的生活很糟糕，不过这就是生活。因为其他人的原因我才遭遇各种失败。"

我见过的典型的锚定试探行为是法国前总理居伊·摩勒（Guy Mollet）著名的一句话："人们说我们的政策失败了，可是这能成为改变政策的原因吗？"

回避图示

与负面情绪的强度和图示过早启动有关，这导致患者发展出有意识的进程和无意识的进程，目的是阻碍图示的所有认知。回避行为可能源自认知、情感、行为，这是自我满足的方法，避免因为承认错误而产生屈辱感。

补偿图示

比如，一个依赖他人的人出于自我保护的目的会表现出过度独立，拒绝别人的帮助和建议。自卑的人会发展出过分骄傲的行为，使得与之意见不同的人敬而远之。觉得自己能力不足的人可能发展出追求完美的性格特点，希望能够弥补自身的缺陷。

环境强化图示

在客观环境不能给人信任感的时候，会强化怀疑的图示。身处在犯罪团伙或者恐怖组织当中，反社会人格之人的行为会被持续强化。人们对归属的需要能够强化图示。

社会模范保持图示的状态

从环境中诞生的模范彼此叠加，产生发散性影响：可以是从家庭或者社会环境中诞生的模范（一群犯罪分子，或者另一个极端——一群童子军），也可以是电视或者网络上出现的具有象征意义的模范。

如果这些模范出了问题，那么就需要使用认知、行为、情绪、人际这些治疗方法重构人格图示。这些方法可以让患者学习如何改变负面的内心想法，重新诠释事实，走出不断重复的旧循环，做出更好的选择。认知疗法的目的在于促进我们选择现实、自由、负责任的选项。

杰弗瑞·杨（Jeffrey Young）［杨（Young）等科研人员，2005年］开发了一种特殊形式的认知疗法：图示疗法。首先这种疗法被成功地应用于边缘型人格的治疗上，进而用于治疗各种类型的人格障碍。杨的调查表格主要是关于认知图示失调的，得到了世界上大多数国家的认可。这些图示可以分成五大类：

◉ 分离与抛弃："没人喜欢我"（母爱剥夺）、抛弃、猜疑、孤立、自我评价极低。

◉ 缺乏自主性、缺乏成功感：失败、依赖、脆弱。

◉ 缺乏限制：冲动、肆意践踏他人的权利。

◉ 他人导向：需要别人的认可、自我牺牲、向他人俯首称臣。

◉ 关于警惕和抑制。

图示表达模式和情绪

模式是人格中和其他方面无法和谐共处的那个方面。

模式激活情绪，有时候激活的是接纳度差的爆发性情绪，这些情绪源自内心的斗争。自我的各个部分相互争斗，在触动“扳机”的情况下被激活，模式属于此时的情绪反应［杨（Young）等科研人员，2005年］。

模式是自我过渡的状态，图示代表人格中稳定的特点。

在边缘型人格中，从一个模式到另一个模式之间的波动很常见。模式通过内心独白具体表现出来，这些内心独白从一种模式转换到另一种模式，或者说从一种心情转换到另一种心情。通过不同的行为、冲动的举止和别人阴晴不定的感情关系可以反映出这些转换。

模式属于不稳定的状态，图示属于永久的特征，甚至可以预测，而情绪爆发则捉摸不定、无法预测。

心理测量学确认存在十种模式，可以把这些模式分成三组。

第一组：四种儿童模式

◉ 容易受伤的孩子：这样的孩子觉得孤单、被孤立、伤心、不被人理解、得不到他人的支持、不完美、缺乏什么东西、能力不足、被排除在外、悲观。

◉ 爱生气的孩子：这样的孩子爱生气、沮丧，而且缺乏耐心，因为自己的需求总是得不到满足。

◉ 爱冲动的孩子：这样的孩子以自我为中心，会在欲望或者冲动的驱使下行动，以满足自身需求，而且无法自控。这样的孩子爱发火，是“被惯坏了的孩子”。

◉ 幸福的孩子：这样的孩子觉得自己得到关爱，很满意、满足，感到得到保护，被他人接纳，觉得自己有价值。

第二组：三种适应障碍模式

◉ 听话的服从者：这样的人很被动，害怕对抗，害怕被人抛弃，能够忍受被人不尊重和恶劣的对待。他们不会向别人表达自己的需求和欲望。他们处于依赖的模式和自我贬低的模式之下，是自恋狂的完美猎物。

◉ 冷淡的保护者：这样的人远离他人，远离自己的情绪需求，能够控制自己的感情。他们和他人疏远，秉持玩世不恭的悲观态度，目的是避免在人际关系中投入过多。他们会使用药品、酒精、毒品与他人保持距离。他们会躲避自己的模式，防止感受过多的情绪。他们对自己撒谎。那些脆弱、需要保护的人会成为他们操纵的对象，以满足他们的自恋情绪。这个模式完全符合恶意自恋型人格障碍的标准，也就是“自恋变态”。

◉ 补偿者：这种人的行为方式大气、有攻击性、爱支配别人、有优越感。他们叛逆、善于操控别人、愿意探索，总是努力让自己的社会地位高于他人。发展出这些感情往往是为了补偿感觉低人一等的图示，这些人的完美主义有助于他们对社会地位的追求。在表面上他们都是成功人士，实际上他们失去了与本人和周围亲友连接的积极情绪和幸福。

第三组：三种父母模式

◉ 惩罚孩子的父母：他们觉得自己或者周围的人遭到惩罚或者批评是罪有应得。

◉ 高标准、严要求的父母：他们认为必须达到完美的程度，或者永远要更加优秀，他们想要控制一切人和一切事。

◉ 圣人父母：他们会积极关注容易受到伤害的孩子，给爱发脾气、行事冲动的孩子定下规矩，支持身心健康的孩子。

认知行为疗法和心理动力学疗法能够帮助患有严重

人格障碍的患者，几次对比试验［巴梅里斯（Bamelis）等人，2014年；科特洛（Cottraux）等人，2009年；戴维森（Davidson）等人，2010年；吉森 · 布洛（Giesen Bloo）等人，2006年］和一次元分析［克里斯泰亚（Cristea）等人，2017年］证明了这一点。

如何治疗：对情绪的集中跨诊断疗法

认知行为疗法的一个学术派别研发了一种超越疾病种类范围的治疗方法，当然疾病种类有时是人为规定的，可以发生变化。在一个版本又一个版本的《精神疾病诊断与统计手册》出版时，人们也根据科学趋势和社会影响不断更新疾病的种类［巴洛（Barlow），2004年］。有些人觉得《精神疾病诊断与统计手册》不同版本列出的疾病种类过度分化，出现了数量巨大、各种各样的疾病，这给制药产业创造了很多机会——每种精神类药物不论新旧都能够找到特定的盈利市场，而且这些市场对应的疾病也得到了科学认证。

跨诊断疗法是一种综合疗法，更加关注患者本身及其问题。其实我们经常见到诊断一名患者兼具几种疾病而不是一种，合并症是重要的规则和唯一诊断的特例。

情绪、行为、认知是人类本性的支柱，心理治疗正是针对这几大支柱发挥作用的。大卫·巴洛(David Barlow, 2004年)提议，围绕负面情感的主题制定“跨诊断治疗统一协议”。使用相同的原则和协议，把这种治疗方法应用在诊断出来的数量众多的疾病上。今后，这种方法有助于认知行为疗法的协议、实际操作和教学工作。

人的脾气秉性继承自人格，而且会与环境塑造的性格相抵触，跨诊断疗法的目标在于改变这种脾气秉性。巴洛(Barlow)等人出版的《跨诊断治疗协议》包括五大核心模块：

- 培养充分的情绪意识；
- 增强认知的灵活性；
- 发现并防止情绪逃避；
- 增强意识、增强和情绪相关的身体现象耐受性；
- 暴露在能够引起各种情绪的外界环境和内心感受之下。

这五大模块之前还有两个模块，第一个模块的意义在于强化动机，第二个模块是情绪适应性质的引导模块，帮助人们更好地认识情绪。

验证跨诊断疗法的有效性

上文提到的协议经过了对比试验的科学

检验[巴洛(Barlow), 2017年]。试验对象包括：接受跨诊断疗法的患者、接受“针对诊断接受专门治疗”的患者，以及在等待名单上没有接受任何治疗的患者的对照组。患者抽签决定接受哪种治疗。共有233名患者接受试验，患者罹患的疾病有强迫症、有广场恐惧的恐慌症、没有广场恐惧的恐慌症。对患者持续跟踪六个月。试验结束的时候，跨诊断疗法的疗效和针对诊断专门治疗的疗效相当，而且有更多跨诊断治疗的患者坚持到了最后。两种积极治疗方法得到的结果都优于等待名单上没有接受治疗的患者。这个结果证明跨诊断疗法是一大进步，为心理治疗领域开辟了新道路。

结论：身体的教诲

情绪是动物的特性，是自然演化留给我们内心的遗产，有利于人类生存和物种延续，帮助人类在社会中生存，开发人类的才能。情绪深深印在我们的身体里，帮助我们管理和其他人之间的关系，虽然很难定义情绪究竟是好是坏，但是它们在帮助人类迈向未来。

从基本情绪走向更加细致的情感，我们见证了各种有效治疗方法的出现，用于减少痛苦、增强感受幸福的能力。把治疗患者的疗法用在日常生活当中，就形成了“负面情绪自我调节法”，简称“PAEN”，下一章将会具体介绍这种调节方法。

第二部分

控制负面情绪

负面情绪和情绪感染

情绪的阴暗面在于各种负面情绪在此处潜伏，这些负面情绪会毁掉生活。尽管别人会对一句话的言外之意、一次眨眼、不同的嗓音、不寻常的动作做出种种解读，但是人们更希望把负面情绪隐藏起来。其实感觉到负面情绪不会造成任何伤害，也不会引起严重后果，就像人们内心深处隐藏着一些恶念一样，只要不去释放就不需要去谴责。

真正的问题在于，表达负面情绪的行为和语言，因为其结果可能极具破坏力。在家庭中表达负面情绪的方式可能是没完没了的批评、表达敌意、行为过度情绪化，这些都会对存在心理障碍的人造成有害影响。

周围的人持续不断地表达负面情绪是很多精神疾病患者再次发病的因素之一，针对精神分裂症的二十七次研究都证明了这一点。其他研究还证明，过度表达负面情绪可能导致恶劣后果，影响针对抑郁症、创伤后压力综合征、神经性厌食症、食欲过盛症的药理层面治疗，以及认知和行为治疗。

对周围的患者经常高强度表达负面情绪的人往往不相信命运，对别人的疾病不够宽容，而且有更强烈的意愿掌控他人［胡利（Hooley），2007年］。

而且，感受到负面情绪后会产生影响，改变人的行为，导致身体上的疾病。下面举几个例子。

愤怒等爆发性的情绪会促使人产生谋杀他人的想法，不满、仇恨、痛恨等相对隐匿的情绪也会导致杀人。有时候杀人并不需要匕首或者手枪，失去所有的情感支撑或者遭到没完没了的批评，就足以迫使一个人自杀。所有临床心理医生都会遇到这个问题：防止想要自杀的人再次尝试自杀。这种情况下要重新点燃患者心中的火焰，让他们对自己有正确的评价，在有人充满恶意地操纵别人的时候，教会身处困境的患者坚定信念，勇敢面对。

偏执狂的猎物

我记得一个非常难治疗的病例，事情涉及一名女士的财产，她的人格极度偏执的丈夫希望拿到这份财产。经过了持续一年时间的高强度认知治疗，搭配抗抑郁药治疗，我终于帮助这位女士重拾信心，和丈夫离婚，摆脱了丈夫的魔爪，保住了财产。

由于抑郁导致的无所事事的行为会逐渐摧毁生活，生活伴侣会因为受不了患者持续悲伤，或者对性生活毫无欲望而提出离婚。社交焦虑症患者逃避他人、逃避人际交往，这样会毁掉职业生涯，在情感生活上孤独无依。

因为创伤后压力综合征导致的恐惧和焦虑会引起心率失调、心肌梗死。在2015年1月7日针对《查理周刊》恐怖袭击，以及1月9日在万塞纳城门“Hyper-Cacher”超市发生的恐怖袭击之后，有346名患者被收进了图卢兹胸痛医疗中心，其中大约一半需要住院治疗。那三天的恐怖袭击期间，医院接收的因为心肌梗死、心律不齐、心功能不全等原因住院患者人数比2014年同一时期的住院患者人数多了75%[罗夏（Rosa）等研究者，2016年]。

作为本书的第二部分，下文会介绍如何管理负面的感情和情绪。第五章讲解什么是“负面情绪自我调节法”(PAEN)。第六章详细讲述如何把这种方法应用于六种伤害自己的情绪：焦虑、内疚、悲伤、屈辱、思念、懊悔。接下来是第七章，介绍六种伤害他人的情绪：愤怒、羡妒、蔑视、猜忌、怨怼、憎恨。

介绍每种情绪的时候都会根据现代心理学的研究数据详细讲解。另外，我们会引用小说或者电影向读者更形象地描述各种情绪。

法国作家安德烈・纪德(André Gide)在1940年的日记中写道：“人们依托美好的感情创作出糟糕的文学。”我们也可以用同样的言语来描述心理学。

第五章

负面情绪自我调节法

开发负面情绪自我调节法（PAEN）的目的在于让每一个普通人都可以使用有效的认知行为疗法，从而成为自己的心理医生。这种方法不会代替真正意义上的心理治疗，但是能够立刻给轻度或者中度情绪问题患者带来帮助。本书的前四章内容是对各位读者朋友的基本知识普及，现在大家可以接触实实在在的实践知识。

负面情绪自我调节法，经过审慎思考的疗法

特殊情况会引发人类产生情绪，在平时情绪平静的时候可以仔细研究情绪引发的后果。我们可以花时间静下心来仔细观察，理顺思路，研究情绪反应以及其引发的后果。很多时候人们会自动做出反应，不经思索地回答，采取下意识的行动，我在这里提出的调节法和上述做法背道而驰。负面情绪自我调节法（PAEN）着重使用大脑中的长路径，调动大脑前额皮质层区域，而不使用大脑中的短路径，避免经由杏仁核引起自动反应和冲动反应。

负面情绪自我调节法，有助于管理社会情绪

当遇到危险的时候，原始人可以选择逃跑、进攻或者

原地不动，大脑中杏仁核发出的指令足以应对性命攸关的情况。随着自然进化，社会协作帮助人类在危机重重的环境中存活下来。

对于现代人来说，生活情况比远古时期复杂很多。现代人每时每刻都要遇到各种各样的人，这些人或好或坏，会触发你的六种最重要的情绪：快乐、愤怒、恐惧、悲伤、厌恶、惊讶。而且现代人还需要管理很多种社会情绪，除非隐居在深山老林。

以前在工作中如果与同事和领导发生口角乃至爆发冲突，当事人完全可以辞职，然后迅速找到另一份工作。但是现今人们却常常害怕丢掉工作，所以不得不忍受恶劣的工作气氛。失业的威胁导致社会心理危险激增。专家们界定出六种情绪压力因素［戈拉克（Gollac），2011年］，它们是：工作强度与工作时长、情绪需求、缺乏自主性、工作中糟糕的人际关系、伦理痛苦、不安全的工作环境。举例说明一下什么是伦理痛苦，比如：不管顾客的利益，为了卖出东西撒谎或者强迫销售。

夫妻之间不和的原因可能是个性差异，也可能是压力巨大的社会环境。在大城市，几乎有一半夫妻离婚是社会环境压力造成的。

在由于情绪压力导致夫妻离婚之前，如果能够使用这种简单易行的负面情绪自我调节法缓解紧张的状况，双方可能就不会分开。这种方法具有积极意义。

负面情绪自我调节法的八个组成部分

负面情绪自我调节法分为八个组成部分，最好按照顺序实施，因为这八个部分的执行难度越来越高。我们可以不必使用全部八个部分，根据情绪问题的程度与性质只用其中的一部分或者几部分即可。

第一部分：疏远情绪

“远游”是药效最轻柔的解药，可以将其看作情绪管理的最初步骤。这种解决方法指的是把精力集中在抚慰人心或者更加有趣的活动上，比如从事艺术活动、读书、做运动、旅行。

去意大利旅行是司汤达式的解药，我经常用这种方法缓解自己的情绪压力：不论发生了什么事，去意大利旅行都会给我留下美好的记忆。在美丽的乡间漫步，任何悲伤都会化为乌有。不过如果痛苦的原因很严重，我们可能会带着烦恼出行。旅行回来之后，问题仍然没有解决，这时候早就没有了出发时的兴奋，感觉可能会比原来更加糟糕。

庆祝聚会可以把悲痛转换成欢腾。可是在一夜狂欢之后，第二天早晨起床依旧觉得失败、空虚，这时候将要承受更大的痛苦。

我们需要更加有效的解药缓解情绪。如果你不喜欢自己的生活，感到痛苦不堪，那么请打开自己的视野，站在更高的高度去思考问题，尤其是当你的心境跌落到谷底的时候。

这时候影视作品中通常使用“观景台”技术，核心是“登高望远”。要知道，意大利语中“观景台”意思是“眺望怡人美景”。我们的视角往往因为情绪的重压变得狭窄，只能专注到眼前似乎无解的问题上。为了能够看清一生所有的景色，应该把视角抬高，从高处眺望。“观景台”技术的原则非常简单，不要把焦点放在当下的痛苦上，而应假设把自己置身于山顶的观景台上，俯视一生一世的全景。

表1能够让读者直观地看清楚。在第一列内填写导致产生负面情绪的事件。在第二列写下十二种情绪：六种伤害自我的情绪、六种伤害他人的情绪。在第三列中描述站在山顶观景台上看到的生活全景。在第四列中描述在高处观看生活全景之后得到的益处。不要只把目光盯着当前的困难，向后回顾过去，向前展望未来，寻找自己能够感受到的积极情绪：欢乐、愉悦、快感、感恩、热情、爱情、信心。在第五列

中，记下经过这次练习之后感受到的情绪改变。

表1　技巧：从观景台俯瞰生活

日期：　　　　　时刻：

激发情绪的事件	情绪	从高处观景台俯瞰我的生活全景	从高处俯瞰生活带来的益处	得到的情绪改变
	焦虑			
	内疚			
	悲伤			
	屈辱			
	懊悔			
	思念			
	愤怒			
	羡妒			
	蔑视			
	猜忌			
	怨怼			
	憎恨			

和自己的情绪拉开距离之后，可以考虑接下来七部分里介绍的各种方法，解决情绪难题。

第二部分：放松与情绪平复

身体对情绪压力的反应在生理活动上会有体现，包括心跳加速、出汗、呼吸频率加快、胃酸分泌增加。反应的性质可能是焦虑、抑郁、愤怒。这些反应的基础是负面认知，最终往往导致我们陷入工作和生活的困境。长期的情绪压力是导致心脏病、胃肠道疾病、免疫疾病的危险因素，而且长期的情绪压力会促使抑郁状态、长期焦虑等心理障碍出现，甚至引发精神疾病。

▷放松

舒尔茨放松训练（1965年）是最常被使用的放松方法，可以用于缓解长期焦虑。下文记录了一场使用这种放松训练方法的典型治疗场景。

在一个安静的环境里，不要有过多的环境噪音，接受放松训练的对象安静不动：闭上双眼，坐在椅子上。把精神集中在引导性图像上，比如平静的湖水、圆月之下的夜色，让自己产生平静的感觉，然后请把精神集中在双臂和双腿各个部分重力的感觉上。接下来，腹部感觉热热的，让这种热量辐射到全身。最后，集中精神在心脏跳动和血管搏动上，努力减缓心跳，最后以前额产生清爽的感觉告终。

还可以在过程中加入腹式呼吸，腹式呼吸从瑜伽演变而来，缓慢且幅度很大。一场放松训练不应该多于十几分钟。在睁开眼睛起身之前，应该伸伸懒腰，使劲伸展一下手臂，因为身体放松时可能导致低血压，这样的简单动作有助于血压升高。

放松的时候可以根据调节法上的要求自己一个人一步一步做，但最好还是跟随心理医生声音指令的引导。也就是说，可以在心理治疗的时候，也可以播放事先录制好的音频，静心放松。

▷瓦氏法

这种方法可以终结强烈焦虑的爆发，比如惊恐发作。惊恐发作的表现是多次、短时间内的身体焦虑强烈发作，高峰时可以达到3分钟到4分钟，伴有不真实感、自我抽离感、害怕失去自控能力的感觉、害怕失去理智的感觉，有时还会突然出现强烈的死亡恐惧。这种震撼的经历让患者难以忘怀，因为担心再次经历惊恐发作，患者可能会把自己关在家里。这种情况属于广场恐惧症，患者不敢走上街头，不敢进入商店或者超市。为了不再让患者体会到这种恐惧的感觉，需要一种迅速有效的治疗方法。

应对惊恐发作最实用的方法是利用迷走神经的反射（迷走神经又被称作“第十脑神经”或者“第十肺胃神经”）。这里谈到的“瓦氏法”（technique vagale），也叫作“瓦尔萨瓦反射”，名字源自著名的解剖学家瓦尔萨瓦（Valsalva），他第一次描述了这种神经反射现象。这种治疗方法的原理很简单：颈动脉中存在压力感受器，能够自动发送信息命令心脏跳动减慢。为了引起这种反射，只需用鼻子呼吸，然后吸气，把气体留在腹部，屏住呼吸5秒钟。具体做法是：在心里默念5个数，同时尽可能地鼓肚子。建议重复这个过程十几次，直到自己感觉好些为止。这时候会感觉很热，心跳减缓，呼吸频率降低，惊恐发作停止。

第三部分：正念冥想

意识清醒状态下的冥想是被广泛传播的一种方法。让我们追根溯源，看看有关冥想最初的作品。那是乔·卡巴金（Jon Kabat-Zinn，2010年）的作品，随书还附有一张光盘，光盘是冥想音乐和演员贝尔纳·吉罗多（Bernard Giraudeau）录制的引导语。贝尔纳·吉罗多为了对抗癌症曾尝试意识清醒状态下的冥想，后来他由于癌症去世。我在培训学生的时候以个人的名义使用了这张光盘：光盘非常实用，令人心情愉悦，而且使用者很容易能够跟上冥想的节奏。

▷正念冥想的特点

如何调节注意力是正念冥想的关键，所有的心理问题都与对核心事件的选择性关注有联系。一个人如果有社会焦虑，那么他一定过分关注别人对自己的看法。这样的人，因为害怕他人对自己的评判，所以把注意力过度集中在自身的行为上，导致在人际交往中更加笨拙，这样反而使得自尊、自信遭到更大的打击。为了打破这种恶性循环，容易焦虑的人可以在意识清醒状态下进行冥想，避免过分关注自我，以更好地看清楚问题所在。有意识地把精力集中在此时此地，尤其是对于通过感觉得到的数据，不要随便做出评判，不再做“自动导航式”的反射行为。保持意识清醒的目的是集中精神，体验此时此刻的感觉，不反复预想未来可能出现的危险，不总是回顾过去经历的各种失败。

意识清醒状态下的冥想最重要的关键点在于“接受”——接受自己、接受情绪、接受想法、接受这个世界。这需要我们决定是否采取某个行动，是否应该为了适应无法改变的事实而做出调整。

我们应直接面对心中的想法、情绪、意识清醒状态下的创伤性回忆。想法和情绪由我们的思想创造而来，不会永远存在，应该用善意和同情去看待它们。想法和情绪如同落在玻璃窗上的雨滴，流过之后便消失不见。

观察自动情绪反应可以帮助患者更好地认识自己，更合理地调整自己的行为。冥想可以让患者想象如何减少冲动行为，培养对自己和对他人而言的非破坏性行为。

这是正念冥想的实用总结，是第一次总结也是最重要的总结。冥想的核心在于跟随呼吸顺序的全身扫描。每个人情况不同，做完一次冥想需要20分钟到40分钟时间。

▷冥想：身体扫描与呼吸

◉ 舒服地坐在椅子上或者躺在温暖安静的地方，轻轻闭上眼睛。

◉ 感受你的呼吸，体验身体的各种感觉，尤其是和椅子或者床接触部位的感受和压力，这些地方是冥想的身体锚定点，冥想包括对全身的扫描。

◉ 如果头脑中的想法让你思绪纷乱，不要刻意对抗这些想法，随它们去。头脑中的想法不会永存，请带着善意去观察这些想法，如同玻璃上的雨滴流过便消失不见一样，你的想法会在心灵上流淌而过然后消失。

◉ 当你呼气与吸气的时候，有意识地体会腹部的实际感受。

◉ 如果你的思想远离了你的呼吸，轻轻地把注意力拉回到腹式呼吸的循环上来。

◉ 集中意识关注左腿下部，然后是左脚，最后通过脚趾让关注点走出左脚。一次又一次把意识集中在每个脚趾上，集中在脚趾彼此触碰的感觉上、刺痒感上、发热的感觉上。

◉ 集中精力感受气息，气息进入肺部，然后是下腹部、左腿、左脚，然后从左脚的脚趾上走出身体；然后在呼气的时候感觉、想象气息从脚向上行走，经过腹部、胸部，最后从鼻子离开；然后在右腿上重复内心呼吸的步骤。

◉ 继续集中精神关注自己的意识、呼吸，以及胸膛、手指、手、手臂、肩膀、脖子、头、面孔的内部。

◉ 关注的部分经过身体各个部分之后，继续“吸气时精神集中在身体各个部分的内部”，在呼气的时候让关注点离开。想想自己的关注点，伴随呼吸扫过头部，在呼气的时候通过头上两欧元硬币大小的空洞离开。

◉ 在扫描过全身之后，花几分钟时间恢复，把身体作为一个整体去体会、感受。让气息自由在体内流动，最终走出身体。

第四部分：认知重构

焦虑、抑郁、愤怒、敌视等感情会让人变得没有效率，这类感情阻碍我们集中精神，妨碍我们做出正确的决定，破坏我们与他人正面的人际关系。很多人认为高情绪压力的情况必然产生不合适、不可告人的感情，从而引发被社会谴责的古怪行为。这种判断部分正确，可是对于产生压力事件的诠释同样要对人们“发疯”的行为负责。

下面我们一起看一个十分常见的病例，这是一位因为抑郁就诊的女性患者。

患者失业，为了新工作参加面试，几天后得知没有被录取。患者感觉沮丧、愤怒，认为自己没有价值，开始拒绝参加别的工作面试。患者下午很晚起床，去帮助失业者找工作的就业中心，可是总是拖到办公室关门下班的时候才到，整晚看电视、吃零食。客观上看，这种情况让患者感到有压力，但是否定现实的认知图示、觉得无价值的认知图示过滤掉了这种情况，导致患者首先愤怒，而后抑郁。和情绪相关的负面想法自动产生："我不能接受被人否定的现实，我本应该表现得更出色。我失败了，在面试中我没法成功。尽管有各种外界情况限制，但在面试里我一定要一次成功。我的专业是社会学，在劳动市场上没有我的位置，我永远也没法成功。"

认知重构能够让患者改变情绪的表现形式，避免被情绪干扰。具体分为以下四个步骤：

◉ 第一步：确认情绪导致的不良后果，比如愤怒、抑郁等；

◉ 第二步：找到导致情绪失调的事件；

◉ 第三步：想象一下这个事件，以及接下来失控的情绪；

◉ 第四步：感受到愤怒、敌视等情绪以后，试着改变情绪的表现形式，也就是说感受一下失望、恼怒、无聊、悔恨等情绪。这些新情绪更加符合对现实的反映，然后重新诠释这些情绪。

以这个找不到理想工作的患者作为例子，她对现实的诠释会以感情而非情绪的形式呈现，不会自责，不会指责别人，也不会变得无所事事、郁郁寡欢。

这种重新诠释的行为有利于患者建立更积极的内心独白：“我不喜欢被否定，我感到无聊、不幸，但是这不意味着我永远不能成功。尽管产生这么令我难过的感情，但我还是应该继续找工作，这是我唯一的机会。我应该思考其他的出路，比如动用人际关系彰显我的社会学专业价值。”

如果人们改变情绪反应的性质，那种面对事件觉得无能为力的感觉就会发生转变。

前文提到的患者不再会自我放弃，而是把闹钟调到早晨8点，积极地行动，寻找工作机会，最终找到工作。表2帮助读者看清楚事件、负面想法、负面想法引起的行为、重新对事件引发的自动想法进行诠释并且解读它们之间的关系。

表2　情绪自我调节表

情绪	自动出现的负面想法	行动	对自动出现的想法进行现实的重新诠释	正面行动
焦虑 内疚 悲伤 屈辱 思念 懊悔 愤怒 羡妒 蔑视 猜忌 怨怼 憎恨	“我一事无成。” “我再也找不到工作了。”	无所事事，不去就业中心。	“如果更加积极主动、早点起床，我就会拥有更多工作机会。”	把闹钟调到8点钟，去就业中心找工作。

导致产生负面情绪的事件：面试失败

请标出感觉到的一种或者多种情绪，记下自动产生的想法和随后采取的行动。然后请用更加现实的方式去重新诠释：“如果我强烈地感觉到这些负面情绪和负面想法，那么这是思想认知图示支配的结果。”在表3中找到与自己对应的一个认知图示或者多个认知图示，然后试着用更加现实的方式去重新诠释面对的情况，从中确立对自己更有利的行为方式。

表3的第二列列出一系列过早出现的不当认知图示。

了解了所有的自动想法之后，可以考虑这些想法涉及的基本主题，以及这些想法是如何围绕着一个或者几个认知图示展开的。应该给这些认知图示命名，这样才能清楚地了解认知图示影响我们选择和行为的能力。就前文提到的女患者来说，她的认知图示是社会孤立、羞耻、价值缺失。

表3

认知图示的常见主题	**18种过早出现的不当认知图示**
分离与遗弃	情绪缺乏：害怕不会被别人爱 抛弃、不稳定 怀疑、滥用 社会孤立 缺陷、羞耻、丧失价值
缺乏自主能力和成功	失败 依赖、缺乏能力 面对威胁与疾病很脆弱 软弱
缺乏界限感	过分要求个人权利、过于高估自己 自我控制不足
趋向他人	屈从 自我牺牲 寻求赞同
过分警惕、抑制	情绪抑制 苛刻的标准 消极与悲观 趋向惩罚

如果有因为个人原因想要进行认知重构的读者，可以填写以下空白表格。

表4　情绪自我调节表

情绪	自动出现的负面想法	行动	对自动出现的想法进行现实的重新诠释	正面行动
焦虑 内疚 悲伤 屈辱 思念 懊悔 愤怒 羡妒 蔑视 猜忌 怨怼 憎恨				
日期:　　　时间:				
引发负面情绪的事件:				

请确认自己产生的一种或者多种情绪，写下自动产生的想法和随之而来的行动。然后请用更加现实的方式诠释："如果我强烈地感到这些情绪和消极想法，是思想认知图示支配的结果。"在下文的表格中找到自己对应的一个或者多个认

知图示，然后试着用更加现实的方式去重新诠释面对的情况，从中确立对自己更有利的行为方式。

表5　过早出现的不当认知图示

认知图示的常见主题	18种过早出现的不当认知图示
分离与遗弃	情绪缺乏：害怕不会被别人爱
	抛弃、不稳定
	怀疑、滥用
	社会孤立
	缺陷、羞耻、丧失价值
缺乏自主能力和成功	失败
	依赖、缺乏能力
	面对威胁与疾病很脆弱
	软弱
缺乏界限感	过分要求个人权利、过于高估自己
	自我控制不足
趋向他人	屈从
	自我牺牲
	寻求赞同
过分警惕、抑制	情绪抑制
	苛刻的标准
	消极与悲观
	趋向惩罚

在这里写下自己选择的一个或者多个认知图示：________

____

第五部分：交流能力和自我肯定

长久以来，认知行为治疗领域的专业人士了解自我肯定的方法和学习社交技能的方法，认可了这些方法行之有效，并将其应用在实践当中，用于治疗社交焦虑并用于助力精神病患者的康复。阿尔韦蒂（Alberti）和埃蒙斯（Emmons）（1974年）给“自我肯定”下了这样的定义：

“这是让人在不产生过度焦虑的情况下，完善地保护本人的利益、捍卫本人的观点、自如诚恳表达感情、在不否认他人权利的前提下行使自己权利的行为。”

被动型人格的人否认自己的权利，伴随焦虑、内疚、悲伤的情绪，从而表现出屈从的状态。攻击型人格的人践踏他人的权利，以获得自己想得到的东西，表现出愤怒、猜疑的情绪，并羞辱他人。被动攻击型人格的人操控他人，让他人产生负罪感，从而获得自己想得到的东西，同时隐藏自己的怨恨和不满。

自信的人与人交流的时候表达清晰，谈话要点集中在需要共同解决的问题上，并且在尊重他人的同时尊重自己。

由于社会背景的不同，自我肯定的表现方式也不同：

在说话的音调、眼神接触、动作、语言流畅程度、传递的信息内容方面表现得尤为明显。在进一步探讨之前，请先认清楚自己所处环境的为人处世的行为准则。通常情况下，人们的行为准则中不会包括冲动、有攻击性、傲慢、以激烈方式表达情绪的行为。通常情况下，社会规则鼓励人们知廉耻、懂得克制、尊重他人。每个人都应该注意不能放任自我，应让其他人表现出自己的个性：注重礼貌、做事有分寸，能够保证社会交往可以流畅进行，使得交易获得双赢的解决结果。

学会更好地沟通与交流，可以让正面感情和负面感情得到恰当的表达。不表达自己的情绪会导致人际关系紧张、患上身体或者精神疾病，反之，如果负面情绪泛滥，那么就会造成过度表达负面情绪、对无辜的人倾泻怨气从而产生恶果。

而且，不够精确的信息容易引起误会，导致人与人之间关系紧张。下文会举例说明，伴随负面感情的交流会通过三个级别呈现：

- 问题层面（第一级）；
- 个人层面（第二级）；
- 人际关系层面（第三级）。

比如，一位秘书没有打印出老板开会需要的一封信，老板很恼火，对秘书发脾气：“你这个懒鬼，玩忽职守……”

这句话并不能解决问题，反而是人身攻击（第二级）。

如果老板怒不可遏，可能还会说：“我觉得用不了多久你就不能跟我一起共事了。”

这句话直接质疑了自己和秘书之间的人际关系（第三级），而没有关注问题本身。

如果出现令人情绪激动的状况，对于老板来说很难仅仅停留在需要解决的问题上（第一级）。老板应该给秘书传达必要的信息以改善当下的情况，这才是用最佳的沟通方式来解决问题。可以这样表达：“我需要你立刻把这封信打出来！”然后递给秘书一张任务清单，“这张清单上是依据紧迫程度列出的你需要做的任务。”

在夫妻冲突中也能够看到类似的问题，夫妻双方往往在第二级和第三级层面进行伴随负面感情的沟通，结果导致没完没了地争吵、指责，然后互相威胁分手，最后以离婚告终。

因此，当我们想交流感情或者负面情绪的时候，最好只停留在问题层面。如果能够掌握这个原则，接下来的任务就是如何用积极的言语表达信息。

妻子不应该这样指责丈夫：“你今天又迟到了。”妻子完全可以使用积极的方式组织句子，“你要是能按时来有多好，我非常珍惜我们一起度过的时光”。

除了信息要准确、积极之外，有时候还要保证和你对话的人真正理解了你要传递的信息，你可以重新组织语言，用其他方式再次把信息告诉对方。

总之，成功的沟通类似顺利进行的成功谈判，把关系中的负面因素放在一边，专注于每一方都能获利的共同目标。成功的沟通具备善意、互助、共同发展，没有身体上的强迫和情感的绑架。

在心理医生或者经过训练的教练指导下，可以通过角色扮演游戏锻炼交流能力。为了解决相对简单的问题，朋友之间进行角色扮演游戏即可，不需要额外指导。

锻炼交流能力也可以通过重复想象的形式进行。这种方法被称作“内心模型技术”，过程很简单：将自己的心理图像投射为现实生活里的行动模型。

在二十几分钟的时间里保持略微放松：希望接受训练的人保持第一级的正面交流，设想一种随时可能转变成冲突的场景，转变可能由愤怒、焦虑、怨恨的负面情绪引起。把自己投射到第一级的交流场景中——仅仅停留在问题本身，不涉及其他任何东西，同时保证谦逊有礼、态度积极，还要想象改变之后得到的积极结果。

第六部分：解决问题

尽管人类花大量时间去解决问题，但是效率并不高。糟糕的解决方式可能导致更加严重的情绪失调。

造成糟糕结果的可能有几种原因：用模糊的方式去考虑问题、选择的解决方式不现实、解决方式虽然基于实际出发但是很难执行甚至无法执行。我们常常以现实的方式或者臆想的方式解决基本问题却最终失败，因为情绪干扰了我们。我们过快地跳向结论，使用过多的认知试错方法，过分依靠缺乏理性的直觉，由于没有经过思考，我们最终选择了错误选项，有时会产生灾难性的结果。

赫伯特·西蒙（Herbert Simon，1978年）研究出“解决问题”法，这种方法在智能和决定二者之间建立模型。后来心理医生借用这种方法，将其应用在认知行为疗法领域［德苏内拉（D' Zurilla）、讷苏（Nezu），2006年］。

这种方法建立在“循环法”的基础上，最终回到起初的第一步。因为应要多次重复循环，任何问题的第一个解决方法很少是最合适的解决方法。下文是“解决问题”法的七个步骤：

◉ 定义问题：解释、深入探讨问题，同时看清楚问题的原因和结果；用清楚准确的词汇描述问题。在这一步，注意问题在整体背景下的完整性。

◉ 制定解决方案：列出全部的解决方法，不要评价这些方法也不要舍弃某些方法（头脑风暴）。在这一步，应该尽可能地展示创造力。请在表格上一一列出充满想象力、与众不同的解决方法。

◉ 评价解决方法：评价每一种解决方法，写出每种方法的优点和缺点、对别人和自己的短期、中期和长期影响、具体涉及的方方面面（金钱、时间），等等。在这一步用文字写出评价，如果缺乏信息，请花些时间查找，不要轻易下结论，要仔细做出评价。

◉ 做出决定：对比各种解决方法得到的结果，选择一个解决方法或者整合多个解决方法。在这一步，可以采用多种方法，取其折中结果，不要试图找到“完美”的解决方法，不要拖到第二天。

◉ 执行决定：详细写明执行决定相关的各种任务，制定时间表。在这个阶段，要根据所需时间，对执行决定和最终结果有符合实际的预期。

◉ 评价结果：根据要达到的目标、事先确认的问题，评价最后获得的结果。

◉ 重新解决问题：在这个阶段，如果对得到的结果不满意，重新开始第一步，重新描述、定义没有解决的问题。

使用这个模型去解决问题，得到的结果可能未必令人满意，但是这并不代表着失败，而是应该将结果作为重新处理问题的基础，然后寻找更好的解决方法和实施策略，接下来开始新的循环去解决问题。

解决问题的七个步骤

1. 定义问题。
2. 列出所有可以用的解决方法。
3. 评价解决方法：
   (1)优点和缺点；
   (2)对自己和别人的短期、中期、长期影响；
   (3)具体涉及哪些方面(金钱、时间)等。
4. 做出决定。
5. 执行决定。
6. 评价结果。
7. 如果结果不能令人满意，那么重新开始第一步，重新描述、定义没有解决的问题。

第七部分：展示个人价值

积极情绪和消极情绪与每个人信奉的宗教、继承的哲学传统息息相关，这些情绪参与认知图示的建立，我们通过认知图示解释这个世界。有些价值和另一些价值相互矛盾，比如，对安全的墨守成规与创新的追求，对权力和普通善意的追求。

我们对个人价值的选择决定了每个人生活的意义，这些为了生存而进行的选择促成实际行动。价值是告诉我们应该选择通向哪里的道路，并且标注在人生路线图上，所以一个人不可能同时到达几个地方。

在做出价值选择的时候，我们是不是非常自由呢？我们会花时间考虑而不是不经思考地自动选择。现在往往我们接收的信息过多，其实我们的责任是花时间仔细筛选、看清楚自己身上发生了什么以及周围发生了什么。

抑郁的人看这个世界到处都是黑色的，因为抑郁患者的父母从其儿童时代起就教育他们工作成绩有多么重要，他们以自己认同的价值作为衡量标准，所以总是觉得自己很失败。自卑与缺乏价值的认知图示会被激活，加上抑郁情绪，导致患者做事没有效率——这是关于抑郁本身的抑郁。可能因为自己和他人的价值观冲突，也可能因为自己内心的价值观冲突，于是痛苦情绪会变得更加强烈。所以要清楚自己相信的价值观、选择自己的价值取向，这么做非常重要。如果做出的选择和自己笃信的价值观相左，那么会导致情绪波动，进而产生痛苦和悲伤。下文列出七个涉及现实生活的简单问题，我们可以以这七个问题为起点，认清自己认同的价值观。其实问题数量可以不限于七个，这七个问题只是开始，主要目的在于帮助大家思考生活的意义。

在下文中我留下了五个空白问题，请每位读者填满这些空格。

关于生活意义的七个问题

1. 是否应该忘记利益，转而追求哲学、艺术的价值？
2. 有人不认同你捍卫的价值，如何与这些人沟通？
3. 如何在变得越来越残酷的世界上生活？
4. 如何开心地工作？
5. 如何平衡家庭价值和职业上的成功？
6. 如何平衡与人为善的价值和市场规则？
7. 是应该重新开始生活，还是继续目前的生活状态？
8. ______________________________
9. ______________________________
10. ______________________________
11. ______________________________
12. ______________________________

第八部分：情绪暴露

有效回应的特点如下：生理活动减少、产生积极的思想，这些积极的思想有利于应对逆境，适应不利的情况。

积极的内心独白可以帮助认知适应，以下是几个例子：

“情况会很艰难，我要付出很大努力，不过我有能力应对。”

“我感到焦虑，这是一种信号，告诉我应该采取一些对策：放松、使用瓦氏法、用现实的方式思考、花点时间去解决问题、积极地思考问题……”

另外，还要培养行为适应能力。只要成功一次，就能够走上胜利的道路。一个性能力有问题的男人成功进行一次性生活后状况就会完全改观；一个女人因为内向不敢去朋友家吃饭，如果她肯迎接挑战，接受一次邀请，就会感受到在朋友家聚会的快乐。但是当事人需要预先做好准备，而且对于不同的情绪来说准备工作也各有不同。

◉ **恐惧和焦虑：**恐惧和焦虑会让人逃跑、躲避。下面介绍两种方法，有助于患者锻炼自己的能力，适应引起恐惧和焦虑的场景：想象自己暴露在原本害怕的场景中，或者实际暴露在自己害怕的场景中。通常来说，需要在心理医生的直接指导下，或者在心理医生线上监督下实施这两种方法。若当事人症状较轻，可以不需要心理医生，自行治疗。我的几位患者在等待接受心理治疗的过程中读了我的书，在没有医生的指导下自己尝试了书中介绍的方法，获得了不错的疗效。

为了得到理想的效果，有几条标准至关重要。暴露在令自己恐惧的场景中必须循序渐进、重复进行、完全沉浸。要把难度分级，从最轻微的恐惧和最轻微的焦虑开始做起。想象当自己暴露在害怕的场景中的时候，要在头脑中直面令你焦虑的情况；想象从最高焦虑程度减弱到至少50%的焦虑程度，焦虑程度分级从0（没有焦虑）到8（最大强度的焦虑）。

想象自己暴露在害怕的场景中的训练时间最多一次45分钟，这是为了去实地训练做准备。实际暴露在自己害怕的场景指的是在实际生活中处于这样的场景，从焦虑的最高程度减弱到50%的焦虑程度，同样，焦虑程度从0到8。暴露在自己害怕的想象场景和实际场景中十几次以后，才能获得好的结果。45分钟是在人们从害怕到适应过程里，习惯并稳定下来需要的最长时间。比如，有人恐高或者害怕去超市，就可以使用这种方法，而且很多时候不需要这么长时间患者就适应了。

◉ **悲伤：**保证高强度体育活动，经常和朋友来往，做自己喜欢的事情，控制悲伤情绪。做容易的事情，然后逐渐增加难度，做更加困难的事情，不要强迫自己一下子完成过于复杂的任务，要循序渐进。

◉ **愤怒：**绝不马上回应对方，让自己冷静一段时间，去散散步，放松一下，尤其是在感觉到自己正要怒气勃发的时候，马上采取应对情绪的行动，做好预防。

◉ **羞愧：**和其他人保持联系，正面看他人，既不咄咄逼人也不无动于衷，要表现出自信。

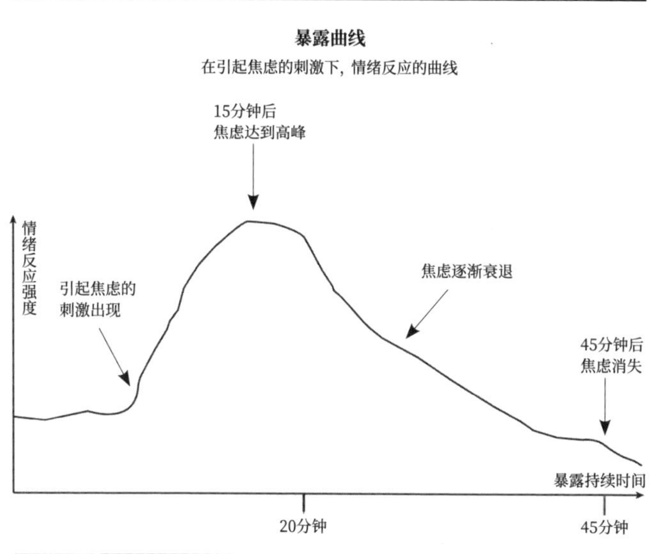

结论：负面情绪自我调节法的核心

当一个人被情绪压力淹没的时候，可以遵循下文列出的四大原则调节负面情绪。

寻找社会支持

请亲朋好友帮助、寻求组织和各种协会的支持，让自己的问题能够得到倾听，获得心理互助的机会。

从生理层面让情绪平复

药品、麻醉剂、酒精、舒尔茨放松疗法、意识清醒状态下的冥想、通过生物反馈获得放松，这些方式都能够达到目的。

解决问题

通过解决问题缓解情绪的方法在于改变对引发情绪压力的事件的评估，然后改变行为，解决问题是治疗过程中的最高层级，这种方法致力于在环境、情绪、认知、行为之间建立正面的联系。“解决问题”法促使患者准备采取行动，引导患者选择经过深思熟虑的选项去解决问题。

行动起来，改变负面情绪

这种方法可以拓宽我们做事的能力边界。人们会因为情绪障碍选择逃避，但是逃避又加重了情绪障碍，这种解决方法可以打破“害怕产生害怕情绪”的恶性循环。

负面情绪自我调节法包含了以上缓解情绪的四种原则，可以根据具体问题具体分析，考虑要独自面对还是请专业心理医生指导，然后决定使用所有方法还是选择性地使用。在接下来的两章里我会逐个详细介绍十二种情绪，详细分析如何使用负面情绪自我调节法来缓解每一种负面情绪。

第六章

伤害自己的情绪

这些情绪令我们痛苦不堪，同样也会间接影响到我们与他人的关系。悲观情绪和恐惧会传染给他人，也会引发批评和嘲笑。这些会伤害自己的情绪基本上都和焦虑、抑郁相关，有神经质的遗传学基础，换句话说负面情绪严重影响性格。这些情绪呈现内化的特点，主要戕害自身。伤害自己的情绪包括：焦虑、内疚、悲伤、思念、懊悔、屈辱。这些情绪攻击自身，让我们自己产生顾虑和怀疑。

焦虑

一定程度上的焦虑是生活的一部分，正面焦虑的作用在于让人预估危险，有助于保护个人和集体的安全。另外，焦虑可以让人提高警惕，采取有力措施构筑未来。所以，要重视焦虑的情绪，但不要大惊小怪。在任何情况下都要沉着冷静，不容易焦虑的人才会走得长远。

请学会喜欢自己的焦虑。要知道，这种情绪就刻在我们的基因当中：自然选择让有利于产生焦虑的基因流传下来。焦虑程度存在一个临界水平，这也是为什么达到了一定程度的焦虑之后需要心理医生进行干预。在《精神疾病诊断与统计手册（第5版）》（美国精神医学会，2013年）里把焦虑分成了三类。

◉ 焦虑导致的障碍，包括特殊的恐怖症、恐慌症、广场恐惧症、社交恐惧症、广泛性焦虑症；

◉ 创伤后压力综合征；

◉ 强迫症。

焦虑情绪的核心

焦虑让我们喉咙干涩、胸口发紧、心跳加快、呼吸急促，感觉腹中绞痛，头脑模糊不清。在焦虑情绪之下，我们仿佛透过一层奇怪的面纱观察这个世界，心中充满恐惧和不安。焦虑情绪可能长期出现，伴随人的一生。

在恐慌发作的时候焦虑情绪的强度非常大，人们不希望面对这种情绪，宁可待在家里也不愿意走上街头，不想逛逛商店或者出门旅行。

区别普通焦虑和病理性焦虑的最好方法就是分析焦虑情绪给我们的生活和我们的亲友带来什么影响。如果焦虑持续时间超过6个月，而且给工作、人际关系带来严重后果，让我们感受到深度的痛苦，那么就可以说这种焦虑已经跨过了普通焦虑的界限。

各种不同的焦虑情绪彼此关系紧密，而且经常伴随抑郁出现。

◉ 惊恐发作：患者感觉正在经历一场灾难，觉得自己马上就会因为心脏病突发死去，或者感受到急性的严重焦虑，仿佛马上就要发疯。

◉ 广场恐惧症：广场恐惧症患者（女性居多）害怕来到户外，在外边时会觉得自我迷失、得不到任何帮助。

◉ 社交焦虑（社交恐惧症）：社交焦虑的患者会在事情发生之前，预先担心遭到负面的批评、侮辱、社会的否定。

◉ 特殊恐惧症：特殊恐惧症患者会预先考虑未来可能遇到的危险，比如，遇见野兽、受伤流血、遭到雷击、被关在封闭的空间、身处令人眩晕的高处。

◉ 强迫症（TOC）：强迫症是一种利他主义的疾病。患者会仔细地清洗自己的身体防止把疾病传给他人，这种疾病早在新冠病毒爆发之前就已经存在。强迫症患者总是回想自己做过的事情，比如是不是忘记了拔电源插头，害怕导致火灾烧毁整栋大楼。患者的认知图示可以总结如下：“我要为自己周围甚至世界上的各种危险负责，我是这些危险的始作俑者。”为了控制可能发生的危险，患者会检查、清理、清洗，放弃做一些事情，减慢生活节奏，避免做出危险的决定，这就是所谓的“拖延”。患者还会害怕自己心中冒出来的想法，认为这些想法比实际行动还危险。一位强迫症患者告诉我：“如果我想象帕特里克·普瓦福尔·达沃尔（Patrick Poivre d'Arvor）[1]的死亡，那么他在一星期之后一定会死去。”当然，如果帕特里克·普瓦福尔·达沃尔仍然健在，患者会觉得那是因为自己马上产生了相反的想法，这样就消除了原来的恶念。所以，这种特殊的思维方式的特点是混淆了思想与行为，这种“魔法思维”成了焦虑的基础，也是造成强迫症患者总是重复动作的原因。

◉ 广泛性焦虑：焦虑患者认为忧心未来会让自己免于生病，保证健康，保护家人和财产。忧心是控制自己无法掌控的事物的方式。对将来的忧虑会帮助自己远离危险，保证自己的健康，而且会对无法控制和不太可能发生的事情产生作用。比如，经济崩溃、毫无征兆的严重疾病。对未来生活的过度担忧会毁掉当下的生活，因为这种担忧无法控制，而且占据大部分的时间，令患者夜不能寐，脑海中反复思索这些问题。广泛性焦虑和普通的焦虑最为相似，不同点在于广泛性焦虑患者会在头脑中反复思忖回味，而且自己无法控制，广泛性焦虑发生的同时常常伴有抑郁，所以谈论这种疾病的时候常常提到“焦虑—抑郁”症状。

◉ 创伤后压力综合征：经历过战争、飞机失事等事故的患者会无数次在大脑中回放造成创伤的场面，而且感觉

1　法国著名记者、电视节目主持人。——译者注

真实清晰。这种闪回是无法抹去的回忆，患者自己不能控制，仿佛有一个创伤造成的“黑洞”在吸走患者的生命。

为了让读者更透彻地理解什么是焦虑及其治疗方法，我会在下文列举一个具体的病例，这位患者有惊恐发作、广场恐惧症两种疾病，严重影响了正常生活。

“心灵故障”，罹患惊恐发作同时伴有广场恐惧症的临床病例

S先生驾驶汽车遇到交通堵塞时、乘坐火车时、听到收音机播放歌曲《心灵故障》时会突然惊恐发作，这时他会感觉身体异常，比如心悸、胸部疼痛。在治疗的过程中,S先生逐渐意识到了自己的自动想法，这些自动想法反映的是他对感觉的诠释。他总是为自己可能的遭遇做最坏的假设，各种充满灾难色彩的想法困扰着他:“应该要掌控时间和死亡，决不能仅仅活在当下。永远要为将来做准备。”

S先生的父母常常有焦虑情绪，而且事事要求完美，他们把这种想法传递给了他。在他的执念里，不断出现的悲剧情节是“独自死在荒凉的城郊”。S先生很悲伤，他一直记得自己不得不背井离

乡的情景。他从初中毕业的时候就开始了漂泊异地的生活，不断搬家，但随着时间的推移，S先生的工作职务越来越重要。在心理治疗期间最富成果的时刻是让他长时间处于这样的形象下：穷困潦倒的旅人，在荒凉的无名小站站台上奄奄一息、濒临死亡。想象一下，《死于拉罗什——米热讷车站》（*Mourir à Laroche-Migennes*）是一部黑白电影，S先生扮演死在车站的角色，为自己演出这部影片。请S先生处于这种形象之下30分钟，由此引起的焦虑情绪缓解了至少50%。然后请他批评这部内心构建的影片，谈论影片的剧情。

经过了15次左右的治疗，S先生逐渐认识到问题所在，改变了此前的思维方式，而且学会了怎样控制呼吸，把自己暴露在焦虑的内心感觉之下，然后重新诠释自己的想法，最后得出结论。由于从事职业的原因，S先生必须经常乘坐火车、汽车、飞机出差，虽然治疗效果时好时坏，但经过治疗后S先生可以正常继续自己的职业生涯。

焦虑的源头是什么？焦虑情绪是怎样持续存在的？

不论焦虑的表现形式如何，它都有三个来源：遗传因素、教育因素，生活中令人心态失衡的事件，这都是导火索。认知程序、情绪程序、行为程序联合作用，使焦虑状态持续存在。如果可以逃避所有导致焦虑的情况，那么焦虑就会逐渐减退。

回避的结果

“回避—焦虑”，这个循环会以预先焦虑的形式出现在上文提到的七类焦虑中。我们不可能永远避开引发焦虑的因素，很难做到避开其他的人与物。其实我们每天都在面对无法掌控的风险，如果我们害怕蜘蛛、蛇和鸟的话，想避开它们就只有永远把自己关在家里。脑海中总是会以闪回、噩梦的形式呈现令人痛苦的回忆，假设始终选择逃避，经过几年演变后的最终结果要比焦虑本身更糟糕。

《午夜忏悔》，文学实例

乔治·杜阿梅尔（Georges Duhamel）在1920年创作了一部杰出的小说，其成为20世纪诸多优秀小说中的经典——《午夜忏悔》（*Confession de minuit*）。这部小说的题材具备了当时很少见的现代特性：小说中的主人公路易·萨拉万（Louis Salavin）是位英雄，他孤独地生活在大城市里，饱受怀疑和焦虑的折磨。路易·萨拉万患有强迫症，他的执念是摸自己老板的耳朵。

最后他终于摸到了老板的耳朵，可是由于这种行为过于轻浮而被扫地出门，他只能和母亲一起生活。因为不愿意回家，他整日在巴黎街头闲逛。在圣诞之夜，路易·萨拉万收到朋友的邀请，可是因为执着于女主人的腋窝，为了避免出丑他只能落荒而逃。不久，母亲希望他能和一位女裁缝结婚，他又逃出家门在巴黎漫无目的地游走，最终遇到了一位充满同情心的陌生人愿意聆听他的忏悔。我的一位患者是文学教授，他向我推荐了这本书，这位患者就患有强迫症。这本书拓宽了我作为临床医生的视野。在书中，描写忏悔内容的每一页都显现出焦虑，那次忏悔发生在午夜的酒吧里，一个陌生人侧耳聆听、不发一言，默默地让萨拉万倾诉内心独白。现在该轮到我们倾听了。路易·萨拉万说明了魔法思维在头脑中的运作模式，下文就是原作的片段：

> 我想——不，那不是我在想，是在我身体里的其他东西而不是我本人——我想如果自己不能规律地每两步跨过一块花岗岩地砖到达第三盏煤气路灯的话，我的生活将变得一团糟，我的所有规划都会失败。来到第三盏煤气路灯下，我又给自己指定了新的任务，比如，遵守同样的规则

走到报刊亭。一二、一二、一二、一二……明白了吗？那是魔鬼在低语："如果一切都顺利，如果你每次都正好用两步走过一块砖，今天就一定会遇到幸运的事。"

解决方法和实用建议

各种版本的焦虑治疗法中都包括认知与行为疗法。一些抗抑郁药，比如五羟色胺类的抗抑郁药，可以直接用于改善焦虑、逃避、抑郁等症状。

对于不希望通过药物来治疗焦虑的人来说，负面情绪自我调节法是一种非常合适的治疗方法。

◉ 恐慌症、广场恐惧症、特殊恐惧症：建议使用负面情绪自我调节法的全部八个部分，尤其要着重使用第八部分"情绪暴露"中的实际暴露治疗方法，这是避免逃避的方法。因为不论使用认知、情绪、行为等中的哪种疗法，目的都是让患者持续接触自己害怕的情况至少45分钟，让患者习惯于这类情况，学会用逃避之外的方式摆脱焦虑。重复这样的暴露练习，习惯所害怕情况需要的时间会越来越短，逐渐变为仅仅感到是"心紧缩了一下"，直到最后完全没有情绪反应，只留下对从前的回忆，"哎哟，以前我遇到这种情况一定非常焦虑"。为了能够掌控这种疗法，我们应该循序渐进，反复地长时间进行，开始的时候至少要保持45分钟的暴露时长。我曾经有患者在等待预约看诊期间读到了我的书，从中学到了这种情绪暴露疗法，亲身实验有效之后写邮件通知我取消了预约。事实证明，负面情绪自我调节法对于恐惧症患者中相当部分的人都非常有效。

◉ 社交焦虑：负面情绪自我调节法的各个部分都有效，尤其值得重点应用的是第五部分的疗法“交流能力和自我肯定”。非常重要的点在于：重构负面想法，这些负面想法来自担心他人对自己的负面评价。社交焦虑患者如同生活在充满他人“恶意”目光的地狱一样，因为担心别人的负面评价，致使自己僵在当场。所以患者至少要学会怎样小心行事，离开尴尬的现场，最后把自己的羞耻感转化成潇洒自如的心态。这时候需要重点学习情绪暴露疗法，请患者想象自己处在最害怕的场景之中，然后使用社交危机的处理技巧。害怕的场景可以是：打翻水杯、不知道在群体中如何说话，不知道如何应对气氛不佳的招聘面试。接受想象的情绪暴露练习，接下来使用角色扮演游戏逐渐让自己面对更加困难的情况，直到最后在现实生活中迎接挑战。

◉ 广泛性焦虑：治疗这种焦虑时，负面情绪自我调节法的第二部分“放松”和第三部分“正念冥想”最为重要。

另外，第四部分的“认知重构”和第八部分的“情绪暴露”两种疗法也有效果，可以帮助患者接受与未来相关的情绪，情绪围绕的核心主题在于：“如果最糟糕的事情发生，后果会是什么？怎样让自己去适应？”这时，使用第六部分“解决问题”法，有助于患者应对不常发生的事件、灾难、无法预知的意外、生活中常见的困难。焦虑可以被看作生活中无法控制的糟糕管理者，治疗的最终目的是帮助患者逐渐接受生活中的风险，学会管理这些风险。

所有的负面情绪自我调节法在心理教育中都能够帮助患有创伤后压力综合征的患者，建议在专精于认知行为疗法（TCC）或者眼动脱敏再处理疗法（EMDR）专业医生的指导下进行，因为创伤后压力综合征非常棘手，难以治疗。另外，还可以远程治疗该疾病。首先，使用负面情绪自我调节法的第二部分“放松”疗法和第三部分“正念冥想”疗法，以降低情绪激活程度，让患者接受回忆。治疗创伤后压力综合征核心问题最有效的方法是第八部分，让患者情绪暴露在创伤回忆之下，而且需要患者长时间反复经历创伤回忆、经过十多次治疗，每次治疗时间在45分钟到90分钟之间。治疗中，最重要的是保证患者适应情绪反应，情绪反应会随着治疗的进行不断减弱，以前患者逃避所有可能唤起创伤回忆的情况，到治疗结束时患者不再逃避。造成创伤的回忆可能是驾驶汽车、去工作、横穿马路、晚间出门，等等。患者应该在心理医生的指导下，朝着隐藏的创伤核心前进，在恐惧中回溯记忆的河流，走向恐惧的源头，也就是最敏感的那一点。比如，亲友下流的性引诱、伴随声音和气味的凶杀现场、战争中烧焦尸体的气味。释放情绪是患者适应恐惧之事所要付出的代价，而且让患者害怕的事件往往已经被遗忘或者蒙上了一层模糊的面纱。在回忆创伤的时候，患者失去真实的感知，仿佛那不是自己的经历，而是自己穿过镜子走进迷雾中的景象。患者也可能感到被奇怪的感觉笼罩住全身。更罕见的情况是，立即出现的反应是带有幻觉的妄想状态或者感到遭受迫害的狂热感觉。

避免激活创伤的具体措施

我治疗过一名曾经被烈焰包围的消防员，创伤曾触发过他短暂的妄想状态。我给这位患者使用了小剂量的安定药物，没有留下后遗症。这位消防员最终理性地调换了工作岗位，从事办公室工作，以不再激活创伤回忆。

创伤后压力综合征通常涉及非常复杂的问题，即便患者在开始接受医生治疗的时候使用自我调节法已经产生了效果，仍然需要有经验的心理医生的救治。

结论

我在本书中介绍了病态焦虑的主要内容，但焦虑是人类生存不可分割的部分。伍迪·艾伦（Woody Allen）曾经说过："只要人类仍然拥有必将死亡的凡人之躯，就永远不能彻底放松。"生存焦虑表现在我们对自己选择的价值观、对生命的意义、对死亡的神秘产生怀疑。在本书的第三部分（第八章、第九章）我们还会继续探讨这个问题，话题将涉及新冠疫情大规模爆发给人造成的创伤，人们面对这种创伤产生对死亡的焦虑，以及这种焦虑带来的心理影响和社会影响。

内疚

内疚是从他人的批评与评价或者自我批评中产生的社会情绪。内疚的价值可能是积极的也可能是消极的，内疚是一种人格正常发展、社会正常发展的一部分。内疚是一种道德情绪，在儿童18个月到24个月大的时期产生，与家庭环境和社会环境关系紧密。

内疚情绪的核心

当我们发现自己违反了社会准则、道德规则、宗教戒律、自我珍视的价值观的时候，会产生内疚情绪。这种情绪让我们质疑我们的自尊，让我们陷入负罪、错误、有缺陷的世界。

内疚和以下几点关系紧密：自我反省、自我批评的内心独白——这是对自己良心的严格检验。感觉内疚的人会在灵魂中搜寻自己的罪过、过失、错误、缺陷、不端行为、遗忘、失败。内疚的人会自我批判，朋友、听忏悔的神父、法官听到内疚之人的过错，往往会给出相对较轻的评价与判决。他人犯错，内疚的人给出的评判较轻，但是他们对犯了同样错误的自己反而会很严厉。这是双重标准：严于律己、宽以待人。

这是一种非常令人不舒服的情绪体验，特点是焦虑，白天乃至晚上总是反复思考，如同被控犯罪者在午夜接受“失眠法庭”的审判。患者往往烦躁不安，有时还会尝试修补自己臆想造成的损害或者实际造成的损害，目的在于减轻内疚情绪，即负罪感。

内疚情绪如何产生？怎样持续存在下去？

所有人在出生时都天真无邪，可是终有一天会犯下过错。每个生命都可能会在某个时刻违反法律，违背共同价值，违反社会、团体、家庭的道德准则；也可能只是对亲朋好友在某些事情上缺乏同理心，没有人情味。“日常违规”指的是下列行为：闯红灯、卖假货，等等。“特殊违规”指的是精神变态者的违规行为，他们残忍地对待受害者而感觉不到任何怜悯，用冷酷狡猾的方式逃脱其蔑视的法律制裁；当被捕时清楚地了解怎样利用法律帮助自己洗脱罪名。

内疚也是正面的社会情绪，因为内疚常常可以唤起自我回归和修复的需要，目的是保持社会凝聚力。虽然内疚强化了社会对个体的掌控，但是内疚不一定对个人的幸福有好处。关于内疚这个主题，我完全赞同弗洛伊德（Freud）在《文明的不适》（*Malaise dans la civilisation*）这部作品中的观点：“我们为了文明进步付出的代价是失去了幸福，其原因在于内疚的感觉增加了。”

司法意义上的“有罪”[1]：建立了善与恶的社会参照。由于人类的行为需要引导，在美索不达米亚地区人类文明诞生之初就出现了法典。《汉谟拉比法典》（*le Code d'Hammourabi*，公元前1792年—前1750年）里记录了判例。法典刻在石柱上，记录了282条判决，其中最著名的一条是：“以眼还眼，以牙还牙。”

1　在法语里表达“内疚”“有罪”“负罪感”含义的是同一个单词“culpabilité”。——译者注

目前，石柱存放在卢浮宫里，上面的字迹仍然清晰可见。在这种情况下，法律条文宣布了罪犯应该承担的刑罚，而且清楚地说明其应该做出什么补偿，现代的语言将其称为法制，涉及各种罪行和刑罚。1764年意大利法学家切萨雷·贝卡利亚（Cesare Bonesama Beccaria）在他的著作《论犯罪与刑罚》（*Traité des délits et des peines*）中确定了现代法制的原则。该原则的目的在于限制皇室成员专横处罚他人的行为，以及王侯贵族随意宣判“不敬罪”（lèse-majesté）的做法。如果仅仅是法律能使人感觉到内疚情绪的话，那么问题就简单了。实际上，道德更能够让人们产生内疚的感觉。

内疚的结果

不完美认知图示没有诊断边界，主要出现在抑郁、强迫症中，也存在于强迫型人格障碍、依赖型人格障碍、自恋型人格障碍中，寻求完美是病态内疚的共同点。

具备内疚认知图示的人不但觉得自己不完美、有缺陷、低人一等、很糟糕、没有价值、无法得到别人的爱，而且还感到羞耻。不论是从身体上还是智力上，这样的人都觉得自己不如别人，有时甚至觉得自己对他人有害。他们不是通过自己的行为做出这样的判断，而是想象自己本身有内在缺陷。具备内疚认知图示的人担心别人发现他们是

“绣花枕头”，金玉其外、败絮其中。这种担心同样存在于情感方面和社会关系方面。他们对批评和否定极度敏感，以悲伤、泄气作为反应方式。

我们能够看到三种不完美认知图示的适应方式，在不同的人格中每种适应方式将引起不同的后果。

▷屈从型认知图示

屈从型认知图示的情况见于强迫型人格，特点是注重秩序、寻求完美和控制。屈从的表现在于永远服从认知图示，要求自己完美的同时还强迫他人事事完美，所以具备这种人格的人表现得如同父母、师长、老板，过分严苛的要求会让周围的亲友感到厌烦，甚至让人反感，“他要求得太过分了”。具备这种人格的人优点在于如果其掌权，那么就可以督促其他人进步。但是，有时候这种人的态度会让他人产生内疚的情绪，导致起初欣赏他们的人没办法忍受他们的苛求。

屈从于不完美认知图示的另一种表现可以在依赖型人格的人身上看到，依赖型人格的特点是有太多顺从别人的行为，表现得“黏人”，过分需要他人照顾自己。这样的人可以接受他人对自己的虐待，认为自己的形象非常负面。而且他们还会拒绝他人对自己的爱，因为觉得自己不配获得这份爱。这种过分自我贬低的行为常常出现在夫妇之间，妻子具备依赖型人格，而丈夫拥有恶意自恋型人格。

▷回避型认知图示

这种人倾向于自我贬低，过分支持他人贬低自己。他们逃避与他人的亲密关系和社会关系，担心他人发现自己的缺点。内疚和他们的不完美认知图示导致这些人形成回避型人格，具体表现为社交抑制、觉得自己不够优秀、对他人的负面评价过度敏感。

▷补偿型认知图示

内疚和不完美的感觉可以成为自恋行为的动力，这种人会变得傲慢、自大、缺乏同情心，对别人颐指气使。这种人头脑中始终存在不完美认知图示，表现为情绪不稳定，常常出现生气、嫉妒、寻求竞争等行为，尤其是在觉得自己不完美的领域，上述表现尤其明显。因此他们会付出很大努力提升自我，变强之后控制他人。如果在社会中获得成功，不完美认知图示的自恋型补偿可以自愈。但是，补偿行为如果过分的话，会遭到家人、同事、领导的抛弃。

《伸冤记》，电影案例

《伸冤记》（*The Wrong Man*，1956年）是美国著名导演阿尔弗雷德·希区柯克（Alfred Hitchcock）导演的一部电影，电影的灵感来自1953年6月29日《生活杂志》(*Life Magazine*)中赫伯特·布里恩(Herbert Brean)所发表作品中讲述的社会新闻。这部电影是悬念大师希区柯克导演电影中的一个另类，因为电影里没有任何悬念，通过电影名字就已经知道该片讲述了一次司法错误事件。

20世纪50年代初，绰号“曼尼”的克里斯托夫·巴罗斯彻洛(Christopher Balestrero)[亨利·方达(Henry Fonda)饰演]是拉丁乐乐队的低音提琴手，在纽约的斯托克俱乐部(Stork Club)演奏伦巴舞曲。他在晚上工作，与妻子萝丝(Rose)[维拉·迈尔斯(Vera Miles)饰演]、8岁和5岁的两个儿子幸福地生活在一起。夫妇没有多少钱，需要借贷度日。克里斯托夫去一家保险公司总部贷款，支付萝丝牙医的治疗费用。两名职员认出了他，说他在不久前抢劫过公司。克里斯托夫被捕了，而且几名商人都指认他是抢劫案的罪犯，更要命的是他的笔迹和嫌疑犯的笔迹很像。克里斯托夫交了保释金，暂时获得自由，他努力寻找不在场证据洗脱罪名，可是无济于事。一天早晨，克里斯托夫从俱乐部下班回家，发现妻子萝丝正处在忧郁、谵妄的状态：她没有办法入睡，因为没有任何证据证明丈夫的清白。萝丝怀疑克里斯托夫对自己撒谎，疑心丈夫真的是罪犯，萝丝用梳子柄打伤了丈夫的额头，打破了镜子。萝丝产生了负罪感，非常内疚，觉得自己是一切祸患的源头，因为要支付牙医的诊疗费而迫使丈夫去抢钱。后来，克里斯托夫只能把萝丝安置在精神病院接受治疗。开庭之后，克里斯托夫开始失去希望，但他是天主教徒，于是手持念珠背诵祈祷经文。电影通过一个重叠的画面展示了一个貌似克里斯托夫的人正在被押解进了警察局，这证实了他的清白。于是克里斯托夫急着跑到精神病院去告诉萝丝这个好消息，可是萝丝仍然处在病理性抑郁的状态中。在电影的尾声，萝丝经过两年的治疗恢复了健康，在佛罗里达州明媚的阳光下和家人团聚。

回到那则社会新闻报道的事实：实际上，后来精神疾病始终困扰着萝丝，克里斯托夫虽然获得了赔偿，但是赔偿款刚刚够支付诉讼费用和妻子的医疗费用。2014年，被冤枉的一家人居住的街道更名为“曼尼，含冤之人，巴罗斯彻洛路”（Manny *The Wrong Man* Balestrero Way）。街道落成更名典礼的时候，两名长大成人的孩子出席了典礼。

内疚是希区柯克作品中反复出现的主题。原因可能是希区柯克的父亲觉得他是个难以管教的孩子，于是，有一天晚上把小时候的希区柯克带去了监狱。起初，希区柯克用浪漫喜剧的形式展示内疚这个主题，比如他的作品《年轻姑娘》（*Young and Innocent*, 1937年），后来电影变得严肃，比如《忏情记》（*I Confess*, 1953年）。在《忏情记》中，一位神父接受了一名杀人犯的忏悔，这位神父却被错误地指控杀人，由于宗教的绝对戒律，神父不可以公布忏悔的内容，只能保持沉默。最后真正的杀人犯被杀死。

《福音书》的一个场景在这两部电影中都有出现：基督受审的场景。希区柯克作为耶稣会的忠实信徒，他让观众在电影中自行猜测这一场景的寓意。

治疗方法和实用建议

内疚的极端形式是自我谴责，表现为谵妄、忧郁。此时患者有很高的风险会实施自杀，需要立刻住院，接受药物治疗。

内疚常常和悲伤、失去愉悦的感觉、失眠、自杀的念头同时出现，此时患者处于中等强度的抑郁状态，或者使用抗抑郁药物治疗，或者接受二十次认知治疗，或者同时应用上述两种疗法。强迫症患者往往具有内疚的认知图示，同时还过度愿意承担责任。强迫症患者想要实现自己心里的所有想法，坚信通过反复的精神活动或者实际行为就能够控制风险。

下文是一位强迫症患者写下的文字，反映出他内疚—负责的认知图示，他总是怀疑自己能够实施某项行为。强迫症患者的特点是极其谨慎，拥有极高的道德标准，而且这些想法在精神意识中挥之不去，感到痛苦。

可能发生的事……

离开家的时候我总是非常焦虑，担心自己可能忘了关天然气，那样的话就会导致爆炸，炸死大楼里的其他住户。类似的想法总是在头脑里挥之不去。比如：忘了关灯，于是导致火灾烧死好多人；家里漏水；窗子开着，突然一阵大风把窗户猛地关上，玻璃七零八碎，恰好有妈妈推着婴儿车在楼下经过，碎玻璃刺伤婴儿。

这样的患者需要使用认知行为疗法重点治疗，可以配合或者不配合抗抑郁药。

可以使用负面情绪自我调节法治疗强迫型人格的患者、依赖型人格的患者、回避型人格的患者。重点使用其中四个部分的疗法。

◉ 首先使用第四部分的“认知重构”疗法，改变不完美的认知图示。也可以用这种方法治疗其他的认知图示：羞愧、缺陷、丧失价值、苛求的标准（过分理想化）、自卑、倾向于处罚。

◉ 然后使用第五部分的疗法：自我肯定和交流能力。这让回避型人格和依赖型人格的患者学习如何自我肯定。

◉ 接下来是第六部分的情绪暴露疗法，可以帮助患者直接面对能够激活不完美认知图示的社会情况。

◉ 最后是第三部分的疗法——冥想，冥想可以帮助患者接受不完美的想法，培养个人的创造力。

结论

心理治疗的目的，是增强有不完美认知图示和过分内疚认知图示患者的自尊心。要告诉患者，不论他们是否完美都有权获得爱与尊重，他们不需要隐藏想法和缺点，可以把自己的想法和缺点告诉别人。要帮助患者不再接受他人的虐待，必须接纳自己本来的面貌，这样别人才能同样接受他们。要先尊重自己，而后才能获得他人的尊重。

悲伤

悲伤是一种基本情绪，是精神上的痛苦，通过面部表情、眼神、声音、言语、动作表现出来。这种情绪可能只是一过性的，也可能持续几个小时或者几天，这时悲伤就成了沮丧、伤感、忧愁。如果持续悲伤超过两个星期，就可能是抑郁，需要进行医学检查。

悲伤情绪的核心

通过黯淡无光的眼神、缓慢的动作、踌躇的言语、悲观的态度中都可以感受到悲伤。悲伤的人总是怀念过去，觉得从前是不复存在的好时光，当然也可能认为以前是无法弥补的悲惨的失败经历；未来只会带来厄运；现在乏味无聊而且令人失望。换句话说，在悲伤情绪控制下的人，身体和精神都很僵化，因为大脑会使用自动贬低自己、对世界和未来失望的认知图示诠释所有信息。

在悲伤情绪的作用下，人的活动减少，因为不论行动还是不行动，结果都一样，做什么都没有任何用处，挣扎完全是徒劳的。悲伤造成的一个重要后果是早晨无法起床，因为在悲伤情绪之下生活显得毫无乐趣。伴随悲伤，人对未来没有任何规划，假如对未来还存在规划的话，人必须有一丝丝的乐观情绪在心中存留才行。

抑郁的特点简要概括就是下文的内容。悲伤让人失去兴趣和快乐，这是最明显的症状。尽管焦虑常常和抑郁同时出现，但是焦虑并不属于抑郁状态。

《精神疾病诊断与统计手册（第5版）》(DSM–5，2013年) 中列举的抑郁情绪的特点

1. 至少同时存在五种下文列出的症状，而且

> 持续出现两个星期。出现的五种症状和之前相比出现改变，必须有1号症状和2号症状。
>
> （1）抑郁情绪；
>
> （2）失去了兴趣与快乐；
>
> （3）体重减轻或者体重增加；
>
> （4）失眠或者嗜睡；
>
> （5）烦躁或者行事缓慢；
>
> （6）劳累或者没有精神；
>
> （7）觉得自己没有价值或者内疚；
>
> （8）思考能力或者精神集中能力减弱；
>
> （9）总是思考死亡，有自杀的想法；
>
> 2. 明显的痛苦。
>
> 3. 不是毒品或者药物引起。
>
> 4. 用其他情绪障碍无法解释当下的状态。

悲伤是躁郁症的一部分。悲伤情绪出现之前，躁郁症患者表现得狂躁，此时患者情绪高涨，欣快、失眠、躁动，心理活动加速、言语增多，自以为伟大，觉得无所不能，做出各种奇妙的规划。这种狂躁的情绪会转化成抑郁，这种疾病属于遗传性疾病，大致来说在患者身上交替循环出现抑郁和狂躁两种情绪，于是得名躁郁症。

从积极的方面看，躁郁症患者常常很有天赋而且具备很强的创造力［科特洛（Cottraux），2010年］，患者处在狂躁阶段的时候情绪脑高度活跃，会激发很强的创造力。这个优点弥补了疾病带来的一部分缺陷，由于情绪高涨，产生新想法的能力增强了，而且思维更加敏捷，语言输出速度更快，需要的睡眠时间减少，患者非常活跃，处在兴奋状态，有能力训练其他人。

躁郁症的轻度状态，即“轻度狂躁”的患者比躁郁症患者更加能够适应日常生活，他们表现出强大的创造力和惊人的天赋，而且很多躁郁症患者并没有接受治疗，也没有服用稳定情绪的药物。患者担心失去狂躁状态时的欣快感，他们认为那是属于自己的“正常状态”。当然，这些患者也要忍受低落的情绪，这会导致患者抑郁甚至自杀。

很多著名的艺术家都是躁郁症患者，比如巴尔扎克（Balzac）、海明威（Hemingway）、高更（Gauguin）、雨果（Hugo）、安德烈·马尔罗（André Malraux）、亨德尔（Haendel）、罗伯特·舒曼（Robert Schumann），温斯顿·丘吉尔（Winston Churchill）也有躁郁症，并且把抑郁症称作“黑狗”。

因为狂躁阶段的思维高度活跃，所以雨果表现出激情澎湃的创造力，但是他也经历了长时间的抑郁。忧郁型抑郁的明显特征为：额头肌肉收缩、眉头紧锁，忧郁又失去光亮的目光射向下方。有这样症状的人应该立即去医院精神科接受治疗。

忧郁型抑郁常见于躁郁症，这是忧郁型悲伤最严重的形式，伴有厌食症、行动迟缓、失去自信、谵妄性负罪感，有时还觉得自己遭到了永恒的诅咒。自杀的危险很大，因为这样的患者往往有负罪感，觉得内疚，感到忧郁，会选择死亡作为最终惩罚，弥补犯下的过错。

悲伤的情绪源自何处？如何在人心中生根？

抑郁情绪有一部分来自生物学因素，一部分来自心理因素，现在人们更好地了解到了导致抑郁的心理条件[阿罗耶(Alloy)等，1999年]。抑郁常常找上完美主义认知图示的人：不论结果如何，这些人总是觉得自己不够优秀，因为他们把理想标准设定得过高。对抑郁症患者的父母进行研究，结果显示，他们往往过分冷淡，把关注点集中在孩子取得的成绩上。这样的父母无法给予孩子多少温情的对待，批评过多，提出的目标过高，这些都是制造出抑郁儿童的“配方”，这样的儿童在成年之后仍然会背负着包袱。

父母如果总是把孩子和他出色的兄弟比较的话，孩子会心理失衡，孩子会想：“如果我做得不能和兄弟一样好，就说明我很差。”孩子一失败，父母就否定孩子的做法，这样会使得孩子觉得：“部分失败和满盘皆输没什么区别。”家庭内部提供的情绪体验导致孩子以后总是难以达到预设的目标，他们自然而然地在生活中秉持消极的态度。当然，我并非禁止家长激励孩子追求成功，而是提醒家长要设置和孩子能力相匹配的合理目标，不能根据家长的想法随意对孩子提出要求。家长绝对不可以让孩子替自己完成儿时无法完成的梦想，否则，孩子可能会陷入抑郁当中无法自拔。

▷抑郁的认知模型

抑郁的认知模型如同一座四层楼的大厦。

◉ 第一层，是生物易感性和遗传原因造成的情绪因素。

◉ 第二层，是父母的教育问题。父母过分严厉，没有同情心，不考虑儿童的情感需要。在这个层面，还可能出现创伤性事件。人们常常提到“反应性抑郁”这个名词，实际上所有形式的抑郁都是由强度不等的事件引发的。亲友去世、和伴侣分手、暴力事件、激烈的情感反应、猥亵与性侵，诸如此类近期发生的创伤性事件都可能引发人格障碍和抑郁。有时，如果创伤性事件发生在很久以前，当事人已经忘记，但是可能会以悲伤、生气、喜怒无常等情绪爆发的形式或者依赖成瘾的形式表现出来。

◉ 第三层，位于缺乏情感、自惭形秽、过分理想化等不同类型的认知图示中，最终导致患者对自己、对世界、对未来都抱有非常负面的态度。

◉ 在第四层，会看到抑郁倾向。患者的情绪裂痕被隐藏起来，平时看起来生活完全正常，但是在某些时间段认知变得脆弱，平时看起来健康平衡的生活会被打破。

抑郁性悲伤的后果

下图展示了激发抑郁性悲伤的过程。

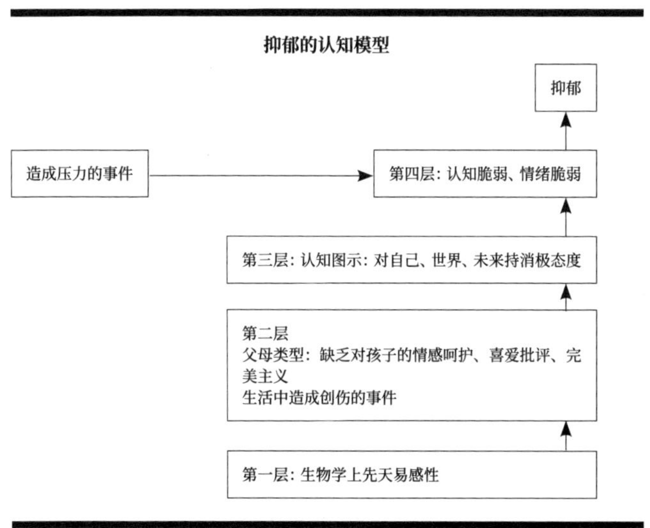

这个图示告诉我们如何预防、治疗抑郁。

◉ 第一层：在生物学层面治疗，可以让患者服用抗抑郁药以及调节情绪的药物。

◉ 第二层：改变父母的教育方式，在出现造成创伤的事件之后，建议及时应对处理。

◉ 第三层：认知与行为疗法能够改变认知图示，认知图示往往是患者产生人格障碍的原因之一。不论患者是否抑郁，只要存在人际关系障碍，都可以使用认知行为疗法。

◉ 第四层：管理好压力可以避免陷入抑郁状态。当抑郁的时候，应该使用认知行为疗法，根据实际情况决定是否搭配药物治疗。

《维特》，文学、音乐、电影中的实例

歌德在1774年出版了根据亲身经历创作的小说《少年维特的烦恼》（*Les Souffrances du jeune Werther*），小说问世之后在欧洲引起了一股自杀的风潮。歌德描述的故事中，阿尔伯特是夏洛特家里为她指定的富有未婚夫，夏洛特面对维特这位年轻艺术家和阿尔伯特时，选择了阿尔伯特，拒绝了维特，于是维特用手枪自杀了。和书中的主人公不同，歌德凭借这部小说名利双收。小说展现了年轻一代遭到社会偏见以

及诸多限制从而被逼上绝路的景象。歌德通过文学创作治愈了自己的精神创伤，成了著名的作家，受到男女读者的喜爱——歌德是双性恋者。

歌德在晚年的时候，担任魏玛公国大公的私人顾问，经过了44年之后他在那里又一次见到夏洛特，而且共进了晚餐，没有人知道他们晚年再次见面究竟说了什么。托马斯·曼(Thomas Mann)希望通过一部厚厚的小说填补这个空白，这就是1939年出版的《绿蒂[1]在魏玛》(*Lotte à Weimar*)。我只看过埃贡·冈瑟(Egon Günther, 1975年)根据小说改编的电影，电影中的歌德浮夸，夏洛特敏感，他们的性格特点都来自《少年维特的烦恼》这部小说的男女主人公。维特这个经典小说形象吸引了当时众多的读者。

作曲家儒勒·马斯内(Jules Massenet)从这部小说中获得灵感，创作出优秀的歌剧《维特》(*Werther*)，歌剧的管弦乐底色深沉厚重，赚足了我们曾祖母辈女观众的眼泪。她们往往携着乏味无聊"阿尔伯特[2]"的胳膊来到剧场，幻想着自己可能永远无法遇到诗意浪漫的维特。艾琳娜·嘉兰莎(Elina Garanca)和马切罗·阿瓦雷兹(Marcelo Alvarez)两位著名歌剧演员，

1 在小说《少年维特的烦恼》中，绿蒂就是女主角夏洛特的别名。——译者注

2 阿尔伯特是《少年维特的烦恼》中绿蒂的未婚夫，在情场上阿尔伯特击败了维特。——译者注

2005年在维也纳歌剧院演出了歌剧《维特》。嘉兰莎重新诠释了夏洛特这一角色，之前的演员常常把这个角色演得矫揉造作。嘉兰莎扮演的女主角在这部歌剧里变成了拜金女，带着一丝残酷，操弄着维特的感情。阿尔伯特这个角色也被演绎成了令人痛恨的人物，他明知道情敌维特处在绝望之中，仍然把自己的手枪借给他，促成了维特的自杀。这个版本的《维特》以另类的方式解读马斯内的歌剧，对本就在当时惊世骇俗的作品进行了再次剖析。巴黎歌剧院拒绝《维特》这部剧的演出，但后来该剧在维也纳上演，取得巨大成功。

心理学家始终对《维特》这部剧很感兴趣，这部剧引发了模仿剧情而自杀的事件。心理学家菲利普（Phillips）将其称为“维特效应”（1974年、1992年）。社会学研究和流行病学研究中都出现过对于自杀潮流的调查：含有自杀场面的电影和小说推出之后、著名人物自杀之后，都会引发民众自杀潮流。

近期，有人证明了“维特效应”。托马斯·尼德科罗特塔勒（Thomas Niederkrotenthaler，2019年）发表文章，提醒现代媒体必须预防有人模仿公开内容而自杀的情况。2017年4月到6月，美国奈飞影视（Netflix）播出了电视连续剧《十三个原因》（*13 reasons why*），这部剧集描述了17岁女孩汉娜·贝克（Hannah

Baker）一步步走向自杀的故事，播出之后有观众模仿剧中人物而自杀身亡。统计学分析显示，那段时间自杀率增加了13%（共94人），自杀现象在10岁到19岁的青少年女性中更加突出，而且自缢身亡的数量增加。虽然调查结果以很谨慎的方式公布，但是仍然触目惊心，值得进一步做更加广泛的调查。

调查结果要求媒体谨慎行事，不要为了获得大量的观众和听众，不计后果地传播对未来的悲观看法，影响年轻人。没人希望禁止节目播出，但是很多媒体受众广泛，无论白天黑夜任何时候都有观众，媒体操弄心灵脆弱之人情绪的做法争议很大。

治疗方法和实用建议

负面情绪自我调节法适用于程度较轻的抑郁患者，可以按照顺序使用八个部分，重点使用认知重构疗法，目的在于改变认知图示，重新启动积极的行动，这对于最终解决问题至关重要。另外，放松、清醒状态下的冥想也对抑郁患者很有帮助。在有足够自控力的情况下，以让自己快乐为目标——而不以获利为目标，患者可以用冥想的方式重新启动提升自我价值的计划。

有两点至关重要：

◉ 立即制订日常运动锻炼计划。开始的运动强度可以小一些，然后循序渐进提高难度。对于抑郁患者来说最糟糕的情况就是，整天待在家里，边喝啤酒边看电视。

◉ 不要毫无原因地不停自责。为了做到这一点，下文介绍的一种方法非常有效。

应对自我批评：重新分析原因法

举一个例子，一位女患者罹患抑郁症的原因是经常遭到母亲严厉的批评。只要把她母亲不满意的原因仔细分析清楚，就很可能帮助患者减少自我批评，清除负面想法。母亲尖酸刻薄的批评导致患者产生情绪障碍，这时请抑郁患者努力分析造成母亲如此行事的几点原因以及每种因素促成抑郁的比例：

1. 患者自身原因：3%。
2. 父亲酗酒：7%。
3. 国家的社会经济情况：8%。
4. 第二次世界大战：7%。
5. 她的母亲违背了双亲意愿和父亲结婚：25%。
6. 失业：15%。
7. 母亲本身就有抑郁倾向：35%。

结论

尽管悲伤会致使我们陷入严重的抑郁乃至自杀，但悲伤和自我反思其实是很常见的情绪，不会造成恶劣后果。各种情绪是行动、创造力、重新认识自我的前奏。

哀悼与思念

思念属于哀悼之痛的一部分，但存在几种不同的形式：回忆逝去时光的甜蜜与酸楚的怀旧、抗拒改变而产生的怀旧。

思念是意识到时间无法逆转而产生的痛苦感悟，死亡与新生滋养着生命，无常是生命的核心。哀悼意味着斩断情感上的眷恋[鲍尔比（Bowlby），1988年]，我们必须带着这份失去的眷恋生活下去，远离亲人逝去产生的恐惧，寻找另外的安全港湾。

哀悼的过程

通常来说哀悼分成三个连续的阶段。

▷创伤性冲击阶段。

这一阶段首先会出现应激反应和强烈的悲痛情绪。在某些情况下，人们会因为情感麻醉效应，封锁或者冻结全部情绪反应，“我甚至连哭的力气都没有”指的就是这种情况。但是在亲人逝世几天、几个月甚至几年之后，在最微小心理创伤的影响下回忆被唤起，当事人会情绪崩溃，这也是哀悼，只不过此时的哀悼之情是延迟出现的而已。

▷否认、混乱、怀旧阶段。

这一阶段的显著表现是否认、混乱。在此阶段如果出现让当事人远离痛苦的情感、认识、行为事件的话，当事人会沉浸在与死者虚幻的关系中。“我不相信他去世了”，会出现以下行为：寻找死者，仿佛死者在世一样等待死者回家；将死者的房间保持原样，仍然准备好被褥等待死者回来；有些人会每天去墓地大声和死者讲话，相信死者在另一个世界能听到自己的倾诉，有些人不再听以前和死者一起欣赏过的歌曲，不再看以前拍摄的照片，不再回忆曾经共同的回忆；有些人仿佛听到死者的声音，在人群中看到死者，有时候这种一过性的幻觉消失之后，幻听会持续存在；还有人感觉自己能够和死者直接沟通，或者凭借通灵者的帮助和死者沟通。

除了上文提到的逃避综合征，死者的亲友也可能产生焦虑情绪，幸存者产生负罪感和焦虑。有人会觉得他人对深陷哀痛的死者亲人不闻不问，于是产生攻击性，甚至有人产生对逝者“死后嫉妒”的情绪。在极端的情况下，有人会极力否认逝者死亡的事实，阻止自己在情感上和死者告别。经历了第二阶段以后，大多数人会进入第三阶段。

▷重新组织阶段。

这一阶段的当事人在接受亲友死亡与拒绝亲友死亡两种态度之间反复转变。这段时间里仍要面对负面情绪，情绪的强力程度逐渐减轻。沉浸在哀伤中的当事人最终会接受亲友死亡的事实，将其纳入自传体记忆中，与死者告别，投入到与他人的交往中并且建立新的情感联系。

为什么会有复杂、持久的哀悼过程？哀悼如何进行？

根据《精神疾病诊断与统计手册（第5版）》（美国精神医学会，2013年）的记载，复杂、持久的哀悼由一系列情感综合征组成，对成年人来说，从逝者死亡算起这种状态若持续12个月，对儿童来说若持续6个月，就属于复杂、持久的哀悼。最有标志性的表现是对逝者的思念，在儿童身上用游戏代表生死离别。在死亡发生后，表现出强烈的悲伤与痛苦，伴有对死者以及死者去世状况的忧虑；同时也可能出现其他更加严重的心理障碍：毫无理由的内疚、苦涩、愤怒、希望与死者共赴黄泉——因为死者去世后生活失去了意义。不论是什么情绪障碍，都会引发严重的悲痛情绪，扰乱当事人的社会关系、个人关系、职业关系。有些情况下哀悼过程会造成极大的创伤，导致自杀、凶杀。

哀悼的结果

哀悼最终要一步步经过不同的心理阶段。伊丽莎白·库伯勒·罗斯（Elisabeth Kübler-Ross, 1969年）描述了五个阶段。当患者得知自己罹患致命疾病的时候会经历五个阶段，通过观察可知，哀悼也要经历同样的五个阶段。死者的亲人会精确地经历这五个阶段，让自己从痛苦中解脱出来，和罹患疾病要与自己生命告别的患者一样走过同样的历程。

库伯勒·罗斯模型的五个阶段

1. 否认：

在第一个阶段里，当事人收到消息非常震惊，很难相信，不容易消化吸收信息。

2. 愤怒：

震惊过去之后，愤怒与痛苦随之出现。愤怒是表示反抗的正常反应，往往还有觉得遭受不公平待遇的情感，是整体愤怒的感觉，有时候生自己的气，有时候生别人的气，针对的对象可能是医生、护理人员、上天、社会。甚至会表现出“满满的恶意”，咄咄逼人，强求别人弥补自己。

3. 讨价还价：

当愤怒逐渐消失，当事人努力与自己、他人、医生、上天，寻找“和解的办法”，减轻愤怒严重性，或者在某些条件下找到弥补的方法，比如“如果我得到……就会做……事作为交换”。

4. 抑郁：

当事人在这段时间里意识到了创伤的后果。抑郁经常出现在暂时平静、等待的时候，这时候没有很多紧急事件要处理，有了“思考的时间”。这也是有助于接受现实的正常阶段。在这个阶段，他人的陪伴至关重要，因为存在当事人自杀的风险。

5. 接受：

“应该接受现实继续生活”。在这个阶段，即使否认、愤怒、抑郁情绪仍然存在，但这些情绪的强烈程度已经减轻，而且不会造成明显的后果。接受现实为当事人开辟了道路，最终帮助当事人获得内心的平静。

并没有科学研究证明所有哀悼的人必须经历这五个阶段，也没有科研成果指出家人和朋友必须帮助当事人一步一步经历这些阶段并最终接受现实。然而，在一次持续一年的科学研究［马切耶夫斯基（Maciejewski），2007年］中测试了另一种分为五个阶段的模型：否认、思念、愤怒、抑郁、接受。这次研究对象是有亲友去世而且没有情绪障碍的317个人。在长达一年的时间里评估受试者因为哀悼造成的创伤。研究表明，在没有产生情绪障碍的哀悼过程中，“否认”并不是痛苦的最主要特征，“接受”是最常见的态度。“‘思念’是哀悼过程中最强烈的负面情绪指标，持续时间从1个月到24个月不等。”“否认”阶段在逝者去世1个月后达到顶峰，“思念”阶段则是4个月到达顶峰，“愤怒”阶段是5个月到达顶峰，之后就逐渐消退。“接受”的情感程度在研究持续的全过程不断增强。尽管库伯勒·罗斯模型的五个阶段遭到质疑，但是其仍然是最被广泛接受的模型。

在心理学上有一个不实的传说，即“必须看到尸体之后才能接受逝者离去的事实”，这种说法广泛流传，有人对此深信不疑。实际上哀悼的过程取决于个人的心理特征、周围环境、所挚爱逝者生前的性格气质。“看到尸体”可能造成心理创伤，尤其是因为谋杀、自杀、逝者经历过痛苦导致尸体严重损坏的死亡情况下尤甚。我治疗过若干因为哀悼引发严重心理疾病的患者，他们就都有过这种痛苦的经历。

有些人不想看到尸体，为的是保留逝者在自己心中的美好形象，这样有利于完成哀悼过程。很多人在亲朋好友咽下最后一口气时陪伴在身边，这是哀悼经历中最令人难以接受的时刻。即使对于经受过专业训练、帮助病人与疾病抗争到底的医生来说，亲友死亡的那一刻依然是最艰难的考验。

在新冠肺炎大流行期间，30%的住院医师表现出创伤后应激障碍的症状，这种情况并不令人感到意外。因为病人的肺遭到实质病毒破坏，这些医生只能眼睁睁地看着病人呼吸系统衰竭，窒息而死，可是自己却无能为力。

思念与哀悼

思念是哀悼的一部分，哀悼囊括了所有形式的思念吗？同样的心理过程是不是适用于我们生活中痛失亲友的所有情况呢？不一定！积极的思念方式包括通过电影、歌曲、书籍、图画、旅行寻找曾经的时光。成功的旅行永远是时间之旅，在异域他乡寻找失去的时光。在拉斯科洞窟[1]岩壁上画下野牛图的先人，一定对于昔日的狩猎经历无比眷恋，所以才在洞穴中用图画永远留下当时的印记。所有形式的艺术都是在死亡的注视下窃取的时光宝珠。音乐是回忆的歌声，画作是与祖先的对话，文学是作者在语言沙漠里埋下的墓碑。健康的思念能够让生命更加协调，赋予生

1 法国多尔多涅省的石灰岩溶洞，洞穴岩壁上保存着众多精彩纷呈的史前绘画。——译者注

命意义，让自己往来于过去和现在，接受快乐和痛苦的记忆。看一看“怀旧电台”取得的成功，电台里播放的旧时音乐建立了过去与未来的跨越时间的联系。

思念还属于对抗改变的情绪。在平常的日子里，失去、分离、变化都会引发些许的思念，同时也会带来愤怒、焦虑、否认，有时甚至有某种程度的抑郁，具体表现为难以接受时光逝去、不愿接受新事物，比如总有人说“以前更好”这类的言语。面对改变时，人们既接受又抗拒的矛盾心理十分常见，并非个例。因为这需要我们重新定义界限，再次建立安全基础。阿纳托尔·法朗士（Anatole France，1896年）写道：“所有的改变，即使是人们向往的改变都带来伤感的情绪。”但是，思念同样可以混杂着遗憾和希望得到还未得到东西的愿望。

斯蒂芬·茨威格（Stefan Zweig）的作品《通向往昔之旅》，文学作品中的范例

奥地利著名作家斯蒂芬·茨威格的《通向往昔之旅》（*Le voyage days le pessé*，1929年）是一部重要又令人心碎的作品。帕特利斯·勒孔特（Patrice Leconte）把这部作品改编成电影《爱的承诺》（*Une promesse*，2013年），忠实地再现了这本小说的内容，同时尊重原著，保留了开放性结尾。故事发生在20世纪初的法兰克福，路易是一位聪明又贫穷的年轻人，他为达目的不择手段，为了摆脱贫困不惜一切代价。他最终获得了参议员G先生的信任。G先生同时还是工厂经理，他请路易做自己的贴身秘书，并且请他到自己的豪宅中居住。路易在那里遇到了参议员G先生年轻的妻子，两个人深深地被对方吸引。年长的参议员发现了两人之间的感情，于是给年轻的路易一个绝佳的工作机会：去墨西哥管理总公司的一家大工厂。路易觉得这是实现自己雄心壮志的机会，其实参议员想借此机会让路易远离自己的妻子。在出发前几天，路易和参议员的妻子相会，这时两人意识到他们对彼此已经爱得刻骨铭心。参议员的妻子承诺路易回来之后，自己将完全属于他。在南美洲，路易埋头苦干以缓解相思之苦，他每天都在默默计算着归期。但第一次世界大战突然爆发，本应两年的分离变成了九年，而且由于战争他们无法通信，一道“铁幕”隔在了两大洲之间。随着时间的流逝，路易的热情逐渐消退，他在当地结婚并且在事业上大获成功。战争结束之后，他因为工作的原因返回德国，又想起了当年的恋人，忍不住去见她。这时参议员去世已久，她热情地接待了路易。原来的仆人认出了路易，路易要求再看一看自己曾经居住过的小房间。现在两人之间再也不存在任何障碍了。为了保持低调，两人在湖畔小镇的一家破败旅馆中幽会，仿佛在地下妓院里幽会。他们希望能够重拾旧日的激情，可是一个又一个小时过去了，两人之间再也难燃旧日爱火。她觉得自己老了，路易求她信守诺言。两个人最终意识到时间已经冲淡了昔日炽热的感情，那份爱似乎变成了旧时的残影。和斯蒂芬·茨威格的很多作品一样，这部小说的结尾也保持了开放式结局。下文就是小说的结尾：

"路易，你在想什么？"路易闪烁其词："没什么，没什么。"他深深地陷入沉思之中。忆昔抚今，面对这个声音，面对这个记忆中的声音，难道无言以对了吗？

治疗方法和实用建议

人们需要三个月到一年的时间走出哀悼的阴影。需要承认的是，逝者引发的难过情绪、哭泣，以及悼念行为都是告别的正常过程。所有痛苦终会结束。如果一年之后这份痛苦仍然存在，那么就要考虑接受心理治疗了。

凭借负面情绪自我调节法第三、第四、第八部分，可以帮助患者跨过这道障碍，具体方法包括：正念冥想；接受现实；负面想法的认知重构；置身于想象中失去亲友的场景，不要控制情绪，让各种情绪任意释放。

在逝者离世一年之后当事人仍然感受到剧烈的痛苦，

表现出否认事实、持续思念逝者、抑郁、焦虑的话，这种症状被诊断为持续复杂的哀悼障碍，可以开始治疗［拉姆齐(Ramsay)，1977年；索特罗德(Sauteraud)，2012年；希尔(Shear)等，2014年］。如果患者本人看到了亲友死亡，或者有抑郁症状、创伤后应激障碍症状，那么需要患者逐渐接受失去亲友的事实。有时，患者还会产生幻觉，觉得自己见到了死者。我治疗的一位患者这样说过："我不能在这栋房子里继续住下去了，我总是见到妻子的亡魂。"

心理医生会引导患者与逝者告别，走出"否认"阶段。建议进行十六次治疗的疗程，每次治疗持续一到两个小时的时间，可以单独治疗也可以集体治疗。治疗分成四个阶段，共情与渐进是治疗的基本原则。

◉ 第一阶段是对哀悼过程的心理教育，在医生的监护下，患者记下每天的哀悼过程中的反应。心理医生要努力发掘出患者每天埋藏在心中的新的渴望，并且通过谈话进行心理治疗的时候，请患者的亲友参与进来。

◉ 第二阶段需要让患者长期、多次想象亲友逝世且无可挽回的场景并逐步置身其中。让患者面对这种场景有助于停止哀悼，解封冰冻的情绪。还可以鼓励患者完全释放自己对死者的感情，甚至这些感情具备攻击性也无所谓，不要把这些感情埋藏在心里。可以通过和逝者有联系的照片、物品、音乐唤起曾经的记忆。还可以让患者解放自己，比如，不要每天都去墓地，应该做一些有趣的事情；不要把死者的物品留在原来的地方，仿佛死者随时会回来一样，应该打扫整理房间，把死者使用的被褥收起来。

◉ 第三阶段是重现仔细检查已经做完的工作。

◉ 第四阶段，利用角色扮演游戏和死者告别。比如，想象椅子上坐着的是逝者，请患者与空椅子交谈。

结论

停止哀悼并不意味着患者不会再有思念之情。恰恰相反，接下来患者可能会和其他人一样思念逝去的亲人，回想起曾经的美好记忆，这些记忆如同珍宝一样不时呈现在眼前，陪伴患者。苏格兰有一首圣诞节老歌《友谊地久天长》(*Auld Lang Syne*)就唱出了这种情愫，唱出了深埋在岁月里的日子和甜蜜的回忆。

懊悔和内疚

生活始终向未来疾驰，很少有人能够在短暂的当下生活得志得意满。然而，只有把握当下、做出选择才能改变未来，改变人生命运。懊悔和内疚能够把人带回过去，回到我们下决心的那个关键时刻。内疚是彻底结束的过去，我们只能够承受后果。懊悔是可能改变的过去，让我们能重新迈向未来。

内疚和懊悔是用自己的手写下命运的两面，给生活赋予意义，为生活指明方向。然而，能否自由地做出选择呢？这些选择具备足够的动机吗？如果我们选择错误的道路和错误的生活，我们应该负责到什么程度？

内疚和懊悔的情绪，是痛苦的欲望，是我们无法忍受当下生活的体现。面对命运的嘲讽，我们希望能够重新开始，过上与当下完全不同的生活："啊，如果我能再活一次有多好！"但有的时候一切确实还为时未晚。

懊悔和内疚的核心

我们在没有采取行动或者采取了错误行动之后会感到懊悔；在错过机会、不够大胆、缺乏毅力、出现无法掌控的情况的时候，也会感到懊悔。那是一种不安的感觉，可以是积极的不安，在仍然有机会的情况下促使我们进步。

实验心理学研究懊悔这种情绪：这是在学习适当行为过程中必须经过的阶段。在儿童6岁的时候会出现懊悔情绪［格里尼（Guerini）等，2020年］，当孩子试着玩游戏的时候会感到失望，产生负面情绪，发现如果自己采取另外的行为方式游戏可能会朝着更好的方向发展，尤其是当孩子本人是导致当下困境的原因的时候，更能产生明显的懊悔情绪。

懊悔和内疚的起源在哪里？这样的情绪如何长时间存在？

懊悔给人留下进步的空间，内疚是对过去犯下错误的回想，伴随着悲伤、羞愧、负罪感。懊悔始终存在的情况是反复犯下同样的错误，人们没有改变那些无效的行为，没有采纳更加积极的态度。

“更应该内疚而非懊悔。”这是奥斯卡·王尔德（Oscar Wilde）经常说的一句话。实际上恰恰相反，“更应该懊悔而非内疚”。因为内疚的实质是悲伤，是不由自主地反复回想已经无可挽回的错误行为。

我认为存在三种机制保持懊悔始终存在：屈从、回避、补偿。

屈从与自我贬低的图示会使我们维持痛苦的感觉，具体表现为患者围绕负罪感和自己应负的责任反复回想，痛苦不堪。

回避可以维持内疚情绪，直到去世或者到将要去世的时候。当事人以短暂的闪回方式不断重新经历让自己内疚的事件，使得难过的感觉如影随形，因为存在创伤后应激障碍，所以需要心理治疗。有些刽子手在多年之后会因为自己曾经的暴戾感到痛苦。我观察到了这种情况［科特洛(Cottraux)，2020年］，在20世纪50年代殖民地战争的时候，一位军人在上级的命令下拷打敌人，若干年后他出现了创伤后应激障碍的表现。这名心理疾病患者的弥补方法是去做护理师，全身心地帮助他人，后来他在确诊罹患癌症之后才来找心理医生咨询自己的情绪障碍问题。

但是并非所有人都会寻找救赎之路。纳粹军官克劳斯·巴比(Klaus Barbie)对于自己在战争期间滥用职权并没有表现出羞愧、懊悔、内疚等情绪，他认为在战争期间的残忍行为很正常，而且当时的上级也在包庇这些行为。1987年在里昂法院面对法官时，巴比的供词再次表现出“坚决服从上级命令的时候，狂热的公务人员会变成毫无内疚感的刽子手”的观点。参与这次诉讼的一位精神病专家表示，在专业的小圈子里，专家们看到克劳斯·巴比的心理居然如此正常感到非常吃惊。对他观察的结果印证了纽伦堡审判中精神病专家的判断。纽伦堡审判是1945年对纳粹官员的审判，当时的精神病专家道格拉斯·凯利(Douglas Kelley)认为，这些纳粹官员的精神状态正常得可怕。其中有几个例外：鲁道夫·赫斯(Rudolf Hess)表现出精神分裂的症状，赫尔曼·戈林(Hermann Goering)对鸦片类药物成瘾。在参加为纳粹军官精神鉴定工作之后十二年，精神病专家格拉斯·凯利和戈林一样使用氰化物胶囊自杀身亡。他的死部分原因是压力，部分原因是参与纳粹战犯精神鉴定工作给他的名誉带来沉重的负面影响［艾尔-海（El-Hai），2015年］。

内疚、他人的罪行都是非常沉重的负担，护理员、神父、警察、监狱看守以及所有与罪犯接触的人员都会产生内疚的感觉。这些职业需要从业者有放松自己的空间，他们在工作中和各种罪行接触，那个世界充满了卑劣、憎恨、痛苦，所以绝不能让职业生活介入到个人生活中。警察、精神病学医生、急诊医生的自杀比例远大于普通人，因为他人的痛苦更加让人难以承受，尤其是自己面对这些痛苦无能为力的时候。从业人员如果过分敏感就会破坏客观性，如果过分麻木就会以保护者自居，从而把自己和他人的痛苦完全隔绝。职业素养介于两者之间，在工作中保持客观并管理好自己的情绪非常困难，工作导致的情绪问题很多，比如由于过劳导致的崩溃、因为他人的抑郁引发自身的抑郁、各种因素引起的成瘾、医护工作者和社会工作人员自杀率过高。

懊悔和内疚的后果

懊悔和内疚的主要后果是自责。布洛妮·瓦尔（Bronnie

Ware）是为不治之症患者实施姑息治疗的护士，她总结了人在弥留之时的五大憾事：

◉ 我希望能够过自己想要的人生而不是按照他人的期望生活。

◉ 我希望没有那么拼命地工作。

◉ 我希望有勇气表达自己的感受。

◉ 我希望能多和朋友们联络。

◉ 我希望让自己过得更加幸福。

在治疗时我经常听到患者说类似的话。这些患者中一部分人可以正常适应社会，而且社会需要他们做出各种符合规范的行为；一部分人具有强迫症型人格。他们具有“约束和良心”的心理学特点，因为没有过上完美的生活感到遗憾，没有真正体会过幸福的滋味。他们是责任的受害者，是西方社会的柱石，是平静又热情的工作者。他们的所作所为能够被预测、遵纪守法、值得信任，所以不会偏离社会规范。

我在治疗中也常常听到人格上处在另一个极端的人们的遗憾，这些人往往冲动暴躁，属于边缘型人格。他们的遗憾通常是：

◉ 我希望能够过更加稳定的生活。

◉ 我希望拥有唯一一位真正爱我的人。

◉ 我不希望像现在一样等着毒品贩子卖给我毒品，我想要过另一种的生活。

◉ 我希望根本没有参加那次痛饮狂欢，这样就不会发生那么严重的事故导致自己残疾。

◉ 我希望以前没给母亲找那么多麻烦，能够在她去世前见她一面。

斯蒂芬·茨威格(Stefan Zweig)**的作品《一个陌生女人的来信》**(*Lettre d'une inconnue*)**，文学、电影作品中的范例**

一位维也纳作家在41岁生日的那一天收到了一封陌生女人的来信，在信中女人讲述了自己的故事。作家曾经和这个女人居住的公寓相邻，当时女人还仅仅是个13岁的女孩。女孩羡慕作家居所的富丽堂皇、美轮美奂，她常常偷窥作家的生活，看着他和各式各样的女性往来。作家仅仅和女孩相遇过一次，女孩帮助作家打开了门，作家彬彬有礼地感谢了女孩，从此之后女孩就爱上了作家。

后来女孩的母亲再婚，她来到继父的家庭居住，但是她依然思念着作家。女孩长大了，回到维也纳，在花店工作。女孩几次遇见作家，但是作家并没有认出女孩。后来女孩成功吸引了作家，和他三度春宵，并且怀上了作家的孩子。之后作家出门长途旅行，再也没见到女孩。为了抚养孩子，女孩利用自己的美貌周旋于富人之中，但是始终拒绝富人的求婚，为的是等着作家回来。在作家生日的那天，女孩总是匿名给他寄去白色玫瑰。

后来，女孩在一次晚会上再次遇到作家，但作家已经认不出女孩了。作家请女孩和自己过夜，女孩答应了。早晨，作家给女孩留下了几张钞票。女孩离开了，既愤怒又失望。在女孩出门的时候，作家的仆人约翰似乎认出了女孩，女孩把钞票给了仆人。

女孩独自抚养儿子，没有告诉作家他就是孩子的父亲，因为她不想让作家痛苦，不想让他受到良心的谴责。后来孩子因病夭折，陌生的女人也感到自己大限将至，于是在医院的病床上写了这封信，告诉作家她把一生都献给了他。作家这时才发现，每年生日收到的白玫瑰今年没有来，平时装白玫瑰的花瓶是空的。

他感到有人刚刚去世，他感到永不磨灭的爱情：这种爱来自灵魂深处，如鲜花般绽放。对这位看不见的情人，他感到一股有质无形、热情如火的思绪，宛如聆听一首从未听过的乐曲。

小说结尾清楚地表现出作家的满怀懊悔，感受到以前“无法领会”的爱情境界。41岁，作家仍然有时间改变自己，按照信中传递的信息生活——“现在到来的是爱的时刻”。

治疗方法和实用建议

负面情绪自我调节法对深感懊悔和内疚的人非常有帮助，其中所有部分的方法都有作用，尤其是正念冥想、认知重构、展示个人价值（第三部分、第四部分、第七部分）。

接受自我，会提高对自己的评价。

承认我们的能力极限，可以使得我们投入自己能够掌控的领域当中。接受自己的情绪就是在这些情绪中生活，而不是否认这些情绪，或者不惜代价控制这些情绪。在这种情况下，正念冥想可以帮助我们面对各种情绪，并且不对情绪做出评判（第三部分）。

过去做出的某个决定在当时看起来非常合理，可是现在看起来却大错特错，如果我们承认自己能力的极限，就会坦然接受这种情况。我们实际应该负的责任究竟有多少呢？

为了直面懊悔，可以使用重新分析原因的方法，回头查看导致做出错误决定的因素究竟是什么，并且为每项元素分配一个责任百分比。下面是一个简单的提纲。

重新分析导致错误决定的因素

____%由于时代因素和社会经济环境。

____%由于他人的压力。

____%由于家庭压力。

____%由于亲友的压力。

____%由于工作压力。

____%由于行为范例（媒体，等等）。

____%由于对决定产生结果所了解的程度。

____%由于个人决定。

____%由于其他因素。

如果要消除内疚，以及罪恶感、羞愧、自我憎恨等情绪，就要原谅自己、同情自己。

这时可以通过集中作用在同情上的认知疗法解决问题［吉尔伯特（Gilbert），2010年］，但是同时存在两种使用同情的方法，我们可以使用这两种方法自行解决简单的问题。

◉ 同情信的方法很简单，就是给自己写一封充满同情的信件，表现得非常关心自己，信中充满善意、宽容，不要做出任何评价；然后高声朗读这封信，或者在心中默念。在痛苦绝望的时候，在心中默念这封信，重新定位自己，这是磨练心性的重要工作。

◉ 同情想象是另一种方法，具体来说就是想象一个地方，自己在那里感到舒适、能够放松，感受不到压力和焦虑；然后从这个安全的地方诞生出“完美、理想”的同情的心理图像，比如，一次邂逅、一个人、一种动物、一棵树，甚至是只能听到声音的超人类。这幅心理图像会帮助你、理解你，因为它经历了和你一样的痛苦考验并且战胜了困难。这种化身的方式具备强大的力量，不会让痛苦淹没你，而且充满热情，不会评判你、批评你，而是完全接受你，提高你的舒适感。

我们可以每天花上二十几分钟时间，使用同情想象的方法。反复使用这种方法，直到内疚和懊悔之情带来的压力被消除得足够多（从个人感觉尺度上来看，压力从0到100，压力减轻50%即可）。

结论

内疚和懊悔是日常生活中常见的情绪，不应该把这些情绪隐藏在心底，否则可能引起抑郁。懊悔完全可以成为跳板，帮助你走向更加美好的生活；内疚可以成为路标，引领你前往救赎之路。

屈辱和惭愧

屈辱是被别人视为粪土的感觉，遭到羞辱的人会在他人的讽刺、批评、怜悯的目光中沦陷。“她/他不会再振作起来了”，别人看到饱受羞辱、满心惭愧的人会这么说。

屈辱和惭愧的核心

屈辱的感觉是当人感到失去自我价值的时候感到的不快情绪。积极人格的过早出现的不当认知图示是通过羞辱的经验获得的，即缺失的图示、羞愧的图示、没有价值的图示。

几种感情混合在一起：遭到冒犯、忍受不公、被第三者或者一群人贬低，被第三者或者一群人以居高临下的姿态直接或者间接地充满不信任地对待。既然存在身体或者言语上的攻击与羞辱，那么必然存在羞辱他人之人。过分自恋的人沉湎于羞辱他人，当看到自己成功地羞辱了别人、别人面露懊悔的表情时，他们会浮现出微笑，感到非常满足。这种情况在法国的官僚机构里很常见，尽管目前情况已经有所改善，但是这种狭隘的小领导思维总是在这些机构里占统治地位。

伴随着屈辱感觉的情绪多种多样且程度各不相同，从一过性的悲伤到真正的抑郁，都会存在。低人一等的感觉加上伤心、懒言不动、失去快乐，都是抑郁的主要症状。这是一种社会情绪，因为要实施羞辱必须存在三个组成部分：被羞辱的人、实施羞辱的人、他人的眼光。

这就是屈辱和惭愧的区别。惭愧是失去了自己的正面形象所导致的隐秘感觉，这是内心的判断，或者是一种自我探求，觉得自己在生活中的某一时刻“达不到应有的水平”。

但是，人们是完全可以遭到他人羞辱而不感到惭愧的，只要心中始终保持着一份荣誉感。耶稣被羞辱，但他不感到惭愧，因为他完成了自己的理想，痛苦正是他任务的一部分。盖世太保对法国抵抗组织成员刑讯的时候也是同样的情况：抵抗组织成员在理想的保护下不会感到惭愧。

屈辱和惭愧如何起源？怎样在心中生根发芽？

屈辱的感觉是个人情感，在遭受大量批评后而又得不到家庭的温暖时，人们就会产生这种情绪，会变得对日常生活中他人悭吝、斤斤计较的行为非常敏感。屈辱也会由低人一等的家庭认知图示导致，对于各种形式的批评，甚至无关痛痒的批评都非常敏感。

凌辱、攻击、骚扰等社会经历能够激活遭到羞辱的感觉。羞辱他人的情况在法国的文化里很常见，侮辱咒骂、刺耳的讥讽、冷笑挖苦在社交网络上往往会获得人们短暂的夸奖。三十多年来无法上升到更高的社会阶层、人与人之间的不平等程度越来越严重，这些情况都是屈辱感觉的助燃剂。感到屈辱是社会中常见的真实情绪，和其他人相比有些人对屈辱的感觉会更加敏感。

在实际生活中，遭到羞辱的情况并不罕见，我们每天都能看到。一个人银行里存款数目越多、破坏能力越强，人们就越尊重他。

屈辱和社交焦虑

我曾经治疗过一位女患者，她患有严重的社交焦虑症，和他人接触时会有病态的逃避反应，而且害怕在公众面前讲话。在她的家庭发生了不幸事件之后，这位患者产生了心理问题。根据患者的叙述，在她儿时全家搬到另一座城市生活，她周围的孩子都来自富裕的家庭，总是贬低、蔑视她。这种持续的羞辱正是她成年之后患上社交焦虑症的原因。心理医生经常看到有患者因为遭到羞辱而产生社交障碍。

屈辱代表的是贬损荣誉、尊严，以及社会地位的丢失。心中的羞愧代表的是在把自己过度暴露在他人无情的目光之下，以及失去自尊、社会地位时大幅下降。

他不再是人人敬仰的政治家，而是陷入泥淖的过气之人；她不再是拥有美满婚姻的女性，而是众所周知的通奸之人；他不再是受到尊敬的老师，而是被孩子哄闹声包围的小教书匠；他不再是英俊神秘的陌生人，而是一个被年少情人抛弃、日渐衰老之人，只能花钱请同情自己的比萨饼送餐员为自己提供性服务……

有人会在公开场合羞辱他人，利用惭愧之情让人屈服。一群人可能会找一个替罪羊，对这个人做出“判决”：他是个坏人，应该为千夫所指。我们曾经看到过公开点名羞辱的场面，美国政治游说集团经常使用这种策略打击对手。

当下，在法国我们可以看到在各种媒体、社交网络平台上，在司法介入之前人们已经对嫌疑人已经进行了“审判”。只需多吃一只大点的鳌虾、多喝一瓶香槟酒，很快就会被侮辱谩骂、威胁恫吓、拳脚相加。

在互联网上公开羞辱相当于古时候的示众惩罚。古时候，把犯人绑在柱子上，头和手都铐在枷锁之中，路人可以辱骂犯人，朝犯人吐口水。这种刑罚看起来似乎有一定的合法性，因为所有的犯人先经过审判之后才会被绑在柱子上。1832年，示众的刑罚得以废除，但是今天，凭借信息科技的加持，这种刑罚又在“媒体法庭”上强势回归。

屈辱和惭愧的结果

在遭到羞辱之后，当事人身上可能出现三种不同的态度。

▷屈从

遭到羞辱之后的人从高处跌落，公众的斥责让他无言以对。如果这个人的心理比较脆弱，那么他很难重拾自尊。他希望得到尊重，但是周围仅仅有同理心的人才会释放善意。如果发现有人处在困境当中，不要攻击他的社会地位，不要削弱他的威信，不要贬低他的尊严。遭受到羞辱的人会明白传递过来的信息，从此以后保持低调，避免任何可能遭受侮辱的情况。

在社交关系里，被侮辱过的人会更加谨言慎行，绝不试图控制或管理他人，从某种程度上来讲会更愿意为大家服务。他会把这种谦卑看作优点。在大地上完成放逐之后，那些遭受羞辱和冒犯之人将走向通往天堂之路。

▷否认

另外一种可能出现的态度：当事人表现得仿佛从来没有遭受过羞辱，生活中有些事情应该尽快遗忘。如果当事人真的把羞辱抛之脑后，这种大事化小的做法的确有积极的作用，但是遭到羞辱的经历可能会被埋藏到记忆深处，成为创伤性的回忆，通过闪回的方式在清醒或者做噩梦的时候重现。于是在社交过程中，当事人身上有一种焦虑的情绪散发出来，这时往往需要心理医生的治疗。

▷补偿

有人遭受反复多次羞辱之后会产生低人一等的感觉，这种感觉会朝相反的方向转化：自恋型人格障碍；具体表现为骄傲、自大、自吹自擂，觉得自己与众不同，应该获得杰出的成就，其他人都无足轻重，只配做自己取得社会地位的工具和垫脚石。

补偿是一种治愈早期羞辱经历所致伤痛的方式。当事人的核心表现是处于自恋型人格障碍之中。有些自恋型人格的人身居高位，职场经历亮眼。有些人属于不稳定的自恋型人格，在生活里遇到不如意的时候可能坠入抑郁的深渊。如果补偿得过分，可能导致恶意自恋型人格，这种人会使他人经历自己遭受过的羞辱。有这种精神特质的人很少主动寻求治疗，除非遭遇重大失败导致抑郁，这样会迫使他们追寻自我，触发自我转变［科特洛（Cottraux），2017年］。

文学、电影中羞辱、爱情、憎恨的例子：《红与黑》

司汤达在小说《红与黑》(*Le Rouge et le Noir*, 1830年) 中，向读者讲述了在富贵人家做家庭教师的主人公于连·索莱尔的故事。

一天晚上，在晚餐的时候，于连觉得受到了羞辱。当时，于连不小心碰到了雇主的妻子瑞纳尔夫人的手，瑞纳尔夫人马上把手抽了回去。

于连觉得是由于自己社会地位低下才导致瑞纳尔夫人这么做，于是决心报复。他告诫自己克服羞怯的弱点，一定要在晚上牵住瑞纳尔夫人的手并且紧紧握住。这是于连的内心独白：

> 在晚上10点的钟声敲响的时候，我要完成白天一直承诺自己做的事，否则我就上楼回到自己的房间把脑子烧掉。

第二天晚上于连果然兑现了对自己的承诺，瑞纳尔夫人当时心情郁闷，对丈夫没有丝毫爱情，因此让于连握着自己的手，变成了于连的情人。

分析一下小说的这个片段。为了激励自己，于连把一个臆想出来的负面结果归咎于没有采取行动。这就激励于连采取“积极”的行动作为补偿，于是获得了社交胜利：这是他走向成功的第一步。这个认知图示符合法国政府策略中冰冷的自恋逻辑，使得于连战胜了自己羞怯的性格。用当代的词汇描述，可以说于连进行了认知重构，补偿了自觉低人一等的认知图示。

这段内心独白包含了于连·索莱尔的生命轨迹。于连后来去了巴黎，征服了一位年轻的贵族小姐马蒂尔德·德·拉莫勒。于连让这位贵族小姐怀孕，之后和她结婚，保证自己在“上流社会”拥有地位。神父听到瑞纳尔夫人的忏悔之后，怂恿她给于连身为贵族的岳父写信，揭露于连曾经的历史。由此于连对旧日情人的爱转化成憎恨，盛怒之下盲目行动，回到了曾经居住的小城，在瑞纳尔夫人参加弥撒的时候从背后用枪射伤了她。在法庭上，于连侃侃而谈。于连表示，在拿破仑帝国时代任何人都可以通过努力走上社会的高层，可是在接下来的法国复辟王朝里，具备天分的人跨越阶层却非常困难。最终于连被送上了断头台。贵族小姐马蒂尔德·德·拉莫勒把于连的人头埋葬起来。

你觉得这是一部虚构的小说？其实，这是1827年发生在伊泽尔省（Isère）布朗格（*Brangues*）市的社会新闻，司汤达看到了这则新闻之后将其改编成小说。类似的故事在世界各地都发生过，相似的情节在很多作品中都能见到。比如，西奥多·德莱塞(Theodore Dreiser)的小说《美国悲剧》(*An Americam Tragedy*)中的故事也如出一辙。乔治·史蒂文斯(George Stevens)将小说改变成电影《郎心似铁》(*Une place au soleil*, 1951年),电影的主演是伊丽莎白·泰勒(Liz Taylor)、蒙哥马利·克利夫特(Montgomery Clift)。电影中,司汤达原来小说里的贵族被替换成了工业巨头,故事内容如出一辙。

年轻的于连雄心勃勃、多愁善感,可是由于没有控制好情绪,他跌入致命陷阱,结束了一生。

治疗方法和实用建议

要做的第一件事情是摆脱负面情绪,客观分析面对的情况。为什么出现这种情况?如何摆脱负面情绪?这种情绪可能给自己的生活造成什么后果?对自己和羞辱自己的人之间的关系有什么影响?从短期、中期、长期看应该采取什么行动才能让遭到羞辱的情况不再发生?第一种办法就是把自己保护起来,避免一次羞辱引来更多的羞辱。

▷保持距离

远离遭到羞辱的地点,不论羞辱是否伴有暴力,远离不断实施羞辱之人。如果羞辱发生在夫妻之间,多数情况下是自恋的丈夫对焦虑、依赖性强的妻子实施羞辱。这时最好的方法就是逃离,不留地址、改变电话号码、不留丝毫痕迹，如同幽灵一样消失；尽可能地保持低调，避免在职业生活和个人生活中产生过大的影响；只需要让几个可靠的密友了解情况、提供帮助即可。

如果是职场骚扰性质的羞辱，不要犹豫，立刻提出申诉，有专门的法律保护工作者免遭骚扰。和实施骚扰者保持距离，向法律、协会、人力资源部门寻求保护。骚扰者会害怕法律，而且他们往往需要在相对封闭的环境里侮辱受害者。

还会出现一群人结成联盟共同实施凌辱的情况，受害者往往没有别的办法，只能离职以避免遭到不断的羞辱。这种情况在患有和职场相关的抑郁患者身上很常见。

不过，如果受害者始终留在原地，不论发生什么，过一段时间羞辱行为都会停止，因为羞辱行为的效果会变得越来越不明显。

医院—大学的习俗

要想拥有成功的职业生涯往往需要具备“忍气吞声”的能力，拥有处理在职业压力下遭受到些许羞辱的对策。我的一位朋友是在某法语国家大学工作的精神病学专家，曾经在巴黎一家著名的精神病医院长期学习。在法国他很吃惊地发现

> 了一个在他的母国不存在的社会习俗。医院的院长是一位学识渊博的男性学者，兼任好几所学院的院士。每个星期他都在医院里训话，听训话的是他的一大群学生，个个专心致志、精力集中。每次训话的时候都会上演同样的一幕：老师一边训话一边玩弄手中的笔，仿佛一不小心笔会滑落在地上。不断上演的社交游戏是：看哪名学生能够最迅速地把笔捡起来还给老师。后来，趁着1968年法国的“五月风暴”[1]，那位总是最快拾起笔的学生接替了老师的位置成为院长。

▷化腐朽为幽默

面对日常生活中无关紧要的小小羞辱，我们应该怎样应对？应该“化腐朽为幽默”，知道如何用自我同情的方式自嘲。幽默是通过高级的方法表现出无所谓的态度，生活如同一场晚餐游戏[2]，大家心中以为那个该受到嘲笑的家伙反而可能“以彼之道，还施彼身”。总之，不要让自己成为

1 “五月风暴”指的是1968年5月开始，因为各种社会、政治危机在法国爆发的学生罢课、工人罢工的群众运动。——译者注

2 “晚餐游戏”的典故出自一部法国家喻户晓的电影《晚餐游戏》，电影里一群自命不凡的人相约邀请一个最笨的人来家中吃晚餐并加以嘲笑取乐，结果貌似最笨、大家要捉弄的“笨蛋”“反杀”了所有人，把设计恶作剧的人搞得狼狈不堪。——译者注

那个遭受羞辱的目标。

当然，不需要总是无谓地担心，不用讨好那些尖酸刻薄、靠批评别人获得存在感的人。有的批评有建设性，有助于使人进步；相反，有的批评具有毁灭性，有人希望通过恶意批评把他们的价值观强加给别人。

▷寻求心理医生的帮助

只有在羞辱引发了严重的抑郁，或者因为羞辱引起创伤性回忆的情况下，寻求心理医生的帮助才有效果。下文的病例中，遭受羞辱成为造成严重创伤的核心。

阿莱克希娅和屈辱的遗产

故事发生在20世纪50年代的一座小城里。阿莱克希娅的父亲是当地大工厂厂主的儿子，这座工厂规模巨大，在城市里乃至整个地区首屈一指。阿莱克希娅的父亲遇到了她的母亲，母亲来自一个贫寒的家庭。阿莱克希娅的父亲不顾自己哥哥姐姐的反对，和她母亲结婚，不过阿莱克希娅的祖父作为工厂的创始人很热情地迎接她母亲成为家庭的一员。后来，经历一番社会灾难之后，阿莱克希娅的父亲在她5岁时去世，不久之后祖父也离世了。姑姑是工厂负责人，她的母亲作为姑姑的下级在日渐萧条的家族工厂里工作，而且还要应对遗产问题。阿莱克希娅的头脑中有一段极其屈辱的回忆：母亲和姑姑因为工作问题争吵起来，她和妈妈两个人被赶出了工厂。没有人向她们做出任何解释，她和母亲只能在贫困中度日。

现在的阿莱克希娅婚姻美满、生活富足，但是她始终害怕破产。曾经辉煌的家族企业迅速衰败，阿莱克希娅在工厂清算破产的时候作为继承人成功地提出了自己的条件并且得到满足。尽管如此，在家族聚会的时候，她仍然觉得空气中弥漫着焦虑、负罪感、悲伤的味道。在阿莱克西娅接受心理治疗，讲述自己经历的时候，仿佛总是看到姑姑把她和母亲赶出门时的情景，姑姑圆睁的双眼充满恨意，面部肌肉抽搐，非常可怖。她的脑海中总是浮现出这幅场景，尽管想努力摆脱，但却无济于事。我建议阿莱克西娅接受脑海中的这幅场景，并且反复回想，直到焦虑消失为止。接下来的5分钟时间里，她闭上双眼，把自己置身于这幅心理图像之下，焦虑在达到顶峰之后逐渐消退，直至消失。阿莱克希娅接着讲述自己

> 的经历，眼里饱含泪水："在厂里员工众目睽睽之下，妈妈和我就像小偷一样离开。我们回到家里躲了起来，不敢出门。"经过了十几次的治疗，我让她反复把自己置身于造成创伤的场景之中，同时重构消极的想法，最终她彻底摆脱了这段痛苦的经历。

使用负面情绪自我调节法可以帮助我们摆脱遭到羞辱后产生的负面情绪，尤其是调节法的第一部分"疏远情绪”、第三部分“正念冥想”、第四部分“认知重构”、第五部分“交流能力与自我肯定”在这种情况下最为有效。

结论

不要为自己感到耻辱，应该为自己现在的状态感到满意和幸福，这是自尊的基础。知道怎样尊重自己，认为自己认可的价值和他人认可的价值同样优秀，在不咄咄逼人的前提下坚决维护自己的价值取向。

第七章

伤害他人的情绪

处在危机中的人会把自己的不适情绪传递给直接目标人物和旁边的目击者。这些既有危害又具备传染性的情绪可以用语言形式和非语言形式表达，其他人很快就会解读出来，因为这些情绪很难隐藏。

愤怒

愤怒是一种基本情绪，能起到帮助人们适应环境的作用，在愤怒的作用下人们会时刻准备应对面前的威胁。愤怒还能够打消人或者动物的攻击念头。尽管有人形容城市宛如钢筋水泥的丛林，我们要面对各种挑战，但是城市毕竟不是丛林。一定程度的愤怒可以帮助人们适应日常生活中的压力，但是如果无论遇到大事或小事总是没完没了地生气，那么愤怒就会毁掉我们的生活。

愤怒情绪的核心

如果我们解读某件事情时，觉得不公平、有威胁、破坏社会规范、违反法律，那么就会感到愤怒。有时候，由于感到遭受挫败而沮丧、等待时间过久、吹毛求疵的官僚行政作风，愤怒情绪也会爆发。

愤怒会导致各种生理变化，帮助身体准备实施攻击。

这时，呼吸频率增加、心跳加快、呼吸程度变得更深，尽管我们没有意识到，但是这样的变化会让声音变得更响亮。愤怒会让身体不自觉地收缩，由于肌肉收缩，人会双拳紧攥，眉头皱起，牙关紧咬，咬肌更加突出，面部表情变得严酷。面部皮肤由于血管舒张而显得发红，所以法语中有“红色怒火”这样的表达。

愤怒的表现方式有：用侮辱性的语言攻击他人，用肢体动作威胁他人，暴力袭击他人或者破坏物品。愤怒的形式和自我肯定的方式相关，怒火中烧之人显示出的行为特点有：否认他人的权利，通过粗声大气、带有侮辱性的声调来控制对手。

为什么发怒？愤怒的情绪如何持续存在？

虽然愤怒的情绪比较罕见，偶尔发生，但是这并不意味着愤怒必须是异常猛烈的。愤怒可以只是对职业压力的即时回应，也可以是对城市生活中不文明现象的反击，幸好愤怒情绪大多数时候表现为这种情况。另外，也可以在冷静的态度下表现出合理的愤怒，用以破解他人的操纵与欺骗。

嗜毒成性的人在缺乏毒品的时候会表现得很愤怒；酩酊大醉的人在酒醉状态下会释放出平时抑制的攻击性行

为，会肆无忌惮地说出对于听者来说非常具有伤害性的言语，更会拳打脚踢进行人身攻击。

愤怒可以算是人格障碍、偏执、反社会行为的一部分，也是边缘型人格的特点。边缘型人格情绪阴晴不定，易于冲动、容易发怒。愤怒也是自恋型人格使用的策略之一：愤怒符合一种认知图示，具备自恋型人格的人觉得怒气冲冲的人可以拥有特殊的权利，可以践踏别人、让别人害怕、违背法律和风俗习惯，这样才能够巩固自己的特殊权力，表现自己的强大。

愤怒还可能源自情绪障碍，是抑郁的特殊表现形式，呈现出暴躁易怒的特征。这种情况更多见于男性，他们用愤怒掩盖失望和悲伤。

针对长期烦躁易怒的儿童，《精神疾病诊断与统计手册（第5版）》（美国精神医学会，2013年）把反复出现的愤怒归为抑郁障碍。伴有情绪失调的爆发障碍（trouble disruptif avec dysrégulation émotionnelle）的特点在于当事人爆发了严重的情绪，而且爆发的严重程度和涉及的问题不成比例，同时伴有愤怒的言语侮辱、身体的攻击、打破物品等行为，这些行为与导致出现情绪爆发的原因毫无关联。一个患者必须在12个月的时间里，每星期出现3次及以上这种症状，才可以最终确诊抑郁障碍。在患者6岁之前、18岁之后不可以做出这种诊断。和女孩相比，这种情况更多地出现在男孩身上，有这种情绪障碍的孩子常常在成年之后患上单相抑郁症（没有躁狂阶段）和焦虑障碍。

愤怒通过三种不同的表现形式持续存在：回避、屈从、补偿。

▷回避

一些刻板印象会阻碍人们认识什么是愤怒，让人看不清楚愤怒带来的危险。比如，有人认为："这不过是情绪稍微失控而已，不用管它，愤怒情绪很快就会消失。"实际上，愤怒的情绪会持续存在，以后还会再次出现。

还有人认为："时间会治愈一切伤口，把愤怒表达出来不会对自己和他人有严重的影响。"其实，经常突然异常暴怒的、总是怒气冲冲的人会进入毁灭行为的循环，他们应该学会怎样更好地控制自己的情绪。

▷屈从

如果人们相信一些非理性的说法，那么就会放纵自己的怒气。第一种说法是：生气并且让怒火达到顶点，对身体健康和精神健康都有好处。实际上，这么做有百害而无一利。

发火会导致严重的心血管疾病发作，比如高血压，而且冠心病发作的风险概率是正常情况下的8.5倍［巴克利（Buckley）等人，2015年］。反复生气会增加胃酸，导致胃食管反流，压力反应还会降低人的免疫力。

此外，怒火给心理上带来的伤害也不容小觑。人越生气，触发怒火的神经心理回路越容易被激发。动不动就发脾气的人，会觉得只要发火就能解决一切问题，别人为了能够清静一点就会做出让步。但这种自恋型的策略只会一时奏效，不能持久。

也有人觉得表现出愤怒，能防止他人占自己的便宜。其实这么做只是短期可行罢了，如果有人长时间总是因为鸡毛蒜皮的小事怒气冲冲，就会失去他人的信任，而且会成为他人嘲笑的对象。在日常生活的小摩擦里，容易发怒的人往往是输家，因为激烈的情绪阻碍人们自由地思考。总之，展现出满腔怒火的负面形象，很容易让他人觉得你不可靠。

我们还常常听到两种为自己发怒而辩解的托词。

“我控制不了自己的脾气，天生就是这样。”的确，愤怒是一种基本情绪，是人类继承自原始时期的动物情绪。但是文化和教育能够把愤怒转化成积极的自我肯定，这样对自己和对他人都更加安全。

“这不是我的错，是别人惹恼了我。”你说的或许是真的，别人也可能明白你非常容易发脾气，所以故意惹你生气，让你显得非常可笑。这种情况下，最好设法平息怒火。

▷补偿

愤怒有时会被社会上其他人能够接受的情绪和行为掩盖，比如，长期疲倦、悲伤、玩世不恭、喜欢批评别人、负面的态度、令人无法接受的辩解。

愤怒还会被特殊的社会行为掩盖：被动攻击行为、操纵他人。表面上看，有被动攻击行为的人否认自己的权利，可是这样的人会让别人产生负罪感，从而控制他人以达到自己的目的。具体表现为言语内容表现得被动消极，而非语言交流表现得具有攻击性，尤其是刺耳的笑声、眼角边流露出的嘲讽。愤怒的认知图示即表现为脆弱的认知图示——“你太脆弱了，没办法保障自己的权利。放低姿态去控制他人吧，不必担心遭到报复。”

为了免遭打压，这类表现形式的策略是消极反抗、让他人产生负罪感、通过隐含的威胁与奉承达到目的，在温柔又带有侮辱性的言语中微微透露出愤怒和攻击性。

压抑的愤怒、过分的自控对身心健康都会产生负面影响。

愤怒的后果

在文明开化的社会里，愤怒涉及两个问题：愤怒产生的情境、愤怒的强烈程度。是否真的有威胁能使人发怒呢？愤怒是不是应对某种情况最合适的回应呢？不同阶层的人遵守不同的社会规范，他们对在表达愤怒的时候应该达到什么程度各持己见。攻击他人或者打砸物品是对社会规范的严重践踏，在所有社会阶层的愤怒行为中尽皆如此。

心中的愤怒本身并不具备破坏力，造成伤害的是管理愤怒的可能方式，破坏友情、荼毒亲情，有时还会在职场上产生恶劣后果，最终导致失业。

断送职业生涯

在20世纪70年代，工作中如果出现有人暴怒、失去理智的情况，那么发脾气的人可能最终会被送到精神病医院，因为那时候没有其他地方收容这样的人。我的记忆中保存着一位海军军官和蔼可亲的面容。他曾经怒气勃发而殴打上级，结果失去了在社会上原有的位置，只能来到精神病院。我在医院做院长助理的时候，曾经长达4年每天上午都能见到这位军官。他始终安静平和，与人为善，而且需要服用的药物也很少。他是“优秀的患者”，能帮助护士给病人分发食物。

《愤怒的葡萄》，文学、电影作品中的例子

如果我们离开心理疾病领域进入社会领域，就会看到

愤怒往往被人称道，因为愤怒代表了改变社会的必要手段。约翰 · 斯坦贝克（John Steinbeck）在美国加利福尼亚州罗思加图斯的家里，用一百天时间以真实的笔触创作了自然主义小说《愤怒的葡萄》（*Les Raisins de la colère*）。这部小说为他赢得了“美国梦”里应该获得的一切：他凭借这本书在1939年获得“普利策奖”，该书在社会上引起轰动，成为最畅销的小说，而后斯坦贝克在1962年凭借其全部作品获得诺贝尔文学奖。在这部书中，作者描述了一家贫苦农民的生活经历。20世纪30年代，俄克拉何马州遭遇大旱，乔德一家逃离干旱引起的“沙尘黑色风暴”（Dust Bowl）寻求生路。1929年经济危机导致经济大萧条，银行回收乔德一家的财产和土地，他们只能背井离乡。他们全家坐在一辆破旧的汽车上，穿越美国寻找生计。在到达了心中的黄金之地——加利福尼亚州之后，贪婪的资本家继续残酷剥削乔德一家。

其中两段文字道出了这本小说描述的氛围，这两段话既是为遭受资本主义剥削之人的辩护，也是对虚伪的“美国梦”进行的控诉：

如果有给一个人的工作，那么就会有10个人来应聘。10个人争着抢着压低自己的工资。如果那家伙要30美分的薪水，我要25美分就行！他同意拿25美分工作？我只要20

美分。

在人们的灵魂深处，愤怒的葡萄膨胀、成熟，预示着采摘季节即将到来。

加利福尼亚州的农场主看到自己在小说中被描写成厚颜无耻的剥削者，非常愤怒，烧书表示抗议，而罗斯福总统对这部小说颇为欣赏。《愤怒的葡萄》提到了生态问题、社会问题，这些主题和当今世界现状依然十分契合。在经过了新冠肺炎危机导致的全民隔离之后，经济衰退的迹象已经出现，这次危机可能和1929年的经济萧条不相上下。

约翰·福特执导了同名电影（《愤怒的葡萄》，1940年），电影主演是亨利·方达（Henry Fonda）。电影如实地还原了原著，并且大获成功，获得两项奥斯卡奖。

治疗方法和实用建议

负面情绪自我调节法，包括所有管理愤怒的元素，尤其是放松和“瓦氏法”（第二部分），能够在人们生气的时候立刻降低心率和呼吸频率；正念冥想（第三部分）、认知重构并通过想象进行角色扮演游戏（第四部分），这些方法可以帮助人们面对真实的情况，增强控制情绪的能力。

想要控制马上爆发的怒火，需要掌握四种策略。

▷自我观察的策略

要学会辨认出怒气即将爆发时的生理现象：肌肉紧张、面部血管扩张、心率加快、呼吸频率加快、无法忍受的挫折感引起的各种思绪。

▷认知策略

学会分辨引发愤怒情绪的自动想法。举个简单的例子，“他们把我当成傻瓜了，决不能容忍！”这种情况下，应该在心中告诉自己冷静下来。“注意，这是母爱剥夺的认知图示被激活的情况，不要评判自己，也不要评判别人。”

▷情绪策略

学会放松面部肌肉，尤其是要放松咬肌（下颌部位的肌肉）。使用“瓦氏法”放松自己，具体做法是：吸气鼓起肚子5秒钟，这样可以降低心率和呼吸频率。

▷行为策略

最好避免让自己处于冲突、沮丧的环境之中，这样的环境可能导致发怒。当然，我们不可能做到万无一失，总会有些突发事件成为情绪爆发的触点。这时最好先表达歉意，从满是火药味的环境抽身离开，或者在感到自己怒火中烧的时候自我观察，防患于未然。

积极的解决方法，会给你的社会交往带来重大的影响。不要在冲动之下盲目回应，这样能避免怒火毁掉你和你要针对之人的关系，避免破坏你和周围之人的关系。

为了能够更好地让自己做好准备，可以想象一下让自己怒气冲天的典型场景，这样有助于及时发现自己生气的苗头。在解决更严重问题的时候，需要完成自我肯定的训练。在心理治疗师或者教练的指导下，通过二十几次的练习，利用角色扮演游戏，就可以让容易发脾气的人学会在社交环境中保持得体。

结论

虽然愤怒让他人痛苦，但是愤怒本身表达的也是痛苦的情绪。由于愤怒，周围的人可能和发火过分的人断绝来往。生活中存在轻微愤怒的形式，之后人们往往会对此付之一笑。使用负面情绪自我调节法能够管理轻度和中度的愤怒。如果发怒的频率过高，就应该让患者接受抗抑郁化学治疗、社会压力管理训练、自我肯定训练。

不存在只属于个人心里的愤怒。不要忘记，有时候集体愤怒爆发得合情合理，这样的愤怒可能引起社会变革。

社会常常通过负面道路而前进，这些负面如：暴力、痛恨、怨怼、愤怒。和那些通过“正常路径”严守清规戒律的人、一板一眼的官僚办事员相比，违反社会规则的精神偏激者、革命者往往勇于承认自己的负面情绪。一个又一个时代，接连发生的革命结果对人类并没有多少益处，所以聆听、理解愤怒背后的意义非常重要，这样才能及时找到解决之道。负面情绪自我调节法提出了解决问题与协商的模式(第六部分)，这种方法也可以应用在社会治理领域。

羡妒

“羡妒”指的是两种情绪。

第一种是积极的情绪：希望获得某物或者得到某人；法国著名歌手约翰尼·阿利代(Johnny Hallday)曾经在歌中唱道：“羡慕别人的羡慕”，而且这位歌手在个人欲望上向来放任自流，从不斤斤计较。

另一种是完全消极的情绪：嫉妒。嫉妒的定义来自中世纪意大利哲学家圣托马斯·阿奎纳(saint Thomas d’Aquin)。在他13世纪的著作《神学大全》(*Somme théologique*)里，他在书中把嫉妒列入七宗罪之一，另外的罪行是懒惰、淫荡、傲慢、暴食、吝啬、愤怒。嫉妒指的是对他人拥有物的觊觎，拥有物可以是财产、天赋、名誉等。心怀嫉妒的人努力贬低自己觉得卓越不凡的人，他先是散布谣言，然后诽谤中伤。如果他嫉妒的对象在社会上的评价一落千丈，嫉妒会变成狂喜。如果谣言和诽谤无效，嫉妒会变成失望，然后变成痛恨。《圣经》里表现嫉妒最具代表性的人物是该隐（Caïn），他是亚当和夏娃的儿子。该隐嫉妒自己的兄弟亚伯（Abel）得到上帝的青睐，最终杀死了亚伯。于是上帝把该隐流放到了伊甸园的东边。

羡慕和嫉妒包括了各种不同的情绪问题。

羡妒情绪的核心

“羡妒”这种情绪总是和“比较”这种行为关系紧密，比较在产生羡妒者和被羡妒者之间进行。通常这一问题的出现涉及社会阶层、他人的感情。羡慕和嫉妒两种情绪可能彼此纠缠在一起［朗日（Lange）、克鲁修斯（Crusius），2015年］。

良性羡妒的目的在于不顾一切地保持好的形象，让自己高于被羡妒的对象或者与其不相上下。如果被羡妒的对象可以成为学习的榜样，心怀羡妒的人希望能够与成为榜样的人并驾齐驱或者超过他，那么这种羡妒具有建设性意义。这种羡妒的中心感情积极向上——对成功的渴望。

恶性羡妒的目标并不是提高自己，而是摧毁对方：窃取对方的财务、毁掉对方的成绩，甚至毁掉对方本身。这种情况下的中心情绪问题是感到敌人已定，而且感觉别人居高临下俯视自己。恶性羡妒的中心情感是在追赶乃至尝试超过被羡妒对象的时候害怕失败，于是便加倍贬低对方，希望使其堕落到和自己相当的程度。

画家和电影导演展示心怀羡妒之人的时候，往往会通过“从下方斜视”的眼神展示他们渴望荣耀、希望可以扳回一城的心理状态。西奥多·杰利科（Théodore Géricault）的著名画作《羡妒狂人的肖像》（*La Monomane de l'envie*，又名*La Hyène de la Salpêtrière*）就展示了这样的人物。

羡妒的起源？羡妒如何维持？

达尔文的进化论认为，人类的行为是为了增加个体生存的机会，尽力繁衍后代，把自己的基因传下去。这种为了生命而战的斗争把生物学上的动机转化成羡妒。通过争斗夺取威望，获得更好的社会地位；通过战斗成为统治者，不被人统治。所以人们才拒绝相对低的地位，以保证自己的生存条件，争夺享受阳光的最佳位置，吸引最优质的配偶，以求把自己的基因传递下去。

心怀羡妒的人对自己的评价较低，低等的认知图示、容易受伤的认知图示、不完美的认知图示左右着这些人的生活。常常在自恋型人格障碍患者的身上看到这种对自己的负面评价，在回避型人格、被动攻击型人格身上也存在这种情况。平常人身上也会有对自己轻微的负面评价，往往隐藏得很好不易被人发现。这些认知图示会通过三种方式发生改变。

▷屈从的认知图示

一定程度的自我贬低使得心怀羡妒之人自动产生负面想法，这些人往往有不稳定的自恋型人格障碍。

“在他看来我是什么样子的？”

“她一定觉得我像个衣着邋遢的穷亲戚。”

“真不知道我为什么不能参加周末的豪华出游，周末要去的地方简直是梦幻之地。”

不稳定的自恋型人格障碍特点是：抑郁、焦虑、爱批评、羡妒；给自己设定的目标过高，也可能自己是完美主义者。荣耀的光芒遮盖了他们心中低人一等的感觉，这种人不论实际上取得了多么大的成就，这种不如别人的感觉还会使其时而大发雷霆，时而对自己产生深深的不满。

▷回避的认知图示

回避是常见的行为，因为如果表现出过分的羡妒可能会带来危险。用友谊和同事之情掩盖野心是一种能够获胜的策略。在这种策略下，心怀羡妒的人必须放低自己的姿态，有时需要借助酒精和药物的帮助。羡妒的人掩藏真实情感，往往具有被动攻击性，他们会使用各种花招攻击对手，比如，悄悄地破坏共同工作成果，偷偷地恶语诽谤，神不知鬼不觉地传播谣言，等等。他们会倾尽全力打倒对手、侮辱对手、夺取对手的财产。

▷补偿

补偿机制就是不惜一切代价保持自己的正面形象，让其他人觉得自己更加出色。喜欢荣耀的恶意自恋型人格障碍患者，坚信自己比其他人优秀。这样的人很擅长操纵别人、善于欺骗、独裁暴虐、充满对抗性、攻击性强、没有同情心、剥削别人；这样的人会使用敲诈、告密、传播谣言、造谣诽谤等各种手段达到自己的目的，即看到别人被毁，心中会产生病态的窃喜。原因很简单，那些“对手”非常优秀，光环过于闪耀，让他们黯淡无光。

羡妒的结果

世上存在各种各样或轻或重的人格障碍，羡妒在人类社会的日常生活中并不鲜见，尤其在今天社会分层越来越严重的情况下，羡妒情绪更加明显。

社会中存在跨越阶层的阶梯，如果社会阶梯运行良好有效，那么羡妒就会激励人们产生渴望成功的羡慕之情。相反，如果社会阶梯出现问题，人们看不到让生活变好的希望，那么羡妒就会产生嫉妒的情绪。媒体上、橱窗里展示的奢侈品只会满足小部分人的欲望，在嫉妒的驱使下人们会想毁掉这些奢侈品。社会从上到下，每个人每分每秒都会产生低人一等、被抛弃的感觉。

社会所有阶层的人都有羡妒之情，因为总会存在一个角度，让人与他人比较之后，觉得自己不如他人。为了清楚地阐释我的观点，下面给大家讲述一件亲身经历的事。

永远都不要买捷豹汽车

21世纪初，我的作品《重复生活的故事》出版后大获成功，于是我得到了一笔丰厚的收入。我想：应该好好享受生活，买辆豪车捷豹吧，就算买一辆入门款的也行啊，开捷豹车也是事业成功的象征嘛。开始一切都很好，里昂神经医院的外科医生同事们都开着很不错的座驾，他们把我当成他们中的一员，为我买到新车感到高兴。可是有一天，我看到公用桌子旁边有一张脸上写满了愤愤不平的神色，那是精神病科的一位同事，他的职位恰好在我之上。这位同事冷冰冰地问道："你买了一辆捷豹？"我想都没想，反问道："你说什么？"这引起了周围同事的一片哄笑……这位上司当时开的汽车是奥迪，而且三年前我因为买了辆宝马汽车已经惹怒过他。后来，我发现单纯从

> 汽车性能上看，捷豹真的不是一辆好车。有一次我开着捷豹在路上行驶时发生了一起并不严重的交通事故，可是这场小事故后来却变成了一场麻烦的官司。和我相撞的司机看起来是个平平无奇的人，收入可能很一般，他拒绝签署和解协议，执意走法律程序。他说："你开的可是捷豹，只要发生车祸就一定是严重事故！"我终于明白了，买捷豹汽车的行为，让我把社会里的精英和平民都得罪了。于是我把捷豹汽车卖掉，买了一辆双开门、普普通通的"标志"牌轿车，从那以后再也没有人对我的车说三道四了。

《彗星美人》，电影实例

美国导演约瑟夫·路易·曼凯维奇（Joseph Louis Mankiewicz）导演的电影《彗星美人》（*All about Eve*, 1950年）是一部经典之作，获得了奥斯卡大奖的14项提名，并获得了6项大奖。电影开头，雄心勃勃的年轻女演员艾娃·哈灵顿（Ève Harrington）获得了相当于法国莫里哀奖的戏剧界大奖。接下来是一段很长的闪回，向观众讲述艾娃的故事［演员安娜·巴克斯特（Anne Baxter）扮演艾娃］。原来艾娃是纽约戏剧界巨星玛格·钱宁（Margo Channing）的助理［贝蒂·戴维斯（Bette Davis）扮演玛格］，艾娃在很短的时间里突然蹿红，成了戏剧界新星。时间回到几个月前，玛格在后台接待了一位仰慕自己的观众——艾娃，艾娃会观看玛格的每一次演出。玛格的未婚夫因为工作的关系当天晚上就要去好莱坞，几个星期之后才能回来。艾娃向玛格讲述了自己悲惨的经历，玛格非常感动，于是把艾娃聘作私人助理。玛格很快就离不开艾娃了，甚至冷落了自己的未婚夫，未婚夫因此感到不安。

玛格已经40岁了，在剧中要饰演20岁的角色。艾娃对此既羡慕又嫉妒，渴望以后能够和自己的偶像一样光芒四射，后来艾娃成功获得玛格替身的工作。玛格因为嫉妒变得越来越令周围的人难以忍受，所以玛格的闺中密友决定给玛格一个教训：周末的时候，她略施手段让玛格错过了火车，所以玛格来不及参加晚上的演出了。翘首以待的艾娃抓住了这次机会，代替玛格出演。第二天百老汇的剧评到处都充斥着对艾娃这位新秀的溢美之词。玩世不恭且优雅大方的乔治·桑德斯(George Sanders)扮演的批评家艾迪生·德维特(Addison DeWitt)发布了对艾娃的采访，艾娃公开批评了让年纪过大的演员扮演女主角的做法。

玛格和未婚夫结婚了。艾娃去引诱德维特，经过了各种波折，艾娃又离开了他，独自追求闪闪发光的星途，试图追求一位大获成功的已婚悲剧男演员。在盛大的首场演出之前几小时，德维特清清楚楚地告诉艾娃，自己如同皮格马利翁王拥有雕像一样拥有艾娃。他发现了艾娃不堪的过往，以此为要挟要把艾娃留在身边。

艾娃获得了自己向往已久的大奖，并且在领奖台上向自己操控过的所有人表示感谢。第二天，艾娃就要进军好莱坞。晚上，艾娃回家之后发现了一位偷偷溜进自己家里的女粉丝菲比（Phoebe）。艾娃同意菲比为自己工作……菲比偷偷地模仿艾娃的表演，披上艾娃的斗篷，拿着艾娃忘在出租车上的奖杯，菲比朝着想象中的观众们致意，菲比的身影在镜子的映照下幻化出无数个身影……

治疗方法和实用建议

如果我们不想遭到别人羡妒，请不要犹豫，按照下文给出的三种方法去做。第一，表现出谦虚谨慎，不要试图支配他人，永远都表现得低调，这样别人就会这样评价你，“他/她是个谦逊单纯的人”。第二，不要轻易展示你的学识，别人会这样评价你，“虽然他/她拿了那么多毕业证书，可是从来不随便插嘴，炫耀学问”。第三，隐藏你的财富，不要炫耀你的伴侣有多么美貌；像个普通人一样去和别人来往，别人会这样评价你，“他/她既不招来嫉妒，也不会遭人怜悯”。

怎样做让自己不去羡妒别人？首先要考虑一下，自己产生的情绪是不是良性羡妒，如果是的话，这种情绪会起到积极作用，激励你朝社会认可的成功努力。如果产生的是起到破坏作用的恶性羡妒，那么就可能产生危险的后果。

朗日（Lange）和克鲁修斯（Crusius）在2015年共同研究开发了一款评测表，可以测试羡妒的两个方面：良性羡妒、恶性羡妒。

表6　朗日（Lange）—克鲁修斯（Crusius）良性—恶性羡妒评测表（2015年）

［法语版由科特洛（Cottraux）翻译，2020年］

在下文中您会读到一些的描述各种各样情况的句子，在这些情况下，您可能缺乏某种优秀品质，没有做出成绩，没有其他人的财富，而您却渴望拥有这些东西，或者您希望别人失去这些东西。从1（完全不同意）到6（完全同意），请您写出对应的数字。下表中的问题不存在正确答案或者错误答案，请填上第一个跃入脑海中的答案。

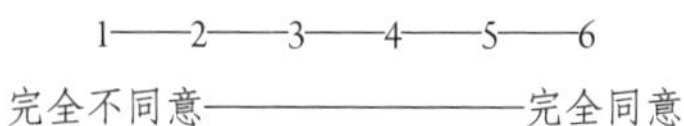

1. 当我羡慕其他人的时候，我考虑的是自己怎样做才能在将来取得同样的成功。______
2. 当我看到别人比我强的时候，我努力地提升自己。______
3. 对别人的羡慕会激励我达成自己的目标。______
4. 我努力奋斗为的是获得比别人优秀的成果。______
5. 如果有人的品质更优秀、取得更好的成绩、有更多的财产，我会努力获得同样的东西。______

6. 我希望比我强的人失去他们的优势。______
7. 如果别人拥有我想要的东西，我希望把那件东西从他那里拿走。______
8. 如果我羡慕别人的话，我对这个人就会心生恶意。______
9. 羡妒的情绪让我憎恨他人。______
10. 看到别人取得成功会让我心生怨恨。______

第1个问题到第5个问题评估的是良性羡妒（从5分到30分），第6个问题到第10个问题评估的是恶性羡妒（从5分到30分）。据我所知，这个表格在法国并没有被官方认证是有效的。所以在这里仅请读者计算一下自己在两方面的得分，作为一个指标参考。

对自己很高的评价可以让人免于羡妒，自我评价不稳定的状态和良性羡妒、恶性羡妒之间存在千丝万缕的联系[乌拉贝尔（Vrabel）等，2018年]，而且，可以清晰地看到，羡妒与人格中最黑暗的方面相关，尤其是与“黑暗三角人格”相关。黑暗三角人格包括自恋、心理变态、马基雅维利主义三种特征，具备这些特征的人会粗暴践踏他人的权利，他们奉行的座右铭是“为获成功，不择手段”。一份研究［朗日（Lange）等，2018年］表明，如果一个人恶性羡妒的评分很高，那么这个人与评估黑暗三角人格的评价标准都呈现相关性。良性羡妒处在光明与黑暗之间，良性羡妒的评分和马基雅维利主义相关，但是和自恋、心理变态没有关系。

得出针对个人评价的总结之后，就可以使用负面情绪自我调节法治疗任何形式的过分的良性羡妒和恶性羡妒。正念冥想、认知重构、展示个人价值（第三、第四、第七部分）是尤其有效的治疗方法。

羡妒是常见的心理过程，其意义各不相同。良性羡妒可以助力个人发展，可能成为激励个人的动力，使我们超越自己，获得更加美好的生活。良性羡妒是消费社会的发动机，表现为无意义产品价格虚高，表现形式不会超出这些范畴，比如：现代社会里有钱的绅士戴着劳力士名表作为社会身份的象征。但是羡妒也可能倒向马基雅维利主义，人们可能用肮脏无耻的手段达到最终目标。在极端的情况下他们享受他人的痛苦，从中感受自己胜利的感觉，这种情况已经属于虐待狂的范畴了。德国心理学家把这种情感障碍称作“幸灾乐祸”，属于人格的阴暗面，与“同情”完全相对。

蔑视

“蔑视”可以存有两种截然不同的含义。

一种是积极的意义：蔑视包含无视通常在他人身上引起负面情绪的一切事物；比如人们常说的“无视恐惧、蔑视危险”。人们可以摆脱恐惧，同时不会过分轻视引起恐惧的原因。“勇气”这样的品质具备感染力，能够帮助胆小的人勇往直前。因此勇气是一种美德、一种性格的力量，在各种文化里人们都赞美这种品质。

另一种意义更加常见，指的是一种高高在上的行为，厌恶他人，表现得既漠不关心又傲慢无礼。心怀蔑视的人对他人和其他事物没有丝毫尊重。

蔑视的核心

蔑视是一种近似厌恶的基本情绪，会呈现出特殊的面部表情。这种强烈而负面的情绪掺杂了厌恶与愤怒，厌恶与愤怒所指的对象可以是自己、他人或者一群人，认为他们要低于自己或者对他们毫无兴趣。

艾克曼（Ekman）和弗里森（Friesen）的研究表明，蔑视的情绪表现中有75%的厌恶。蔑视的面部表情特点是嘴唇的一角收紧、上扬。两人指出，蔑视是唯一通过不对称面部表情展示出来的情绪。尽管很多人对两人的研究成果表示怀疑，但是蔑视这种情绪的基本特点有坚实的实验依据，在众多非美国文化中都发现了蔑视情绪［松本（Matsumoto），1992年］。

表现出蔑视的人对他人是敌对的态度，还包含一种讽刺挖苦的态度，让对方或多或少能够直接感受到自己处于“下位”的情况。通常遭到蔑视的人会受到侮辱、遭人痛恨、被边缘化、处在下位、被人抛弃、失去宠爱。蔑视这种情绪让人感觉被排挤、被强者侮辱。毫不夸张地说，蔑视行为会让遭到蔑视的对象感到无地自容，甚至觉得自己毫无存在感。

蔑视如何产生？怎样维持下去？

从社会运行的层面看，蔑视这种情绪存在的历史非常悠久，向上可以追溯到灵长类动物之间“统治—服从”的行为方式上。在当代社会，蔑视反映在社会阶层的问题里。蔑视能够在族群歧视、性别歧视、种族歧视、难以忍受的政策上表现出来。在实际生活里，辛辣的负面社会评价同样能够体现蔑视的情绪，往往把优秀的人和被遗弃在黑暗之中的人当成对立面，大家会说：“那些人如何如何……”

在法国，从国王路易十四时代就产生了阶梯式的蔑视，这种情况既好笑又好气：国王蔑视朝臣，朝臣蔑视巴黎的居民，巴黎人蔑视外省人，外省的小贵族蔑视农民，而农民要劳动养活所有人，而且还要负担沉重的什一税和宗教献金。身为法国将领、军事工程师、经济学者的沃邦（Vauban），在具有先驱性的作品《王国什一税概论》（*La Dîme royale*）里批评了当时的整个经济体系，并且提出了更加人道且容易实现的赋税方法。他的这部作品无疑相当于第一份现代政治经济公约。

但是国王却因为贵族和教士的反对没有采纳沃邦的提议。观察一下现代社会就可以发现，这种阶梯式的蔑视依然活跃。只要把之前鄙视链里的国王换成君主一样的国家总统，把朝臣换成政府高官，那么这条鄙视链依然有效。

贵族对他人产生蔑视的原因中有一点比较特殊，就是贵族的出身高于普通人。一个人如果出生在环境优渥、社会地位高的阶层，那么他就会蔑视别人，用高高在上的态度对待别人，表现出轻蔑，说些伤人的笑话挖苦别人。

还存在另一种形式的蔑视，那是来自精英、科学家、艺术家、学者的蔑视，这些人与普通的民众完全不同。法国诗人波德莱尔（Baudelaire）这样说过："令人陶醉的恶趣味是冒犯贵族后得到的快乐。"波德莱尔谈的话题是那个年代的前卫艺术。当时的传统艺术家能够得到官方的订单，因而他们认为前卫艺术的品位很糟糕。前卫艺术家创作的目的就是让资产阶级感到震惊、感到不快，这些前卫艺术家往往才华过人，创造出在将来得到高度评价的艺术作品，然后随着时间的流逝，当年的前卫艺术又逐渐跟不上潮流而被时代丢弃。

从政治层面上看，蔑视能够让自己显得与众不同，从社会阶层之中脱颖而出。在民主文化里，人们觉得傲慢自大令人难以接受，尽管如此，在日常生活中我们经常可以看到傲慢的行为。

这种阶梯式的蔑视也可能发生逆转。在种族隔离地区出现的蔑视行为使同种族成员之间更加团结，更加认同自己种族的生活方式，更加反对现行制度。人民对于领导者的蔑视宣告了统治的末日。法国保皇派作家安托万·德·里瓦豪勒（Antoine de Rivarol）在法国大革命期间写下了这样的句子：“当人们不再尊重之时，他们就不再服从。”

在日常生活中，高傲的态度会成为蔑视的基石，代表着断绝积极的关系。蔑视意味着打破原有的关系，“你配不上我”。蔑视还意味着对蔑视对象从上到下的监管，“你就这么大本事啊……就到这儿吧。我们不是同一个世界的人……你不属于我们这类人……我们不一样……每个人都有自己的位置。”

在产生蔑视情绪的所有关系里，一个重要的特点是当事人自我封闭，或者当事人觉得自己属于某个团体，和遭到蔑视的对象泾渭分明。如果一个人觉得自己属于某一群体或者某一阶层，被蔑视对象永远被排除在外，这时候蔑视的情绪会持续存在。

从个人心理层面上看，恶意自恋型人格及其实施的侮辱能夺得蔑视行为中的“金牌”。通过冷嘲热讽和大声嘲笑或贬低他人，施暴者能够感受到病态、堕落的愉悦。

另一种表现蔑视的形式，是自认为可以凌驾于法律和社会规则之上，表现为侮辱执法人员、违背法律、藐视法庭、不遵守公约等行为。这是反社会人格的特点。

偏执型人格的特点是不相信别人、过于高估自己，毫无原因地表现出高高在上的态度，蔑视他人。如果他们觉得受到攻击，那么就会采取傲慢的态度来应对。

蔑视的结果

蔑视的目光是一种由上而下俯视的目光，表现出当事人与被蔑视对象之间拉开距离，两者之间的积极联系完全被切断，被蔑视对象身上的一些缺点让人厌恶。之所以产生这种情绪，也可能在被蔑视对象的价值取向和当事人的价值取向不符，所以两人之间的关系不可避免地破裂，完全没有修复的可能。

《蔑视》，文学与电影作品中的实例

《蔑视》（*Le Mépris*）是法国著名导演让-吕克·戈达尔（Jean-Luc Godard）伟大又经典的电影作品，改编自意大利作家阿尔贝托·莫拉维亚（Alberto Moravia）的小说。

巴黎的编剧保罗·雅瓦尔（Paul Javal）［米歇尔·皮寇利（Michel Piccoli）饰］和妻子卡米尔（Camille）［碧姬·芭铎（Brigitte Bardot）饰］认识了导演弗里茨·朗（Fritz Lang）（弗里茨·朗本人扮演）。弗里茨·朗正在为美国电

影制片人杰里米·普罗科施(Jeremy Prokosch)[杰克·帕兰斯(Jack Palance)饰]拍摄根据古希腊史诗《奥德赛》(*Odyssée*)改编的电影。拍摄地点在意大利那不勒斯海湾的海滨圣地卡普里岛(Capri)上的库尔齐奥·马拉帕特别墅。

普罗科施建议保罗·雅瓦尔重写电影剧本，保罗因为非常需要钱，所以答应了。在此期间，保罗让有钱有势的美国电影制片人普罗科施与妻子卡米尔经常有机会独处，卡米尔很不愿意这样，因为她感受到了制片人普罗科施对自己的不良用心。保罗改乘出租车，晚来半个小时，卡米尔觉得丈夫希望自己勾引普罗科施，为他自己的职业生涯铺平道路。于是卡米尔对丈夫心生蔑视，夫妻之间就此产生龃龉，直到最后两人的矛盾达到高潮，两人之间激烈的争吵和电影开头两人恩爱的场景形成鲜明对比。后来，卡米尔和普罗科施成双成对要出去冒险。普罗科施在加油站把汽车油箱加满，表现得非常大胆。卡米尔对他说："上你的阿尔法吧……罗密欧[1]。"汽车启动后，飞速疾驰，和一辆大卡车相撞，两人殒命。弗里茨·朗正在拍摄《奥德赛》面对大海的一幕戏，保

---

1 此处是一处文字游戏，意大利的著名汽车制造商品牌叫作"阿尔法·罗密欧"；同时"阿尔法"有"第一、强者、首领"的意思，而且"罗密欧"还是莎士比亚著名爱情戏剧《罗密欧与朱丽叶》里边男性主角的名字。——译者注

罗·雅瓦尔独自前来和弗里茨·朗道别。保罗对妻子的死好像无动于衷。弗里茨·朗拍完了《奥德赛》，保罗·雅瓦尔回去写完了一出戏剧的剧本。弗里茨·朗说:“做事情要有始有终。”电影最后一幕展示的是无垠的大海，电影里的最后一句话出自副导演（让-吕克·戈达尔亲自扮演），副导演大声喊:“安静！”

很多影评人觉得，保罗和卡米尔之间的关系反映了男人和女人之间无法沟通的情况。我觉得恰恰相反：卡米尔作为女性非常敏感，而且陷入恋爱之中，她解读出保罗·雅瓦尔内心深处的想法。在电影开头一场充斥情欲和香艳的戏里，保罗声称“全身心”地爱卡米尔，但实际上并非如此。卡米尔本来希望保罗嫉妒，可是她看到的却是保罗狭隘的雄心壮志。所以对卡米尔来说，自己能做的只有逃跑或者死去。卡米尔的主题音乐——由乔治·德勒吕（Georges Delerue）创作的慢速轻柔乐曲《蔑视》，很好地诠释了这一点。

这对沉沦的夫妻和《奥赛德》里重逢的夫妇奥德修斯（Ulysse）与佩内洛普（Pénélope）正好相反。奥德修斯与佩内洛普彼此信任、心心相印，能够战胜二十年的逆境考验。弗里茨·朗拍摄的最终场景是奥德修斯远远望见依塔克（Ithaque）岛，妻子佩内洛普在那里等着奥德修斯归来。

这部电影引人入胜，成功的元素包括：对话、美丽的碧姬·芭铎、所有演员的精彩演出、令人撕心裂肺的剧本，电影包含了爱情、大海、死亡、忠诚等各种元素。对我来说，电影中精彩之处有卡普里岛马拉帕特别墅周围湛蓝的大海、舒缓的充满悲情旋律的威尼斯歌曲。

治疗方法和实用建议

怎样才能避免受到蔑视呢？要学会发现别人对你的蔑视，能够感觉到蔑视的情绪在别人身上产生。一旦发现，需要预测你和对方的关系在未来可能产生什么结果。最简单的解决方法是切断和对方的一切联系，不要试图为自己辩护、解释，这样做无济于事。还要考虑清楚，你的哪些行为、言语、态度招致别人的蔑视。由于蔑视属于基本情绪，所以我们很容易发现他人有蔑视之情。有时候也会难以察觉他人是否有产生蔑视的情绪，这时候可以用负面调查的方式试探："我的话（我做的事）让你表情有点不自然，我的话（我做的事）是不是让你感觉不舒服了？我想知道怎么做才不会冒犯你。"蔑视是无礼的表现，这时候不要努力自我辩护，最好想办法让产生蔑视之情的人为他的情绪反应辩解。

很明显，如果不想遭到别人的蔑视，就要关注自己的行为，使之符合社会规范以及相应社会阶层的价值，从而不让自己招来蔑视。同时，还要知道怎样得到认可，如果别人咄咄逼人，要知道怎样保护自己。不论发生什么，双方都应该注意策略，站在对方的立场想问题，蔑视情绪的产生也应该有理有据。

负面情绪自我调节法第五部分的方法非常有用，在与第三者互动或者想象自我肯定场景的时候，可以研究出通过各种角色扮演游戏，进行治疗。

但是，还可能遇到一些特殊的情况。

恶意自恋的人会对你进行精神骚扰，强迫你吞下蔑视的苦果。这时候你应该马上通知人力资源部门、领导、单位的医生，甚至报警、上诉。法国的法律很明确地规定了什么是职场骚扰，2012年发布的法律条文对此有清楚的界定（Légifrance网站，2012年）。当各种机构、法律、医疗部门作为第三方勇于发声、保护受害者的时候，实施骚扰的人会紧张害怕，自作自受，自己吞下蔑视引起的恶果。

怎样做才能不去蔑视别人、不傲慢无礼呢？有些人表现得非常倨傲，因为这些人可能经历过悲剧事件、艰难的考验，也可能在儿童时期缺乏关爱，他们在感情上非常淡漠。这些人和别人交流不多，很疏离，局限在自己的活动范围内，不愿与他人分享生活。倨傲的人还会演化出一种对他人、对世界粗暴的态度。他们可能正在忍受各种病痛的折磨，比如因为工作劳累过度而暴躁无理，感到抑郁，罹患各种人格障碍疾病。我们需要对他们产生共情，在这些人傲慢的外表之下，可能藏着一颗饱受摧残的心。

可以使用“疏离保护模式”(mode du protecteur détaché)的治疗方法，目的在于不再感到痛苦，弥补不适的感受。相对于情感缺失认知图示引起的痛苦，在疏离保护模式下，当事人在心理上会处于后撤状态。当事人远离情绪，以极端的方式投入极限运动或者危险的活动当中，从中得到感官的刺激，以盖过痛苦的感情。这时，当事人还可能滥用毒品、酒精、药品，另外还可能避免和别人产生亲密的关系。如果当事人出类拔萃，可能还会把自己限于精英的小圈子中。这种生活方式常见于取得成就的青年才俊、重要的经济领袖等，同时也会出现在社会阶层相对普通的人群里。我在边缘人群中观察到这种现象，其中有人表现出边缘型人格障碍，而且内心非常痛苦。记得我的一位患者就是这种情况，当时这位患者接受治疗已经几年了。我因为肌肉拉伤有好几个星期走路都是一瘸一拐的，他看到我痛苦的样子露出一丝蔑视的微笑。这就是他面对痛苦时的反应，无论是我的痛苦、他的痛苦还是别人的痛苦，他都是这种反应。幸好，经过心理治疗，患者在若干个月之后情况出现了改善。

障碍达到最严重的程度时，疏远他人保护自己的当事人表现出自恋型人格障碍，对自我的评价很不稳定，在从蔑视别人到蔑视自己的两个极端之间来回摇摆。

负面情绪自我调节法能够帮助这些患者和自己对话，尤其是第三部分“正念冥想”、第七部分“展示个人价值”，对患者非常有效。

有人格障碍的情况下，为治疗最极端的病情，在患者同意的情况下可以使用认知图示疗法。通常患者经历了职业挫折、抑郁之后，才会打破蔑视别人、缺乏自我同情的外壳，这时患者才会同意接受治疗。

结论

在社会关系里，蔑视掺杂了厌恶、愤怒、敌意。自以为高高在上、蔑视他人的人会表现在脸上，比如撇嘴表示不屑。

从个人心理学上说，蔑视别人的人对别人的痛苦毫不在意，而且自我评价高低不定。这样的人会表现出不稳定的自恋型人格障碍或者其他类型的人格障碍。

在夫妻关系之间，如果出现蔑视情绪，那么就预示着夫妻关系将会破裂。有时候会表现出夫妻双方彼此蔑视的情况，夫妻关系的形成不过是双重误解的后果而已。

猜忌

猜忌是一种次要情绪，这种情绪是因为和周围重要的人，比如父母、爱人，失去感情纽带而产生的不安全感。这是一种伴随悲伤、愤怒的焦虑情绪，这种情绪建立的基础是对自己深爱之人的忠诚或可信度缺乏信心。

猜忌和羡妒截然不同，羡妒是希望拥有或者毁掉别人的东西，以此在羡妒者和被羡妒者之间建立平等。

猜忌情绪的核心

对自己的能力缺乏信心，始终觉得自己难以持续获得所爱之人的感情，由此产生猜忌这种情绪。猜忌来源于所爱之人不能被任何人取代这种想法，所以这种情绪和依赖性、专一性息息相关，具体表现不仅仅是害怕失去所爱之人，还会想象在失去爱人时感受到的悲伤，还可能想象由于爱人的背叛而产生的愤怒。爱人背叛自己的想法会让心怀猜忌的人如坐针毡，仿佛就在现场眼睁睁地看着自己被爱人抛弃，爱人如同“喜欢的东西”一样被转到第三者——也就是竞争者手里。

第一种类型的猜忌与强迫型人格障碍相关，没有任何谵妄、狂热的表现。强迫型猜忌的人表现为产生各种自暴自弃的想法、想象各种情绪化的场面，有时他们试图控制局面，以减轻对爱人出轨的担忧与焦虑。所以，心怀猜忌的人如果怀疑爱人出轨，会跟踪爱人，追查对方的日常活动，在外边乘车跟踪，在家里查看对方的电子邮件、浏览对方的电脑、向了解爱人工作安排的第三方去确认工作时间安排。心怀猜忌的人还会随时给爱人打电话，了解对方在做什么，或者给自己“想象”的第三者打电话。这样的人要忍受各种执念的纠缠，他们会让每件事按照固定程式完成，这样才能安心。但他们总是不满意这些固定程式，因为萦绕在心头的怀疑令他心神不宁，稍有风吹草动就会疑云大起：如果爱人看起来心情愉悦，那是因为他/她想好了怎么对付自己的侦查；如果爱人看起来闷闷不乐，那是他/她对于自己的地下恋情感到烦心；如果爱人在读电子邮件，那一定是一封情书。在极端情况下，猜忌心重、嫉妒心强的丈夫会让妻子断绝一切社会关系，不能见任何朋友，只能待在家里，随时随地准备接他的电话，接受他远程监督。这样的妻子要秉持“蓝胡子”[1]的意志，尽管感到抑郁，但是为了生

1 “蓝胡子”是法国作家夏尔 · 佩罗所创作的童话故事里的人物，他是当地的富翁，曾经有过很多妻子，却都神秘失踪了。蓝胡子刚刚又结婚了，他严格要求新娶的妻子不许进入豪宅中的某一个房间。后来妻子抵不过好奇心悄悄进入那个房间，发现里边是他的前妻们的尸体。——译者注

活和谐、避免家庭暴力，只能屈从。

第二种类型的猜忌属于激情类型的精神病［克莱博朗(Clérambault)，1921年］，激情类型的精神病还包括两种亚型。

◉ 钟情妄想，这是一种妄想型的幻想，患者想象名人爱上自己，不敢表达心中的爱意。患者通常试图和“被爱对象”接触，骚扰对方，甚至在对方门前脚垫上睡觉或者寄去海量的求爱信件。这样的患者还会做出各种惊世骇俗的事情以吸引对方的注意。美国前总统里根曾经遭遇刺杀，杀手就是钟情妄想症患者，他希望通过这种行为引起自己偶像——朱迪·福斯特(Jody Foster)的注意。钟情妄想通常分为三个阶段：希望、不顾一切、怨恨。患者往往会在第三阶段实施最危险的行为。

◉ 猜忌妄想，具体表现是认定爱人有外遇，不管这种想法有多么荒唐可笑，患者依然以不可动摇的假设体系作为证据，坚信不疑。

猜忌谵妄和钟情妄想是长期的精神疾病，可能从跟踪所爱对象开始(日常不间断地跟踪和骚扰对方)，最终演变成暴力行为甚至谋杀。有必要强迫患者住院治疗，对患者使用神经安定疗法，这样能够保护被患者锁定的目标，防止出现谋杀案件。患者出院以后，警察应采取措施，禁止患者与目标接触。

猜忌缘何而来？怎样持续存在？

猜忌，或者说与另一个孩子竞争是自然存在的现象，从我们出生第一年开始它就存在了，猜忌的意义在于一个孩子面对另一个孩子的时候想要维护自己的权利。每个孩子都希望能够得到父母所有的关心照料，当需要分享关心、关注、感情的时候，猜忌与嫉妒自然就会出现。当第二个孩子降生的时候，大孩子感觉父母对自己的关注减少，自然而然地会使用各种办法让父母重新把关注分给自己［鲍尔比（Bowlby），1998年；哈特（Hart），2016年］。一方面大孩子会产生这种正常的反应，另一方面父母会重新分配精力来照顾两个孩子。至于发生在成年人身上的猜忌，可以用产生情感障碍来解释病态的猜忌。

安全的早期依恋指的是父母对孩子发出的信号和提出的需求给予合适的反馈，孩子不需要做出特殊的努力即可被注意到，获得关注与爱。不安全的早期依恋指的是父母的反馈要么是不合适，要么是不一致，导致孩子发展出逃避、焦虑的适应策略。

不安全且焦虑的依恋使人变得更容易猜忌，仿佛生命中的一切都取决于唯一的一个人。喜欢猜忌的人总是生活在担忧之中，如同悭吝之人守护自己的财宝一样，他们试图完全控制自己所爱之人，往往使对方感到窒息，最终引发两人分手。

这种情况在边缘型人格障碍的患者中十分常见，这类患者表现出不完美的认知图示、怀疑的认知图示、放弃的认知图示。出现这些负面认知图示的原因可以追溯到儿童时期与父亲或者母亲不愉快的早期经历。成年之后，这些患者会长期生活在担心被人抛弃的焦虑之中。

患者身上存在三种适应性的认知图示。

▷屈从的认知图示

猜忌的人会过分依赖他人、过分顺从他人，甚至牺牲自己的情绪需求，以保证夫妻关系稳定，这种文静、顺从的表现和情绪失控时出现自杀、要挟等暴力行为构成强烈的对比。有时他们会消失不见，然后再重新出现，通过让自己依恋的人产生负罪感实现更严格的控制："你要为我的死亡负责。"情绪的起伏变化和情感要挟能起到控制爱人的作用，直到爱人无法忍受，最终离开。对于关系相对平和的夫妻来说，离开的一方可能感到无限的伤感。伤感常常源自和边缘型人格之人拥有刻骨铭心的经历，具备边缘型人格的人会给爱人强烈的情感体验、情绪体验和性体验。

▷回避的认知图示

"你什么都不明白，做事过分的人不是我。这不是猜忌，这是爱。如果你的态度明确一点，就不会有任何问题……我要一个永久的承诺。”当涉及爱情的时候，不论发生什么，爱人之间的信任以及给彼此一定的自由非常重要。爱人愿意留在你身边的原因不是时刻受到监控，而是感到幸福。

▷补偿的认知图示

对于有边缘型人格障碍的人来说，一种补偿的方法是增加伴侣的数量，因为他们觉得无论何时，“没有人完全值得信赖”，这种“不把鸡蛋放在一个篮子里”的做法很保险，众多伴侣中总有人不会抛弃自己。他们可以全面掌控这种感情游戏，在对方抛弃自己之前抛弃对方。还有一种更加可悲的方法是通过交友网站认识伴侣并短暂交往，激情过后，在天色蒙蒙亮的时候离开，用离去的关门声来表达永远的告别。

猜忌的结果

爱人不断检查、控制对方的行为可能最终引发暴力行为甚至谋杀案件。不论是否存在身体出轨的问题，如果一方觉得自己的怀疑得到证实，那么都可能发生严重后果。这时，爱的猜忌转化成对伴侣、对潜在第三者的憎恨，当事人会因为猜忌感到不安全，觉得自己配不上伴侣，可是又希望把伴侣当成珍宝一样永远留在自己身边，让自己成为唯一的受益者。

过去的猜忌

有时候猜忌可以回溯过往，对过去发生的事情产生猜忌。有一个例子，一位年轻女士的伴侣在这位女士的个人信件中找到一封信，读完信后，半夜把女子叫醒，实施了家暴，接下来又在工作场所严格监控女子的行为。女子忍受不了这个爱情的牢笼，于是突然消失了一个月。这段时间里她不再去工作，不再回到两个人的家里。女子在家人的帮助下藏到了爱人找不到的地方，并且报案，起诉对方对她实施骚扰、家暴，最终平息了男子的猜忌行为，放弃了追踪、骚扰伴侣。

两个文学例子

对当下的猜忌:《一个女人一生中的二十四小时》(*VINGT-QUATRE HEURES D'UNE FEMME SENSIBLE*，1824年)，作者是法国的康丝坦斯·德·萨尔姆(CONSTANCE DE SALM)。

这部书信体小说从主观视角描述了一位女性的猜忌行为。这位女性觉得自己所爱的男人背着自己和别人偷情，她的眼前仿佛总是闪现这样的场景：在歌剧院门前，她的爱人冷淡地和自己告别之后进入另一个漂亮女人的马车里消失不见。这样的情绪愈演愈烈，女人在怀疑和被抛弃的感觉之中度日如年，她想要了解未婚夫为什么突然变得冷淡。为了平息心中的猜忌，她写了四十六封信，寄给自己爱的男人和另一个年轻人阿尔弗雷德（Alfred）。阿尔弗雷德经常向这位女士献殷勤，并且趁此机会陪伴她回家，试图和她建立恋爱关系。女人通过一个不眠之夜、一个漫长的白天的偷偷观察爱人是否有不忠的行为。最后她为了安慰自己，给爱人写信，哀叹自己的命运，回想从前的美好时光，可是她没有得到任何回应。在小说结尾，女人发现真相：她的未婚夫的叔叔想和她结婚，于是未婚夫设计了一个巧计让叔叔不能得偿所愿。他怂恿叔叔去争夺遗产，让叔叔投入另一位漂亮女郎的怀抱。这位漂亮女郎就是在歌剧院门口马车上的女人。虽然侄子的计策使得叔叔未能娶到女主角，但是叔叔却得到了另外一个美女，于是宽宏大量地原谅了侄子。那个美女得到叔叔这样一个有钱有势的男人做丈夫，心满意足。最后，叔叔给侄子一大笔钱来和女主角结婚。在富人的世界里，爱情总是和金钱相关，金钱才是富人世界最重要的原则。年轻的阿尔弗雷德最终落得孑然一身的下场，情场失意倍感愤怒，于是他进入马耳他骑士团成为一名军人。

这部小说取材于作者本人的一段经历。小说完美地展示出当事人以某个事态不明的插曲为基础胡思乱想，加上情绪的扰动，逐渐出现猜忌心理的过程。康丝坦斯·德·萨尔姆毫不避讳阐述这种妄想心理：

女人的灵魂里隐藏着这样的感情，即使是最温柔的爱人也难以理解。这些感情似乎是胡言乱语。但是不论这是胡言乱语还是爱情的错误，难道没有些许神圣之处吗？

康丝坦斯·德·萨尔姆是一位著作颇丰的知识女性，也是现代女权主义的早期启蒙者。她这部唯一的小说给奥地利作家斯蒂芬·茨威格（Stefan Zweig）提供了灵感，促使他写出了短篇小说《一个女人一生中的二十四小时》。

猜忌与他人的欲望：《斯万的爱情》（*UN AMOUR DE SWANN*，1913年）。作者是法国的马塞尔·普鲁斯特（MARCEL PROUST）。

这部作品是长篇名著《追忆似水年华》（*À la recherche du temps perdu*）的一部分，书中的主人公夏尔·斯万（Charles Swann）是一位富有的上流社会美学主义者，爱上了一名手段高超的交际花奥黛特·德·克雷西（Odette de Crécy）。她是巴黎沙龙的常客，宛如波提切利（Botticelli）油画中的人物。故事的讲述者注意到，开始是夏尔·斯万的欲望驱使他行动：

的确，斯万以前常常觉得奥黛特并没什么引人注目的地方，可是自从他发现很多男人觉得奥黛特是个可爱的尤物之后，奥黛特吸引那些男人的魅力似乎在斯万心中也开始觉醒了，让斯万对她产生痛苦的渴求。

奥黛特后来成为斯万的情人，斯万在她身上花了大把钞票。从这以后，斯万就偏执地监视着奥黛特，生怕自己失去这位爱人，因为奥黛特曾经有过很多的男性和女性情人。斯万对于奥黛特曾经的异性恋和同性恋经历极其嫉妒。下文就是展现斯万猜忌心理的片段：

很长时间以来街上所有窗子里都没有灯光，覆盖着一片黑暗。他看到只有一个窗子里透出灯光——金黄色的灯光如同神秘的果浆透过护窗板被挤压着流淌出来。窗子另一边的房间里充满了这种灯光，无数个黑夜里夜夜如此，他走上这条街就可以远远地望到那昏黄的灯光。以前他会兴高采烈，那灯光仿佛在说：“她在等你呢。”可是现在，那灯光仿佛在给他施加刑罚，好像对他说：“她在等她想等的人呢。”

斯万弄错了窗户，但是这并不影响他心中的猜忌。斯万最后娶了奥黛特，可是奥黛特“并不是他中意的类型”。奥黛特仍然不断出轨，在斯万去世以后，奥黛特嫁给了一位公爵，完成了她寻求更高社会地位的“征程”。德国导演沃尔克·施隆多夫（Volker Schlöndorff）在1984年把小说改编成了一部质量不错的电影《斯万的爱情》。女主角奥内拉·穆勒（Ornella Muti）真的如同波提切利油画里的人物；男主角阿兰·德龙（Alain Delon）饰演爱挖苦人的德·夏吕思（de Charlus）男爵；杰瑞米·艾恩斯（Jeremy Irons）饰演主角斯万，斯万似乎正在享受充满激情的爱情，实际上他在日常生活里充满了偏执的想法。

治疗方法和实用建议

夫妻之间，往往很难把猜忌之心从一个人心中清除掉，但是治疗可以帮助当事人接受心中猜忌的想法，不要去检查、验证，避免导致彻底决裂的争吵。正如前文所说，猜忌分为两种主要类型，需要精神治疗。除了这两种主要类型的猜忌，还有其他形式的猜忌零星出现，相对来说症状不严重。很多有这些轻型猜忌的人会保持一定的幽默感，并且能够据此自嘲。

在讨论如何用负面情绪自我调节法之前，需要首先澄清针对猜忌的七种偏见[莱西（Leahy），2018年]：

◉ 如果有人产生猜忌的情绪，那么这个人一定缺乏自尊心，对自己评价不高。的确，具备母爱剥夺认知图示的人往往如此，他们会觉得虽然自己竭力去完美表现，但是仍然不值得被别人爱。但实际情况往往相反：有些喜欢猜忌又自恋的人会觉得自己比其他人强，忍受不了别人的欺骗。这样的人可能会很开心地背叛伴侣，可是无法接受配偶做同样的事，他们会把自己的不忠投射到他人身上。如果爱人离开自己，这种人通常会产生最为激烈的反应。

◉ 如果感到自己产生了猜忌，那么就应该想办法把这种纠缠不休的想法赶出脑海。实际上，如果我们越想摆脱这些想法，这些不忠的心理图像就会越强烈。这就是所谓的“白熊效应”，是认知心理学的经典现象。如果你心里想“不要想白熊在大浮冰上的画面”，那么你心中就一定会浮现这样一幅画面。你越想摆脱这样一幅画面，这幅画面就会越纠缠你。所以，应该接受自己产生猜忌的想法，怀着好奇与善意去观察这些想法，这就是正念冥想。

◉ 如果对配偶产生猜忌，那么就应该用积极的方式去看待夫妻关系，这样夫妻之间的关系就会变好。这么做只会让情况更加糟糕，因为当事人无法做到。当事人被卷入情绪的漩涡之中，如果有人帮助他理性地思考，当事人也会认为自己的情况已经无药可救，所以不可能冷静地考虑问题。

◉ 猜忌的人会受猜忌之情的折磨，让自己宛如生活在地狱之中痛苦不堪。这种想法大错特错，当事人是在试图保护自己免遭配偶的背叛。资源下载、秘密邮件、手机、各种社交媒体，现代社会里人们可以和他人联系的方式多种多样，世界仿佛是一片充满致命诱惑的性感丛林。在猜忌的精神构建上，应该考虑现实层面的可行方法和不可行方法。怀疑爱人背叛和爱情一样，都应该建立在证据的基础之上。多数情况下人们应该相信配偶对自己的忠诚。

◉ 你没有权利猜忌自己的爱人。这种想法只会让你觉得屈辱，更加担心遭到抛弃。猜忌的想法非常普遍，存在于所有人的心中，有时甚至可以给性生活带来刺激和乐趣，但是需要把猜忌的情绪控制在较低的水平，这样才能保证伴侣之间的正常生活。

◉ 是我的错，由于我的猜忌毁了一切。一对伴侣如果关系走到尽头，几乎必然是情侣双方的错误。

◉ 猜忌是信心的问题。相信对方，一切都会好的。只能说这种想法部分正确，有的时候不信任伴侣确实有现实依据。无条件相信伴侣、相信伴侣说的话：观察到伴侣始终如一的忠诚，所以会无条件相信对方。这也是自信的结果：

“我有能力把伴侣留在身边，我知道对他/她来说，我就是他/她寻找的人。”另外，这也可能是因为相信自己有能力解决生活中遇到的所有问题：“即使他/她离开了，我还是有能力让另一个人爱我，这次分手或许是一次不错的人生经历。”在这个层面上，接受现实和以下两点相关：第一，看到情感的无常；第二，有能力让自己不再痛苦，不再苦苦依恋对方。

下面介绍专门治疗猜忌的四种负面情绪自我调节法。

◉ 疏远情绪（第一部分）可以让患者如同从高处观景台俯视自己一样，不让自己过分把注意力集中在引起猜忌的情况上。这种方法可以帮助患者分散注意力，使其想起产生猜忌的人在过去也可能遭到别人的猜忌。唤起患者共情的心理，使之理解自己的伴侣因为他的猜忌所承受的痛苦。继续这种治疗方法，让患者认识到自己在过去可能也有不忠诚的表现。人类在情感方面本来就起伏不定，为什么要实施双重标准呢？为什么宽于律己、严以待人呢？

◉ 正念冥想（第三部分）能够帮助患者接受自己猜忌的想法，并且带着兴趣、好奇和善意观察这些想法。猜忌的念头如同落在玻璃窗上的雨水一样，终将缓缓流走。人类的感情起起落落、来来往往，不会永恒不变。在每天二十几分钟的心理治疗里，请患者将自己暴露在猜忌的情绪和心理图像之下。随着治疗的进行，患者本人就会习惯，并且认识到控制他人的行为是由毫无用处的无意识机制主导的，这样下去自己永远不能得到确定的答案。

◉ 认知重构（第四部分）方法，强迫自己从猜忌的自主想法向上溯源，观察认知图示，此时的认知图示往往是控制强迫型的认知图示，也可能是母爱剥夺型或者抛弃型的早期认知图示。如果确认是强迫症、严重的边缘型人格障碍的话，那么需要考虑接受六个月到一年时间的认知行为疗法的治疗。

◉ 解决问题（第六部分）是一条妥协之路，减轻猜忌，让患者能够与猜忌共存。一对伴侣可以把猜忌看成两者共有的问题来对待，按照前文介绍的“解决问题的七个步骤”，共同研究出应对之策。这种方法很简单，不需要心理医生的介入。不要找到一个解决方法之后就止步不前，请尽可能发挥想象力，找到各种各样的解决方法。

结论

猜忌是不是我们情感里不理性的个人幻想中最私密的部分呢？仔细考虑之后可以得知，并不是……猜忌通常具备社会性，因为心怀猜忌的人永远会针对另外一个人。现在的研究告诉我们，不到一岁的婴幼儿就已经出现了普通的猜忌情绪。猜忌是社会化的必经之路，最终让人类学会分享。猜忌强调专一性，这种感觉和孩子因为父母分心照顾兄弟姐妹而感到难受是一样的，在这种情况下孩子希望自己永远独占父母的爱。

怨怼

怨怼是一种复杂的次要情绪，混合了失望、厌恶、恐惧、愤怒。当事人在遭到侮辱、身体伤害、不公正待遇后会产生这种情绪，开始的时候感觉痛苦、辛酸，然后长期持续下去。当事人遭遇到的不公正待遇可能微不足道、十分普通，也可能极其严重。

怨怼情绪的核心

怨怼的强烈程度不一定和实际遭受到的损害成正比，而是和主观感受的强烈程度成正比。怨怼的情绪发酵后，当事人经常在心里反复思考、反刍，当事人可能没有采取行动，怨怼也可能变成怨恨或者公开的憎恨。怨怼的反面是谅解所遭受的冒犯，接受所经历的负面事件，在认知和情绪上恢复韧性。

怨怼的表现方式有：无法解释的抑郁、噩梦、关于实施侵害的令人不安的梦魇。实施侵害者可能是领导、亲人、不忠的伴侣。表现出怨怼的人会满脸不悦，对伤害自己的人满面寒霜，让对方感觉到自己的怨恨。

被动消极的状态往往只是表面现象，怨怼属于不断酝酿的愤怒和痛恨，通过看穿一切、苦涩辛酸、玩世不恭的嘲讽表现出来。其他人会感受到一个充满怨怼之人的所有负面情绪，怨怼会让人进入负面的社交循环，从而招来更多的怨怼。

怨怼的另外一种演变方向就是报复，伴随着被动攻击的行为，比如：草草应付工作；因为办公室同事之间的积怨，假装“无意”中犯错。在公立单位中可以见到这种情况，有人故意在工作上反复犯下小错误，拖慢工作进度，这种行为很少受到惩罚。

对于怨怼行为，如果在攻击性方面更上一个台阶的话，那就是匿名诽谤、在媒体上散布来源不明的消息，这种行为可能彻底毁掉一个公众人物的职业生涯。

如果更进一步的话，就是借刀杀人。有人长期以来不动声色，掩藏心里的怨恨，操纵他人替自己下手，满足自己报仇的欲望。

有些犯罪案件就是因为怨怼引起的。从1984年至今没有彻底查清楚的格雷戈里案似乎就是如此。案件发生在法国沃罗涅（Vologne）山谷，因为凶手觉得遭到了羞辱，所以长期怀恨在心。凶手通过匿名信表示自己杀害了还是孩子的格雷戈里，目的是报复在社会上获得成功的格雷戈里的父母。在这起案件里，和怨怼紧密联系的是：毁灭的欲望、因为痛恨对象痛苦而感到的喜悦——这就是德国心理学家所谓的“Schadenfreude”，即“幸灾乐祸”。

怨怼的情绪源自何处？如何存在下去？

在一个人遭到公开羞辱或者社会失败之后，经过反复咀嚼、思索，产生了怨怼。

怨怼也可能源自职业带来的伤害、经过比较产生的嫉妒，然后演变成毁灭的欲望。

在夫妇之间，猜忌、感觉对方不忠会导致怨怼；在工作环境里周围同事的不信任与排斥也会使人产生怨怼；付出巨大努力、艰苦工作之后，不能得到和其他人一样的认可，会感到深深的不公平，怨怼情绪也会随之而来；遭到社会上的种族歧视、性别歧视之后，同样可能产生怨怼情绪：这种现象当下比较常见，这也是为什么各种族的人倾向于报团取暖，而且暴力事件越来越多。

▷通过屈从的认知图示维持怨怼

虽然表面风平浪静，但是当事人反复咀嚼、不断回想曾经的遭遇，这种做法会“保护”怨怼情绪。在社会上的失败表现为抑郁、焦虑、懒惰、不愿采取行动，担心再次遭到羞辱使得自己的怨怼更深。弗里德里希·尼采（Friedrich Nietzsche）在《道德谱系学》（*Généalogie de la morale*，1887年）一书中如此描述心怀怨怼的人，“真正的反应是行动，但行动却遭到禁止，这样无法通过想象的复仇完成自我补偿”。尼采把怨怼归结为“奴隶的道德”，是反复咀嚼遭到侮辱的幻想，多次考虑没有出路的报复。

可是尼采的理论远远没有全面阐述怨怼的各种细微差别，因为这个理论只是展示了怨怼认知图示被动屈从、怀疑、过分的一面。

▷通过回避的认知图示维持怨怼

这种认知图示的策略是保住面子，将自己设置在保护模式下，与遭受屈辱的自己划清界限，保护受伤的尊严，不把自己的创伤告诉任何人，用酒精和毒品麻醉自己的悲伤。

▷通过补偿的认知图示维持怨怼

怨怼占据当事人全部的内心，通过被动攻击破坏成果、告密，乃至犯罪的方式进行补偿。这种补偿怨怼的方式就是惩罚行为、同等报复。然而，即使感到怨怼的人通过这些方法觉得正义已经得以伸张，但实际上仍然不能平息内心的怨怼。

创伤后的应激反应与挥之不去的怨怼

有一种怨怼常常出现在创伤后的应激反应之后。另外，有些人经过司法途径打赢了官司，获得了赔偿，可是依然希望通过法律途径继续追击对手。律师可以从中获得利益，所以也在一旁怂恿当事人继续诉讼。我见过一个案例：一位年轻女性被车撞倒，在赢得诉讼之后，仍然要继续起诉，丢掉已经到手的赔偿也在所不惜。幸好，心理医生可以帮助她摆脱这段生活中的痛苦经历。

怨怼的后果

举一个生活中常见的例子，在50%的夫妻之间可能都出现过。在两个人浓情蜜意的时候，很多的爱情瞬间永恒存留，比如最初见面时候的一切都在记忆中被理想化地留存：宛如魔法的夜晚、阳光明媚的清晨、无法忘却的感觉、记忆中美妙的音乐。和美好的情感一样，怨怼也会凝结在记忆中：肮脏的细节、无眠无休的夜晚、对方的冷脸、日常生活的不快、照看孩子引起的争执。当然，这也是一种维持夫妻关系的特别方法，怨怼终究也是一种感情。

永恒的幻象、怨怼、夫妻冲突

为了维持过去夫妻恩爱的幻象，一位父亲请女儿再次相信圣诞老人的确存在。这位父亲使用公共电话和女儿通话，而且没有和女儿的母亲，也就是他的前妻说话。女儿感到有些糊涂，因为她早就知道圣诞老人并不存在，可是她仍然愿意相信圣诞老人，为的是让爸爸高兴。这位父亲始终生活在对前妻强烈的怨怼之中……后来为了让妈妈开心，女儿告诉了妈妈爸爸打电话的事。

怨怼的结束就是感情的结束，不论是正面感情还是负面感情都是如此。通过消灭正面感情和负面感情，情感投资减少，使得原本紧密的情感关系变得疏离。有些夫妻身上从来不会出现这种情况，对彼此的感情始终十分深厚；有些夫妻之间会逐渐发生这种情况，每个人各自找到属于自己真正的生活，那种超越怨怼的生活。

怨怼的唯一积极解决方式就是原谅、接受生活的不公平。原谅不是忘记遭受到冒犯，而是把怨怼作为礼物奉献给被原谅的人。我们要下定决心不要让这份礼物上升一个层级——不要让怨怼升级为鲜活的憎恨。原谅的主要好处在于结束怨怼的折磨，远离所谓“伸张正义”的计划，不采取基于怨恨的报复行为。

电影中的实例：亨利—乔治 · 克鲁佐（Henri-Georges Clouzot）**导演的电影《乌鸦》**（*Le Corbeau*, 1943年）

在法国中部的一座小城圣—罗宾（Saint—Robin），很多居民收到了匿名信，信里充满了诋毁与指责，说吉尔曼（Germain）可能给人进行了非法流产手术，而且还通奸。匿名信的落款是“乌鸦”，“乌鸦”故意散播谣言，在小城的居民间引起龃龉和不和。而且“乌鸦”告诉吉尔曼的一位患者，他已经到了癌症的晚期，导致这名患者自杀。吉尔曼医生展开调查，揭开了“乌鸦”的真实身份。可是，在“乌鸦”的身份曝光之前，他已经被一位受害者的母亲谋杀了。

在世界范围内，这部电影依旧被认为是黑色电影的经典之作。导演克鲁佐居然“荣幸”地遭到双重批评：在维希政府时代被天主教教会谴责；在法国解放之后被共产党谴责。这部电影的投资制作公司是在第二次世界大战时建立的法国电影公司——大陆电影公司（Continental Films），该公司得到德国的资金支持。回顾这家公司的历史，成绩斐然，很多犹太艺术家、共产党艺术家、地下抵抗组织艺术家都在这家公司的支持下创作了大量经典影片，今天依然有大量观众津津有味地欣赏这些影片［克劳(Collao)，2018年］。

《乌鸦》回顾了第二次世界大战德军占领法国期间弥漫在社会中的告密氛围。法国努力塑造本国人民在第二次世界大战期间勇敢抗击侵略者的历史形象，这部电影的出现是对这种正面形象的冒犯。后来，美国历史学家罗伯特·帕克斯顿(Robert Paxton)的研究成果也驳斥了这种营造出来的历史形象。

在法国，克鲁佐遭到惩罚，终身禁止从事导演职业，他的电影也被禁止放映。后来这种怨怼的情绪逐渐平息下去，在很多参与第二次世界大战抵抗组织电影艺术家的压力下，当局于1947年取消了对克鲁佐的禁令。

不得不遗憾地承认，一些法国人热衷于告密。编剧路易·沙旺斯(Louis Chavance)就是根据1917年到1922年在法国城市蒂勒(Tulle)真实发生的事件为蓝本，改编写出了《乌鸦》的剧本。“乌鸦”实际上是一位遭受过侮辱的女性。她本以为会相伴终身的爱人最终却娶了别的女人，于是她通过匿名信的方式指控蒂勒的居民私通、贪污、偷情，最终致使有人自杀。经过笔迹鉴定，当局发现了这名女子，于是她遭到审判，缴纳了罚款，并且被判监禁，缓期执行。

治疗方法和实用建议

负面情绪自我调节法里的所有方法都可以用于治疗怨怼。尤其值得关注的是以下方法:“观景台”方法(第一部分,疏远情绪)可以帮助当事人远离当下的情绪,不要反复琢磨,这样就阻断了负面想法的自动产生。我们可以坦白负面自动想法,使用第四部分“认知重构”的方式来处理。不论是光明正大还是偷偷摸摸,不应采取报复行为解决问题,寻找其他的解决方案,把关注点集中在原谅对方上。怨怼会导致内心煎熬、离群独处,认知重构是摆脱这种困境的方法。如果因为社会上的失败而产生怨怼,还可以使用负面情绪自我调节法里“交流能力和自我肯定”部分的方法。此外,参加由心理医生引导的治疗小组,进行自我肯定,也可以治疗怨怼。

有一种分为五步的解决技巧[梅西纳(Messina),2010年]可以产生不错的效果,因为这种技巧相当于把积极的心理治疗应用在负面情绪上。

- 辨别怨怼情绪的来源,厘清对方做了什么使你产生了怨怼情绪。

- 把生活分成过去、现在、未来,说出怨怼怎样改变了你的生活。想象一下,如果你的生活中没有了怨怼这种情绪会是什么样子。

- 给导致你产生怨怼情绪的人写信,列举出对方冒犯你的地方，解释清楚当时的情况，然后表示原谅对方，不再计较。**注意：不要把信寄出去！**

◉ 花二十几分钟想象一下，没有怨怼造成的负面影响，你的生活将会是什么样子。

◉ 如果这么做对消除负面情绪没有效果，那么请重复第一步，然后再依次按照步骤做一遍，在怨怼强烈程度从0（没有怨怼）到8（怨怼达到最高值）的尺度衡量下，直到怨怼情绪减少50%再停止。

最后，使用正念冥想的方法，采取书中介绍的方法——善意爱情冥想［卡巴特-津恩（Kabat-Zinn），2010年］的形式，在贝尔纳·吉罗多（Bernard Giraudeau）声音的引导下进行冥想，效果非常明显。这种根据印度的巴利语简称为“Metta”的善意爱情冥想是指，通过想象四种神的宅邸去探索内心，它们是：善意爱情、同情、无私的欢乐、灵魂的安宁。这种冥想努力发展的是三摩地（Samadhi）：把精神集中在一点上。这种美妙的冥想会引起愉悦的感觉，是化解人们心中酝酿已久的复仇情绪的良药。

结论

怨怼是负面情绪里最糟糕的一种，因为这种情绪会在心中慢慢发酵很多年，对于实施冒犯之人和遭到冒犯之人都会造成伤害。

我们生活在一个充满怨怼的社会里，法院、媒体论坛、社交网络，到处都有人心怀怨恨，在公开场合发泄怒火。这种不经过思考、毫无节制地展示负面情绪的做法并不能宣泄负面情绪，也不能治疗负面情绪，结果适得其反。

有学者就“rant sites”，即“怒气网站”进行研究［马丁（Martin），2013年］的结果显示，网民的情绪变化可以通过登上这种网站的频率表现出来：使用这种网站的时候幸福感强度降低，恐惧、愤怒、悲伤情绪的强度升高。

当人们不再使用这些“怒气网站”，在现实生活中进行正常的社交活动、运动、冥想、美术创作、欣赏音乐、写作的时候，情绪就会好转。

如果上述方法还不能奏效的话，还可以使用负面情绪自我调节法的所有治疗方法，如果仍然不奏效的话，那么最好寻求心理医生的帮助。不要暗中独自反复思量心中的怨恨，不要把满腔怒气倾泻在社交网络上。

憎恨

憎恨可以是个人感情也可以是集体感情，是由厌恶、敌视、愤怒、嫌弃共同培养出来的情绪，这种情绪可以驱使一个人迫害某一个人或者一群人，甚至引发种族灭绝。

憎恨情绪的核心

憎恨和爱相对。但是和广大民众的普遍想法不同，憎恨又不能算是爱的反面。憎恨是一种复杂的情绪，混合了猜忌、羡妒、自卑、因失败产生的内疚、怨怼、怨恨、怀疑、冷漠，等等。

憎恨可能滋生暴力，因为心怀憎恨的人不会把憎恨对象当成人看待。起初，憎恨是对不公平感觉的回应，然后产生报复的欲望，导致希望使用暴力获得公平。憎恨不单纯是从内而生的，也是适应恶劣环境的策略，这就说明了内化憎恨、语言表达憎恨、行动表达憎恨的合理性。

憎恨如何起源？憎恨怎样持续存在？

引发憎恨的有两个因素：对受害者的贬低、心怀憎恨者的意识。满腔憎恨的个人与群体寻找的是替罪羊，替罪羊才是发泄愤怒的目标，是自卑感攻击的对象。在替罪羊身上施加的恶行证明，有憎恨情绪的人没有把受害者当人对待，认为替罪羊的死亡能够修复公平正义：替罪羊偿还了对善良之人作恶付出的代价。

怀有憎恨情绪的人常常觉得自己是站在道德高地上的

受害者，他们可能谋杀、做出种族歧视行为、实行恐怖主义袭击、拉帮结派。这些人觉得自己站在正义的一边，甚至神与他们同在。他们选择性地同情别人，对与自己一边的人充满温情，对痛恨对象遭受的苦难漠不关心。

有些人格障碍的人先天容易产生憎恨情绪，反社会型人格的人没有共情能力。这些人属于心理变态，会采取残酷行为，毫不顾及受害者的痛苦。他们感受不到这种痛苦，因为这种人存在大脑区域的功能障碍［德赛提（Decety）等，2013年］：他们冷酷无情，具有毁灭性，而且做事有条不紊。

偏执型人格的人会觉得自己遭到别人威胁与伤害。由于认为自己处于巨大的阴谋迫害之下，他们的防御性憎恨被激活："如我不先下手攻击的话，他们就会干掉我。"

自恋型人格的人同样会感到憎恨，这种人常常没有爱的能力，胸怀不够宽大。他们自高自大，视他人如蝼蚁。如果自恋型人格的人感觉遭到"蝼蚁"的威胁和质疑，出于傲慢和憎恨，他们会想把"蝼蚁"碾碎。

"黑暗三角"人格包括自恋、心理变态、马基雅维利主义［鲍休斯（Paulhus）、威廉姆斯（Williams），2002年］，是憎恨心理的媒介、最恐怖杀人者的心理基石。

遗憾的是，憎恨并不仅仅存在于心理疾病范畴，憎恨超出了《精神疾病诊断与统计手册（第5版）》中的相关描述。

忠诚的好市民身上同样存在憎恨情绪，权威部门会教导普通人憎恨敌人、折磨敌人完全合理合法，不需要背负任何负罪感［米尔格拉姆（Milgram），1974年］。满腔仇恨的人在家里可能是一个好父亲，但在上级的命令下就会成为卑劣、冷血的杀手。

人们完全可以在充满仇恨的同时保持头脑冷静、意识清楚，并且运用聪明才智。德国纳粹宣传部长戈培尔曾经说过这样令人恐惧，但是在心理学上十分准确的话："如果我们成功，我们就是天才；如果我们失败，我们就是罪犯。"

邪教、政治党派、不服从公共法规的种族团体非常熟知怎样培养人们的憎恨之情。这些组织往往打着合理合法的旗号，表示为了达成正义的目的可以不择手段地反抗他们讨厌的社会，清除政治领袖而后取而代之。他们达到政治目标的手段是在社交媒体上激发不满和仇恨，把这种情绪作为革命的引擎。

憎恨的结果

斯滕伯格（Sternberg，2008年）描述了什么是"憎恨三角"，有三种元素共同作用促使人们采取行动。

◉ 第一种元素：否定亲密关系。不论憎恨对象是个人还是群体，都会产生贬低憎恨对象、与憎恨对象拉开距离、拒绝和憎恨对象有亲密关系的行为。这一切可能由于憎恨对象的体貌特征、意识形态、宗教信仰、道德标准不同而不同；有憎恨情绪的人会基于宣传的目的，把憎恨对象宣扬成非人类的低级存在。

◉ 第二种元素：通过恐惧和愤怒表达出来的激情。这种激情针对的是被憎恨的个人或组织，这些个人或组织被看作对自己人、对家乡、对祖国、对社会团体、对本民族、对本社会阶层的威胁，“他们和我们没有任何共同之处”。

◉ 第三种元素：意识形态的形成、家庭文化的熏陶促使人们憎恨其他个人或群体，并且全身心投入，在憎恨之路上一直前进下去。通过人际交往、在实际生活或者网络上的情绪培养、真正意义上的“洗脑”，都可以达到这种效果，比如通过引发负面情绪的语言、视频等手段植入憎恨。所有行为的目的就是一个：改变认知。主题都是善恶二元论：善良对抗邪恶、正义的我方对战丑恶的敌人、忠诚的市民对战内部的奸细、法国对决盎格鲁—撒克逊国家、充满人性光辉的临床医生与毫无道德的邪恶伪科学家战斗、正义之师抵抗面目模糊的敌人、被剥削者反抗剥削者等。通过个别例子、断章取义的见

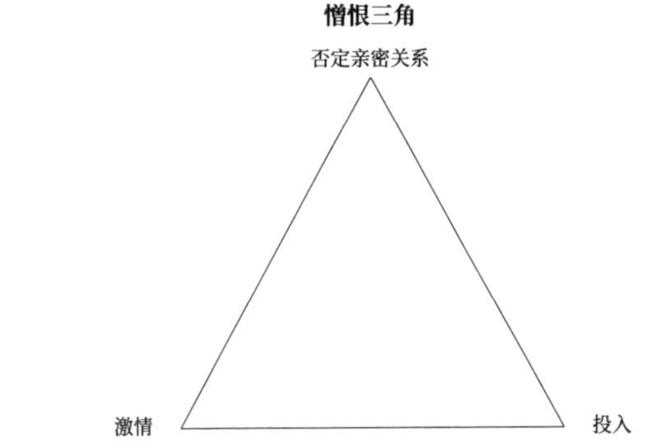

证来证明所讲述的洗脑故事，使得被洗脑的人一叶障目，无法深度思考，找不到反面证据。所以，这些持阴谋论观点的人、极端宗教主义者要把受害者交付暴力团体审判，并且经常使用这类表达方式：请相信你所在的团体，不要相信其他人。

这样，人们心中的憎恨之情不停地从内部被煽动，对和自己不同之人的憎恨越来越强烈。和自己在生活方式、意识形态、所在群体上只要有丝毫不同，他们就无法容忍。

电影实例：[法] 马修·卡索维茨（Matthieu Kassowitz）的电影《憎恨》（*La Haine*）

这部影片获得了1995年戛纳电影节的“最佳导演奖”、

1996年法国电影凯撒奖的“最佳电影奖”。二十五年之后，这部电影的影响以及对现实的反映丝毫没有褪色，警察局里挂的密特朗总统画像显得有些过时，但电影里讲述的故事仿佛就发生在昨天。这部黑白电影令人感觉很不舒服，因为每隔几分钟就会出现暴力镜头，对话细碎、粗糙，未经修饰，演员带着浓重的郊区口音，而且展现的满是冲动的行为。通过演员和导演的天才表现，呈现出来的效果十分真实。

本部影片用自然乃至接近纪录片的方式讲述了在法国巴黎郊区尚特—卢莱—维涅 (Chanteloup-les-Vignes) 暴乱之夜的故事。暴乱的起因是因为警察失误导致拘留所中当地一名城郊青年阿布杜勒 (Abdel) 昏迷。在暴乱期间，警察丢失了一支史密斯 · 维森左轮手枪，那是一把.44马格南手枪，威力巨大。

镜头一转，开始叙述阿布杜勒的三位朋友在一天时间里发生的故事，这三位朋友是：文茨 (Vinz)，犹太人，性格暴躁、攻击性强；于贝尔 (Hubert)，年轻的黑人，和平主义者；萨义德 (Saïd)，来自北非的移民后代，酷酷的年轻人。文茨告诉两个朋友自己找到了警察丢的枪，像当时的电影明星让-保罗 · 贝尔蒙多 (Jean-Paul Belmondo) 在流行侦探片里那样，他把枪挂在腰带上。文茨声称如果阿布杜勒不能从昏迷中苏醒的话，就要杀掉一个警察报复。于贝尔不同意这种做法，告诉文茨憎恨只能换来更多的憎恨。三个朋友去医院看望阿布杜勒，但是警察拒绝让他们进病房。由于三个人过于激烈地抗议，萨义德被捕，后来获释。然后，三个年轻人来到巴黎去见毒贩子阿斯特里克斯（Astérix），他们和毒贩子玩俄罗斯轮盘赌博游戏后产生了争执。后来，在一家酒吧的厕所里，他们遇到了一个波兰犹太人，这个人说生活中最重要的事情就是大便通畅。他还说自己的一个朋友因为没有及时登上去集中营的火车结果冻死了。在街上，警察殴打了于贝尔和萨义德，文茨逃走了。在圣-拉扎尔（Saint-Lazare）火车站，几个年轻人错过了最后一趟返回郊区的火车。为了打发无聊的时间，几个人混进了一家艺术馆的开业仪式，后来因为骚扰了两位参加仪式的女宾客，三个年轻人被礼貌地请了出去。后来，三个人拿着偷来的银行卡叫出租车，因为司机拒绝他们用银行卡付款，三个人试图偷车。

萨义德和于贝尔遇到了一群光头新纳粹党徒，遭到了殴打。文茨拿出枪来保护自己的朋友，用枪指着新纳粹党徒，但是没有开枪，他一想到开枪杀人会就觉得恶心想吐。在返回郊区家里的路上，文茨把枪交给了于贝尔。在医院里昏迷的阿布杜勒因为伤势过重去世了，文茨觉得自己没有能力去杀警察。把枪交给伙伴之后，文茨遇到了两名无缘无故攻击自己的警察。一名警察用枪威胁文茨，却不小心走火，一枪打中了文茨的脑袋。于贝尔和两名警察拔枪对峙，本来崇尚和平的于贝尔变得暴戾起来，电影在此处戛然而止。屏幕一片黑暗，这时观众听到一声枪响，不知道是谁开了枪；然后出现了萨义德紧闭双眼的特写镜头：一个开放式的结尾。这时响起了画外音："这是一个堕落社会的故事，是人们逐渐向深渊跌落的故事，这个故事不断重复。人们安慰自己说，直到今天一切都很好，直到今天一切都很好，直到今天一切都很好。可是最关键的问题不是如何跌落，而是如何在跌落后着地。"

治疗方法和实用建议

防止憎恨滋生的方法是教育。我们能够清楚地看到法国社会的重大问题是放弃了郊区，于是现在付出了代价，电影《憎恨》清楚地表达了这一点，现在到了"着地"的时候了……

政府遗弃不管的郊区成了反社会行为的巢穴，在郊区生活的人只要进入暴力与犯罪的漩涡，就很难返回正常社会生活。因为边缘化的好处良多，那是通过贩毒、抢劫换来的"短暂又舒适"的生活。犯罪、憎恨是在遭到遗弃的社会里生存的手段，是在一切都衰败的环境下成功适应社会的策略。

◉ 在问题出现之前使用第一种预防憎恨的方法：教育孩子管理好自己的正面情绪，鼓励遵守社会公序良俗的行为。本书最后一章会专门就这个主题展开讨论。

◉ 在情绪问题、异常行为刚刚出现的时候，使用第二种预防憎恨的方法：针对孩子的行为问题进行治疗。

为第二种预防憎恨方法的研究带来了希望

在所有的相关随机对照研究之中，斯科特（Scott，2014年）的研究尤为突出，研究的对象是存在高危险行为方式的孩子及其父母。所谓高危险行为方式指的是反社会、多疑、对立行为。该研究是培训父母怎样纠正孩子的行为。把研究对象分成两组，第一组有120名儿童，在他们3~7岁的时候进行观察，然后在他们10~17岁的时候进行第二次观察。在第一组里，94名儿童的家长接受了培训，26名孩子的家长作为对照组，没有接受特殊的培训。第二组有109名儿童，在他们4~6岁的时候进行观察，然后在他们9~13岁的时候进行第二次观察。第

> 二组里58名孩子的家长接受了培训，51名孩子的家长作为对照组没有接受特殊的培训。结果非常明显：和对照组相比，家长接受过培训之后，他们的孩子出现反社会行为的频率大幅降低，而且阅读能力显著提升。

◉ 在因为憎恨产生后果时，为防止后果变得更加严重、复杂，需要采用第三种方法：对于成年人，能够立刻有效的方法就是司法惩罚，把这些携带毁灭性憎恨的人与社会隔离开。监狱的确可以暂时保护社会多数人的安全，可是也会成为滋养憎恨与暴力的温床。法律是不是最强有力的武器？似乎公众始终对此深信不疑。警匪题材的电影、电视剧表现法官、警察的生活，悬疑黑色电影里讲述游民生活的堕落，描写酗酒的私家侦探在冰冷尸体、蛇蝎美人之间周旋。真正的生活是否如同一部黑色电影？司法惩罚这种方法最糟糕，因为其十分真实，毫无诗意。通过司法惩罚这种方法我们会看到“真实生活中的人”，他们被困在“监狱—出狱后再次犯罪—监狱”的循环里，直到一命呜呼。这一切都可能源自他们儿童时期遇到的排斥、冷漠、憎恨。监狱只能暂时保护社会，我们需要做的是寻找真正的解决方案。

没有归路的旅程

从20世纪60年代开始，我在监狱从事心理医生工作，当时每星期去一次监狱，持续了3年。那时候我还处于职业生涯的初期，在医院里做住院医生薪资很低，去监狱工作是为了赚点外快补贴家用。当时里昂的监狱叫作圣保罗（Saint-Paul）监狱。现在那座监狱的建筑已经改造成了光彩照人的天主教大学，但当时要走过七道封锁严密的大门和幽暗曲折的走廊，才能到达监狱的心理医生诊室。在过度拥挤的囚室里，弥漫着、混杂着各种气息的恶臭，让人难以忍受。后来囚犯们经过抗争，最终获得胜利，生活条件得以改善。

我每星期一次和另一位女心理医生［科特洛（Cottraux），1971年］共同组织犯人进行群体心理治疗。这群接受心理治疗的犯人都是抢劫犯，他们在过去的生活中普遍缺乏关爱，在儿童时期往往遭到过虐待，由于各种偶然因素、交友不慎等，他们最终沦落成持械劫匪，为能在城市丛林中杀出一条出路，当时法国处于社会高速发展的“黄金三十年”，可是那个时代并不属于他们。这些人抢劫的目的是不再做失败者。其中一个犯人手写记录了他经历的漂泊生活，那篇文章以一句文采飞扬的话开头："整座城市都是我的稻草床垫。"当时，这些犯人被关在监狱里，内心越来越阴郁。弥漫的阴郁情绪让监狱管理方很担心。作为一种对犯人的优待措施，监狱管理方让他们接受团体心理治疗。当然，这种措施被普遍认为是对这群犯人的"奖励"，因为在心理治疗的时候，犯人可以和亲切的心理医生交流，时间似乎过得更快。其实监狱管理方担心这群犯人联合起来操纵其他犯人，共同策划阴谋。这些接受心理治疗的犯人可以表达他们内心的感受：被家人和爱人抛弃，所以他们需要同狱友之间的友谊来弥补这些缺失。

然而，弥补缺失的方式，除了友谊还有牢房里的暴力。一名恋童癖犯人被错误地关在了抢劫犯的牢房里，后来就发生了一起奇怪的事故：恋童癖犯人的颈动脉被沙丁鱼罐头盒切开了，在急救人员赶到之前这个犯人就死去了。这是不幸的事故，自杀，处决？真相无从得知。这些持械抢劫的犯人往往都有痛苦的过去，可能被人遗弃，可能遭到过性侵，他们把恋童癖称为"尖头"，他们无法忍受恋童癖的所作所为。犯人们另一种对抗监狱生活抑郁情绪的方法是，在律师的帮助下，用司法程序对抗法律对自己“大惊小怪”的惩罚。在那个时代，绰号“警长”的法官勒诺（Renaud）遭到谋杀，直到五十年后的今天这起案件依然没有侦破。犯人指责勒诺法官不符合正派法官的行为，他们认为勒诺法官携带枪支以及审问犯人的方式如同黑色电影的情节一样。

没有人比罪犯更遵守规则了。为了让警匪之间的游戏能够顺利进行，每一方都要严格遵守自己在城市里的地盘规则，城东部是凄惨的郊区、城西部是幸福的郊区、城中心是富裕街区。所以要遵守两种规则：第一种是在城市里保持低调，第二种是在里昂的沙博涅赌场手持枪支，飞扬跋扈地要求受害者交钱。绰号“小疯子”的匪帮首领居·雷诺（Guy Reynaud）说过这样的名言：“大局已定，无可挽回！”接下来，他成了社会的头号公敌。居·雷诺喜欢自吹自擂，自恋成狂，他持械抢劫且抢劫后全身而退的消息成了媒体上常见的新闻。可是居·雷诺不是绿林好汉罗宾，他杀了一个皮条客、一名工业家。那名被杀的工业家只因为在蟋蟀酒吧里要求居·雷诺说话小点声就惨遭杀害，

> 因为对于充满魅力的匪帮首领来说这样的要求实在无法忍受。最终居·雷诺被捕，在重罪法庭受审之后，被宣判死刑，最终在断头台上终结一生。在临死前的一段时间，他皈依了宗教。对死刑犯来说，皈依宗教并不少见，心理学家西蒙娜·比法尔（Simone Buffard）支持通过宗教帮助犯人，她还出版了一本触动人心的关于监狱生活的书《监狱之寒》（*Le Froid pénitentiaire*）（1973年）。

居·雷诺的案例再次表明了死刑对于罪犯来说无法产生正面效果，对于在押囚犯来说，他甚至成了烈士、榜样、英雄。直到1981年，法国才废除了死刑。

结论

憎恨情绪的诞生是下列几种原因共同作用的结果：人格因素、社会环境、参与组织（这些组织包括黑帮、政治党派、社会团体，等等）。集体的憎恨情绪在社交网络上蔓延，而且蔓延速度快、范围广，以致到达偏执的程度：憎恨成了法国社会生活里持续存在的情绪，如脱缰野马无法遏制。

我们这些心理医生对这种情况十分熟悉，因为当我们在自己的诊所、医院工作的时候，憎恨情绪无处不在，可以通过人们的行为感受到。起初憎恨是内心感情混乱的前奏，之后，负面情绪如果在整个社会层面占据上风，可能导致动荡与骚乱。我将在后续章节解释由此造成的混乱，并以正面模式梳理其中的规律。

第三部分

情绪为王

充满权力的激情与毫无激情的权力

“1968年5月[1]”之前不久，在里昂第二大学心理学院的阶梯教室里，不知是谁在一张木质课桌上刻下了一行格言：“在这间教室里，存在没有激情的真相和没有真相的激情。”

这一行字应该是给后辈学生看的，从字里行间可以感觉到一个人狂欢结束后的伤感和返回单调学习生活的不甘。1968年“五月风暴”之后，这种感情弥漫于社会之中，在愤慨与抑郁之间变化：一切都将改变。革命浪漫主义在消费社会面前遭到迎头痛击。科罗德·努加罗（Claude Nougaro）在《五月巴黎》（*Paris mai*）这首歌中唱道：“每个人都进了自己的汽车里。”

1968年“五月风暴”的革命者是否对权力怀有无限的

1 指法国的“五月风暴”，1968 年 5 月到 6 月，由于经济增长缓慢等一系列社会问题，发生了学生罢课、工人罢工的群众运动。——译者注激情呢？我们是否从来没有拥有获得权力的途径呢？在香榭丽舍大街的讲话和游行之后，革命骤然崩溃。有人认为控制军队就能拥有权力，有人认为通过游行示威能够获得权力，其实这些看法都不正确，权力不来自军队也不来自街垒，而是来自电视机遥控器。五十年之后的今天，权力就在各个社交媒体网红的指尖上。这些社交网络乘着民粹主义的浪潮，在谷歌、苹果、脸书、亚马逊、微软（GAFAM）等高科技巨头和某些国家领导的祝福下高歌猛进。

本书的第三部分会带领读者观察如何利用人们的负面情绪攫取权力。想要获得权力就必须拥有激情，要行使权力却需要采取冷静、平衡、没有痛苦的方式。在后文中我们将看到个人情绪被怎样纳入集体幻想之中，最终导致恶果，因此必须防止个人情绪被他人利用。平静安详是一种新的想法，也是等待时机的正面情绪。

第八章

科学民粹主义的兴起

古希腊历史学家波利比乌斯(Polybe)(公元前200—公元前118年)曾经这样警告过我们:

所有国家终将灭亡,灭亡的方式只有两种:一种是外部入侵;一种是内部瓦解:天性中固有之恶的发展会导致灭亡。

如果城市瓦解,那么还可能通过另一种形式复活。波利比乌斯指出,古代城市政治生活演变的循环共分成六个阶段。他的描述对于今天住在地球村的我们来说,仍然具有重要的借鉴意义。

波利比乌斯的循环和民粹主义

起初的君主制度逐渐演变成专制制度,贵族统治推翻专制制度,然后再一点一点转化成寡头集团统治。人民起义除掉寡头,推行民主主义,当民主主义变得不稳定的时候,民粹主义就会兴起(暴民统治)。民粹主义导致的无政府主义和社会动荡有利于"天选之人"的出现,"天选之人"获得极高的声望与拥戴,之后形成君主制度。这位拥有强权的君主会变得独断专行,君主制度演变成专制制度……然后循环往复。历史上很多国家都在民粹主义盛行之后诞生了君主式的强权，比如法国大革命就以拿破仑的专制统治告终。

波利比乌斯认为，最优秀的社会制度中权力应该三位一体，即结合君主权力、贵族权力、民主权利的三方势力：一方面是执政官、国王、皇帝等君主式人物，一方面是参议员等贵族式人物，一方面是普罗大众等民主式人物。最糟糕的政体是民粹主义制度，因为这种社会制度会动摇上述三种权力，促使社会动荡不安，推动政体的循环，催生个人权威的出现。

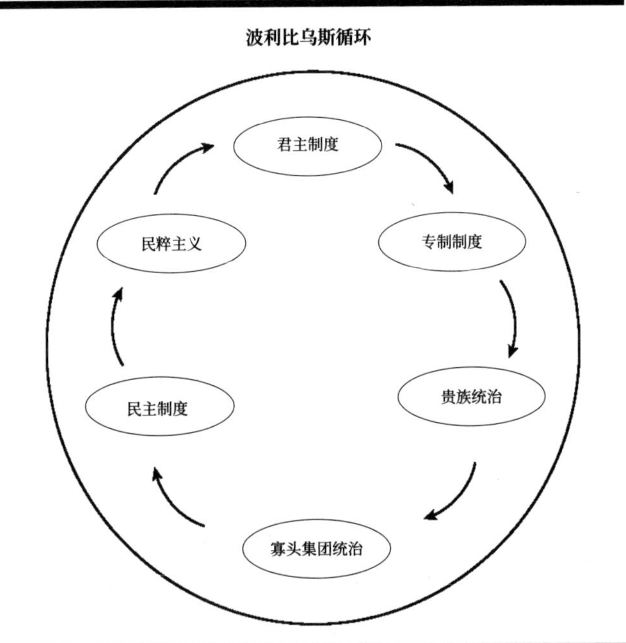

这种模式已经历经了很多个世纪，也完全符合当下的形势。世界各地都出现了精明强干的意见领袖，他们善于利用媒体把民粹主义意识形态如同藤蔓一样缓缓渗透到政治、文化、艺术等生活的各方面中去。他们会对各种社会现状置之不理，直接从内部核心展开攻势。

个人独立思考的能力在匿名的网络上土崩瓦解，似乎每个人都在一个群体之中被一根绳子牵引着，但是民粹主义的意见领袖往往会很快掌控这样的网络群体。在这种群体的压力下，匿名隐藏在屏幕后的每一位网络使用者眼中，言语中的细微差别变得无关紧要，科学变得值得怀疑，个人价值失去意义，权力丧失了作用，知识变得索然无味。网络中的每个虚拟团体和社会群体都满腔愤怒，觉得可以通过扭曲信息、威胁恐吓等手段获得自己想要的东西。

科学民粹主义是近10年发展起来的一种意识形态潮流，这种意识形态潮流质疑专家、科学家以及所有科学权威的话语，有些人对复杂问题一无所知却发表简单的言论，科学民粹主义却推崇这些人的观点。

当然，我并不是说大众不可以批评专家学者，但是科学民粹主义总是贬低专家学者，最常做的是指责这些专家学者是某些黑暗势力、神秘产业豢养的走狗。科学民粹主义的目的在于促进无知和愚昧赢得胜利，比如，让人们觉得地球是平的，人类是6000年前被创造出来的，等等，不一而足。民粹主义是反科学版本的阴谋论，他们还拥有属于自己的网站和意见领袖，由此我们可以分析民粹主义是如何运作的。

羟氯喹的争议和举证责任的颠倒

科学民粹主义疯狂蔓延传播，从新冠疫情爆发之初就传出各种各样的民粹主义谣言。法国医生迪迪埃·拉乌尔(Didier Raoult)教授试图让所有人使用羟氯喹和阿奇霉素作为新冠肺炎的预防和治疗药物，美国前总统唐纳德·特朗普也发表了同样的观点，引起大众的纷纷议论。

最初，有人进行了三项非对照回顾性研究[1]，治愈了平均年龄不高的新冠患者。所有研究中接受治疗的患者总数刚刚超过1000人，91.7%的人被治愈［地中海大学医院感染研究所（IHU Méditerranée-Infection），2020年］，根据测算，羟氯喹和阿奇霉素对新冠肺炎的治愈率可以达到97%。然后，各种各样荒腔走板的流

1 回顾性研究指的是通过对临床工作积累的病历资料进行整理与分析，总结经验，找出规律，发表论文。这种研究方法是先有结果，反推原因，回顾性地总结研究内容。通常认为，这样的研究方式质量较低。——译者注

言蜚语就此出现。

在所有的科学争论中，提出假设的一方需要证明这种假设真实可信，可是迪迪埃·拉乌尔教授并没有拿出有效的证据。接下来，越来越多的科学数据出现，证明了联合使用羟氯喹和阿奇霉素的疗法对新冠肺炎没有效果。可是在脸书、推特上却对此出现了大量的攻击谩骂，甚至有60万人签名请愿，要求使用已经被证明无效的羟氯喹和阿奇霉素。身为法国相关医疗机构领导的传染病学家卡琳娜·拉科姆（Karine Lacombe）遭到了暴力威胁乃至死亡威胁：如果医生不开这种具有奇效的“鸡尾酒联合用药”处方，如果有人表达疑虑或者质疑这种疗法的有效性，就会遭到威胁或处决。人们向法国国务院申诉，强烈要求法国政府紧急批准使用这种治疗方法，因为人们觉得这种疗法具有预防效果。

脸书、推特被潮水一般涌来的警告信息所淹没，“国家处在危险之中……很多人死亡……赶快行动……所有拖延都是犯罪……没时间做细致的科学研究了……要用直觉去治疗，而不是用科学逻辑去治疗……请有一点人性吧，用人道主义去拯救人类”。

如果有人在脸书的个人主页上反对这些独断专横的行为，那么就有网民疯狂攻击这些主页，留下暴戾恶毒的评论。甚至一些赞同使用羟氯喹的医生也会举出不太可靠的证据，鼓吹这种疗法。我在自己的主页上引用了国际权威科学杂志的理性分析之后，不得不禁言了二十几名无良医生，才能保证这些科学信息不遭到攻击。

这场争论后来达到高潮，一群拥护者要求医生给自己开联合使用羟氯喹和阿奇霉素的处方，表示愿意签署免责声明，一旦出现问题不追究医生责任。他们认为，个人有选择这种疗法的自由，所以医生不过是“奴隶”而已，由天才远程领导的这群人发号施令，医生只要服从命令开具处方就好。实际上这种免责声明没有任何法律效力，如果患者出现严重的不良反应，开具处方的医生必须要承担责任。几个星期之后，一些感染学专家联名向全国医生协会的理事会投诉迪迪埃·拉乌尔医生，认为其缺乏职业道德，做出虚假的承诺，招摇撞骗。其实从一开始，这种疗法就没有科学依据，没有进行过使用安慰剂、有对照组的双盲实验来验证。

和很多科学工作者一样，我非常仔细地读了拉乌尔教授的文章。我觉得文章科学性不强，反而充斥着无效的证据。一个使用了安慰剂的随机对照试验结果显示，羟氯喹并不具备预防的效果［布勒瓦尔（Boulware）等，2020年］，而且另一个随机对照试验［唐（Tang）等，2020年］结果也显示，羟氯喹对新冠肺炎不具备治疗效果。一项广泛研究显示，羟氯喹加阿奇霉素这种“鸡尾酒联合用药”甚至会带来危险，可能引起致死性的心律失常［罗森博格（Rosenberg）等，2020年］。这项回顾性研究是在纽约的几家医院进行的，试验对象是1438名至少感染新冠病毒1天的住院患者。和标准治疗方法相比，联合使用羟氯喹和阿奇霉素或者单独使用两种药物中的一种不能降低病人的死亡率。而且，联合用药会使病情变得更加复杂，会导致更多的患者产生心脏骤停的情况。

这些文章都发表在权威的科学杂志上，而且其他很多研究结果也陆续发表，都对羟氯喹和阿奇霉素疗法提出了质疑。英国对照实验研究机构（2020年）、世界卫生组织（2020年）、美国药品食品监督管理局（2020年）都确认羟氯喹没有正面疗效，出于伦理道德的原因叫停了所有相关研究试验。之前的试验已经证明这种疗法无效，所以没有必要再让患者在试验中服用该药物并承受可能出现的危险。在一次针对羟氯喹的对照试验里，接受试验的患者有510人，研究人员在第四次评估的时候停止了试验，因为羟氯喹和安慰剂的使用疗效没有差别［塞尔福（Self）等，2020年］。从分子层面看，该药物在479名患者身上没有效果。可是很多政治人物、社交网络平台仍然大肆吹嘘羟氯喹，真正的科学论断淹没在信息的海洋中。

谁提出理论，谁就应该给出证据，可是实际情况却正好相反，举证责任反而颠倒了。迪迪埃·拉乌尔教授领导着法国马赛地中海大学医院感染研究所，该研究所有250名科研人员，拥有丰富的科学资源。以科学逻辑常理分析，提出这种理论的拉乌尔教授应该给出证据，通过对照实验证明其理论的正确性，而不应该只是通过自己和媒体宣传这种疗法如何有效。

随着越来越多的研究报告证明羟氯喹疗法无效，迪迪埃·拉乌尔教授唯一的证据只有请愿书和医生处方了。法国BFM电台的记者玛格·德·弗鲁维尔（Margaux de Frouville）在采访时询问他的试验结果，他回答道，“人们都追随我”，然后就毫不客气地打发了记者。从那时开始，迪迪埃·拉乌尔教授已经离开了科学领域，变成了泯然众人的政客。

我们对马赛发生的这场“特朗普式”风波算算经济账。对羟氯喹有效的言论和反驳的言论占据各种媒体的头条，严肃的科学研究新闻却被挤到了无人问津的角落，这些研究包括：开发疫苗；通过对照试验研究瑞德西韦、阿那白滞素、地塞米松等药物对新冠患者的疗效以及其他真正能够帮助新冠患者的疗法。因为媒体的压力，研究机构白白投入数百万欧元证明羟氯喹和阿奇霉素联合用药既没有预防效果，也没有治疗效果。将来终有一天，我们要为这一切好好算一算账。

认知歪曲与反科学宣传

羟氯喹的争议非常值得仔细研究，因为这次事件包含了各种各样的认知歪曲行为，具体表现为处理科学信息的认知偏差。

自我确认的偏差，基于认知过滤，只会把有利于羟氯喹的理念保留下来，把不利的数据过滤掉或者丢弃。

自我放纵的偏差，指不经过证明就把各种成绩都归到自己身上，否定其他人的价值。自我放纵的偏差建立在自我标榜之人的卓越表现上。卓越本身不可能证明什么，我们看到过很多诺贝尔奖获得者因为参与政治最终落得晚节不保的下场，其中最突出的例子是阿历克西 · 卡莱尔（Alexis Carrel）。阿历克西·卡莱尔因为细胞培养方面的成就在1912年获得了“诺贝尔医学奖”，他的作品《人，难以了解的万物之灵》（*L'Homme cet inconnu*，1935年）成了纳粹“最终对策”的灵感来源。阿历克西·卡莱尔推广优生学，赞同处决残疾人。

使用非代表性的启发式方法：信息链处于不间断的持续状态，对名人患上新冠肺炎后很快治愈的例子，媒体给予了太大的关注。如果在不交代背景信息的情况下，仅仅两三分钟的媒体报道是不具备任何科学价值的。

使用可用性的启发式方法，赞同羟氯喹的人觉得“至少我们知道应该开什么处方”，而实际上官方卫生机构已经推荐了其他无害的处方药。

“锚定启发”会产生最僵化的态度——“既然我们是正确的，那么其他人都是错的，其他人一定是美国研发抗病毒药和疫苗大公司收买的走狗。”

从这种观点出发，就会滋生阴谋论。知名医学杂志《柳叶刀》（*Loncet*）发布了数据造假论文事件［梅拉（Mehra）等，2020年］，也让阴谋论的观点甚嚣尘上。《柳叶刀》杂志经过调查之后撤销了受争议的论文。

自身能力堪忧的人盲目自信，导致这场危机绵延不断。在认知心理学上早就对这种现象有过论述，即邓宁-克鲁格效应（effet Dunning-Kruger）［克鲁格与邓宁（Kruger et Dunning），1999年］。这是过度自信认知偏差，指的是实际上能力不强的人在不胜任的领域自我评价过高。克鲁格和邓宁做过四项研究，认为这种偏差归因于元认知困难。所谓的“元认知”指的是对自己的思想进行反思的能力。能力不足的人不具备反思自身思想的能力，所以他们没有办法评估自己的直觉，不能正确地评估自己的能力极限，看不到自身缺乏相关能力的事实。

克鲁格和邓宁的研究还表明，优秀的人往往会低估自己的能力，错误地认为对自己很简单的任务对别人也同样简单。因为知识越丰富的人接触到的未知世界越广阔，因此越容易纠缠于各种细微差别。能力平平的人却并不理解这些具备科学研究价值的细微差别。和科学研究需要漫长的时间不同，在媒体上的表达时间有限，所以很难将科学研究成果表达清楚。

唐纳德·特朗普说，“只要停止花钱检测新冠病毒，感染人数自然就会下降”，整个会议厅都为他的诡辩鼓掌。后来特朗普被检测出感染了新冠病毒，被送到贝塞斯达医院接受治疗。和他之前所宣称的完全不符，特朗普并没有服用羟氯喹。

唐纳德·特朗普想要弱化新冠肺炎的影响，实际上反而让他的对手乔·拜登从中获利。拜登建议人们邮寄选票，邮寄选票中的大多数都是投票给拜登的选民。换句话说，在美国全民免疫反应中，“欺骗死神”这种不理性的操作失败了，自恋、愤怒、反科学的权力被打败了。

科学民粹主义的铁三角

关于羟氯喹一系列事件的操作基于三大要点，不论民粹主义为了获得权力所做的宣传是不是反科学的，由这三大要点组成的铁三角始终不变：

令人焦虑的危机

当下几条要素都符合这一条：在媒体上、社交网络平台上展示乃至过度展示，死亡、新冠病毒是在经济低迷的背景下突然出现的。

在这样的环境下，中产阶级的生活水平下降，人们认知变得狭隘，在努力寻求生存。

人们奋斗求存，于是把怀疑和憎恨倾倒在“学者、智囊”的身上，觉得是这些人工作不力导致社会变得贫困。社会内部撕裂，人们需要迅速获得免费信息，于是社交媒体上所传播信息的价值变得十分重要，人们形成一个个小的社群，每个社群都自我封闭。这样的社会、经济背景解释了为什么特朗普能够当选总统，为什么在法国也出现了“黄马甲运动”，更广泛地看，科学民粹主义在全球范围内开始泛滥。

科学民粹主义能够立刻满足人们对社会公平的要求，也能够给予人们希望及安全感，可是面对现实存在的问题时，科学民粹主义只能给出虚幻、暴力的解决方法。

涌现出个人魅力十足却过分自恋的领导

这样的领导具备天才的社交能力，毫无廉耻地自称能够解决问题，但是精英阶层却拒绝应用这些解决方法。反精英的领导不会让人们进行深层次思考，总是优先攻击“学者”“掌握信息的人”“游说集团”，他们认为这些社会精英没有给自己留下应有的位置。

鼓动大批追随者

科学民粹主义的大批的追随者往往本意善良，可是缺乏科学素养。如果仅仅对个人来说这没什么问题，可是一旦形成群体力量就会变得非常可怕。这些人可能在学校里没有学到逻辑推理的能力，也可能在生活中丢失了原本拥有的这种能力。在特定的社会背景下，自恋的领导会出于怨恨和社会精英算账，从各个社会阶层吸引相信自己的追随者，并形成紧密的联系。追随者会在领导身上找到自我认同，并且模仿领导的行为。

伪科学在宣传时会虚假地美化现实，蛊惑人心，其领导者会把充满幻想的现实移植到自己身上，把自己塑造成伟大模范的样子，吸引众人追随。这种领导者拥有催眠一般的能力，使得大众停止逻辑思考，使得臣服于自己魅力的人们盲目相信自己。自恋者攫取信任的最初时刻总是激情澎湃，情绪饱满，牢牢地吸引住自己的信众。

各种投机取巧的政客见到有民意可以利用，出于个人野心，也会迅速抓住机会，煽动大众的情绪，激发社会暴力与仇恨。

摧毁现实

患有创伤后应激障碍的人会出现现实感消失的感觉，这些人都有过近距离接触死亡的经历。这些令人焦虑的经历使得患者在一段时间里沉浸在解离状态中，无法感知现实，如同身处梦境，甚至噩梦当中。他们离开了现实世界的空间与时间；引用我的一位患者的原话，他们“走进了另一个世界”。

现在，人们要面对危机带来的创伤，新冠肺炎流行导致死亡威胁蔓延，人们紧张焦虑，处在与现实脱离的状态。这种偏离现实的症状就是科学民粹主义流行。科学民粹主义通过现成的解释，把拥趸的思想降低到“前逻辑”水平。

“阴谋论”大行其道，吸引了需要得到一个解释的人们。这些人通过“阴谋论”觉得自己进入“天选之人”的行列，属于“掌握真相”的人群。科学民粹主义最恶劣的影响是依靠偏执的描述摧毁客观现实，谴责所谓在暗处密谋的恶人，指责他们促成了当下的危机。2020年11月11日上线的号称“纪录片”的《劫持》(*Hold-up*)就是一个活生生的例子。

《劫持》：对精神健康的袭击

这部2小时43分钟的伪纪录片提出了一个新的世界观，认为新冠肺炎导致的危机是比尔·盖茨(Bill Gates)、大卫·洛克菲勒(David Rockefeller)、雅克·阿塔利(Jacques Attali)、达沃斯(Davos)论坛共同策划的阴谋，目的在于奴役全世界，清除部分人口。这部伪纪录片称，新冠肺炎是在一个实验室里人为制造出来的，这样人们就不得不生活在一个新世界里。在这个世界里，人们只能隔离生活、被迫佩戴口罩、不得不接种疫苗、必须使用5G网络。最让人目瞪口呆的是一些医生、学者、科研人员也来蹚浑水，参与其中的还有“黄马甲”运动成员、反对戴口罩的人、拉乌尔教授的支持者、极左派社会学家莫妮科·潘松-夏尔洛(Monique Pinçon-Charlot)，她毫无根据地把目前的危机和纳粹对犹太人的大屠杀作类比。法国前卫生部长菲利普·杜斯特–布拉奇（Philippe Douste-Blazy）也参与进来，不过他在看到了片子的最终版本之后迅速声明自己不同意这部伪纪录片的观点。此外，2013年诺贝尔化学奖得主迈克尔·莱维特（Michael Levitt）也参与到了这部伪纪录片之中，他赞同瑞典当时提出的“群体免疫”理论。今天，我们已经拥有大量研究数据表明“群体免疫”造成的恶果［《名利场》（*Vanity Fair*），2020年］。当然，这部充满主观臆想的“纪录片”里没有采访对上述虚假事实持反对意见的人。和一切充满偏执的话语一样，中心认知的表现如同“锚定启发”和极度炽热的“自我确认偏差”一样——“世界不过是我思想的镜像而已，我的想象必然真实客观。”

对恶性内容的传播征收重税

当局曾经试图对网络传播的内容实施《反网络仇恨法案》，但是考虑到保护言论自由没有通过。尽管如此，还是应该有其他方法防止偏执的憎恨言论广泛传播。如果想清理宣扬憎恨的内容，通常的做法是请网络监察员监视信息，在发布者刚刚上传信息之后马上令其删除，不过这种做法效果不佳，因为监察员的工作量极大，无法做到面面俱到。于是网络上转发、转载极端分子斩首人质、恋童癖袭击以及血腥暴力场面的内容并不少见。为了能够实现有效控制，国家必须强制社交网络公司花费时间、金钱打造没有漏洞的系统，能够立即检测到所有违反法律内容的内容。

但是这种强制规定必然影响经济模式。因为传播“假新闻”、引起憎恨的内容、非法色情内容往往会增加流量、引起热议，能够让广告收入激增。如果对社交网络公司没有严厉的经济惩罚，这些企业会继续传播非法内容牟利。盈利、不受任何惩罚，是网络企业肆意操纵新闻的两大原因。可是，通过激起广大民众负面情绪获得流量的做法，最终会动摇科学权威、政治权威、道德权威。

在我人生的七十几年中，我从来没有在如此短促的时间里看到、听到这么多的奇谈怪论、胡言乱语。在出现社交网络之前，人们彼此之间的信息分享相对有限，但是现在人们分享无稽之谈的次数几乎到了无限多的程度［科特洛（Cottraux），2017年、法兰克福特（Frankfurt），2005年、马米翁（Marmion），2018年］，其中很多信息都是在正统科学界不知名的“天才”做出的“伟大”论述。几乎人人都读到过关于这次疫情的“阴谋论”文章。能够抵挡住集体盲从的人通常接受过良好的科学教育，寻求客观证据做支持，具备独立人格，不受“权威”的影响，能够做出独立的判断。

胡言乱语越耸人听闻，就会越容易挑起各种情绪，这些信息更加易于进入个人记忆和集体记忆中，从而塑造人们的观点。那些传播危言耸听的虚假新闻的人在媒体上产生的影响，总是比发布新闻的勤恳工作之人产生的影响强烈。

辨别媒体上大规模谎言的另一种方法，是估算反驳所需的能量。布兰多利尼法则（loi de Brandolini）［威廉姆森（Williamson），2016年］这样描述：“反驳谎言所需的能量要远远高于创造谎言所需的能量。”该法则还被叫作“谎言不对称法则”。

但是，这并不意味着科学家们面对科学民粹主义的泛滥必输无疑。科学家需要行动起来，建立系统性认知过滤设施，应对“后真相”流行病、“另类真相”流行病、“特朗普式”流行病，防止傲慢愚蠢的言论淹没我们所有人。

问题的关键不在于教育，有些接受过高等教育的人也参与了科学民粹主义运动，他们厚颜无耻地看到参与其中对于职业生涯的利益，于是加入其中。还有一些杰出的人物被自恋情绪和自我确认偏差蒙蔽了双眼，他们认为：“我最出色，我的想法一定正确。我只是把自己的想法分享给别人而已。”漫画家亨利·默尼耶（Henri Monnier，1799—1877年）创作的人物约瑟夫·普吕多姆(Joseph Prudhomme)就是这种人。这个人物是一名小资本家，满口格言警句，满脑子自以为是的想法。

其实，问题的基础在于价值的选择：在这个讨论里，纯粹以自我为中心的价值超过了用科学态度对待事物的整体利益。各种谎言很容易为人接受，也让人愿意制造谎言。以后甚至可以研究出一种客观测量“谎言资本”的方法：在脸书上对伪科学内容的点赞数和广告收入就是“谎言资本”。这种测量方式能够反映出谎言的实时传播能力以及造成的危害，同时也能看到谎言给传播者带来的经济收益。另外，还可以设置警戒线，由专家观察站来研究反击的手段——用幽默有趣的方式传播严谨的科学信息，瓦解神秘主义、“阴谋论”的论调。

为了让观察站变得切实有效，应该根据谎言传播次数来设置“谎言税”。比如，美国媒体统计唐纳德·特朗普传播过20000条谎言，如果对一条谎言征收1000美元的税款，那么总共就可以收入2000万美元的税收，把税收作为观察站的运作资金。对全世界社交媒体上的每一条谎言都征收谎言税，那么观察站就会得到巨额的运行资金。

当然，不必对谎言的制造者征税，因为那样的话会妨碍言论自由。应该对谎言传播者征税，对那些为了制造流量从广告费中牟取利益的人收税，对那些不思悔改、毫无顾忌地传播严重谎言的人收税。

结论：詹姆斯·邦德的回归

新冠肺炎的危机与居家隔离导致了创伤性后果，令人产生焦虑情绪，在法国以10000人为研究对象的试验结果证实了这一点［弗朗克（Franck），2020年］。精神上失去代偿能力，导致各种形式的心理失衡，于是人们对死亡感到焦虑。这种焦虑蔓延到整个社会，强化了人们否定科学的决心，因为科学无法回答所有问题。

这种大规模否认病毒存在的行为催生了具有吸引力的故事，肉眼不可见的病毒换上了人类的面孔，成了富豪密谋制造的产物，这样的故事可以让民众心安。如同间谍电影中的情节一样，人们有各种怀疑的目标。

颤抖吧！世界范围内的阴谋正在无知之人头上盘旋！很快就要请特工詹姆斯 · 邦德对抗幽灵党和幽灵党邪恶的首领恩斯特 · 斯塔夫罗 · 布洛菲尔德（Ernst Stavro Blofeld）。

科学民粹主义会将各种宛如科幻小说一般的解释送到你的家中，另类的荒谬现实大行其道，使得媒体从中获利。为了从深层次、从根部厘清思路，我将在下一章里探索科幻作品与对死亡的焦虑之间的关系。

第九章

科学幻想、超人类主义、对死亡的焦虑

科学幻想仅仅是科学天才们的夸张幻想，正如犯罪是以堕落的方式表现出勇气，以及狂躁阶段的躁郁症会激发高度创造力一样。科幻作品的作者是拉响警报的人，是对未来问题提出解决方法的人，科幻作品里的预言可能在某个时间点成为现实。在科幻作品丰富的主题之中，死亡和长生不老是永恒的主题。

科学幻想、与死亡协商

死亡是人们遗忘的必经之路，是人们避而不谈的话题，是现代社会向我们隐藏得最好的事实。直到20世纪中叶，在宗教的推动之下，死亡这个主题才被呈现在每个人面前。两次世界大战的尸积如山，令人们对死亡避而不谈，逐渐失去对上天的信仰，不再相信上天会允许如此暴行存在。

忘记人生的终点有一个作用——可以好好生活，积极地筹划未来。人们希望控制死亡，这就是为什么西方社会把巨量的资源投入医学研究，医学已经帮助富裕国家的居民延长了寿命，但并没有让死亡撤退。死亡似乎在任何事物面前都寸步不让。

人类不能和死亡耍花招，首先要理解死亡究竟是什么，然后才能打破它的游戏规则，科幻作品就起到了这种作用。这种对未来的预见也是情绪的“预见”，给人类死亡的想象赋予理性的形式，最终目的在于更好地避免死亡。

科学幻想是人类个体与整体存活的创意孵化器，为了达到目的，科学幻想作品分成三种类型：

◉ 另类历史：指的是在历史某一时间点上出现了和实际不同的变化，于是导致历史朝着与现实不同的方向前进。如果希特勒打赢了第二次世界大战会怎么样？作家菲利普·K.迪克（Philip K. Dick）在他著名的小说《高堡奇人》（*Le Maître du haut château*, 1965年）里就描述了这样一个世界。在这个世界里流传着一个秘密：在其他的世界里盟军打赢了第二次世界大战。

◉ 乌托邦：从文字上看，这个词的意思是“善良的神”或者人们非常向往但“不存在的地方”。托马斯·莫尔（Thomas More）在1516年的书里描述了更加社会主义、理想化的英国，打造出了“乌托邦”一词。

◉ 反乌托邦：即“糟糕的地方”，这里被人类的激情与科技至上主义侵蚀，充斥着反人类和专制独裁的行为。乔治·奥威尔（George Orwell）的小说《1984》（1949年）就描述了反乌托邦国家。故事发生在独裁者铁腕统治下的“大洋国”。小说的核心内容是一种通过电视掌控国民个体，实行全面控制的景象，展示了完全摧毁现实的手段，“如果党能够操纵过去，决定哪些事件没有发生过，那就实在太可怕了，要比即将到来的折磨或者死亡更可怕”。奥威尔把群体的邪教思维称为“小集团思维”。奥威尔之所以写出这样的概念是因为他参加了国际纵队，参与了抗击法西斯的西班牙内战，对抗独裁者弗朗哥。实际上，奥威尔的描写适用于所有形式的专制思想。

超人类主义：乌托邦还是反乌托邦？

对于畅想未来，还存在另一种超越死亡的思想潮流，那就是超人类主义。超人类主义是一种尖端科技哲学，遵循贵族气质的道德伦理，推崇科学引领的新世界。若干事件促成了这种思潮的形成：因特网的普及，社交媒体生产人工智能大数据，深度学习，货币与经济的虚拟化，谷歌、苹果、脸书、亚马逊、微软等企业引领的新资本主义、新科技革命。

在表面上是讲述科学的故事中，超人类主义宣布了人工智能进入人类社会的好消息。以下是定义超人类主义特点的五大主题［亚历山大（Alexandre），2017年；库兹维尔（Kurzweil），2012年］。

第一个主题：人工智能以不可逆的方式塑造社会

“人工智能不再是一种选择，而是历史的方向”，法国未来学家洛朗·亚历山大（Laurent Alexandre）这样预测。弱人工智能处于人类的控制之下，在有限的领域里做人类交给它们做的任务；强人工智能以重叠的人工神经网络为基础，进行深度学习。从2012年开始，在这种学习下，人工智能辨认图像、语言、面孔，机器可以设计基本的概念，协助医学诊断。而且，计算机凭借这种方法能够自己学习，在游戏中击败人类。2017年，人类围棋的世界冠军就败给了人工智能。围棋人工智能学会了自己和自己下棋。

第二个主题：科技的独特性

发明家、未来学家雷蒙德·库茨维尔（Ray Kurzweil）通过思想实验对未来进行了各种猜测、推想和预言。到2045年，科技革新会催生出越来越聪明的机器。人工智能可能与人类友好相处，也可能对人类充满敌意——叛变的机器人是科幻作品里的经典主题。“机器人”（robot）这个词最初来自捷克作家克雷尔·恰佩克（Karel Capek，1920年）的作品，他第一次讲述了机器人反抗人类的权威的故事。捷克语“robota”意思是“工作、苦工、苦役”，比喻大工业对工人阶级的剥削，这一概念是很多科幻电影的灵感，其中一部著名的电影就是弗里茨·朗（Fritz Lang）导演的电影《大都会》（*Metropolis*，1927年）。

第三个主题：脱离躯体、长生不死的人类

美国电力汽车特斯拉公司总裁埃隆·马斯克（Elon Musk）认

为:“事态非常紧急，一定要赶在人工智能把我们变成宠物之前在人类大脑植入芯片，把人类改造成合成人。”如果未来让我们走上这条无法回头的路，人类将战胜所有疾病，只需要升级组成身体的电子元件就可以提高性能，从电脑上下载大脑里储存的信息即可实现长生不死。为了实现这一计划，埃隆·马斯克在2017年创立了神经连接公司(Neuralink)，声称可以用低温保存亿万富翁的头颅，等到科技足够发达的时候，再复活这些头颅，让他们以生化人的形式复活。

第四个主题：飞往群星的强化人

NBIC汇聚技术指的是纳米技术、生物技术、信息技术、认知科学四大科技领域的融合，只有NBIC汇聚技术才能达成这个目标。这四大领域朝相同的方向发展，在因特网和人工智能的帮助下，相互融合能够催生“强化人”。埃隆·马斯克认为，人类很快就能征服月球，2025年就可以进军火星，科学家们对此持保留意见……目前，埃隆·马斯克仍在继续他的发展道路：从2020年开始，他的私人太空旅行梦想变成了现实。

第五个主题：智慧优生学

法国未来学家洛朗·亚历山大(2017年)提出了这一概念。

根据在小鼠身上试验得到的研究结果看，可以通过改变子宫内受精卵的DNA序列来改变未来胎儿的智商，更加可信的筛选方法是挑选有智力超群基因标记的胎儿。这些研究的目的是在2100年的时候，让出生的大多数孩子拥有超过160以上的智商。请这些孩子从事管理工作，而工人阶级的普通智商的孩子就只能从事辅助工作。新西兰导演安德鲁·尼克尔1997年的科幻电影《千钧一发》(*Gattaca*)展现了这种体系的令人伤心的缺陷和弱点。

用带有寓言性质的语气和同理心展望未来，人们会觉得未来必然朝着这个方向发展，结果无法避免。可是依据实验数据得到智商数值，由此决定人类是否优秀，这种做法的科学性并不高。库兹维尔(Kurzweil)的书尤其强调了这一点。做出假设也是研究的一部分，我们正在等待对相关哲学论题的实验论证。

超人类主义是不是积极的科学乌托邦，能否促进社会发展、延长人类寿命？这是一种积极的假设。不过如果仔细研究的话，还能从中感觉到反乌托邦的气息。在那样的社会里，谷歌、苹果、脸书、亚马逊、微软等科技巨头和专制的政府很可能非常强大，可以通过操纵信息、改变基因的方式毫无顾忌地滥用权力。

超人类主义的缺点显而易见。因特网不可能永远万无一失地运行下去，这个星球的资源并非无穷无尽。当前的社会不断消耗资源，最终资源匮乏，动摇科技进步的根基。大众每天用他们的个人信息喂养谷歌、苹果、脸书、亚马逊、微软等科技企业，他们会反对这些企业推行的新资本主义。全球气候变暖或者陨石撞击地球等灾难可能让人类长生不死的愿望落空，并彻底摧毁保证现代社会运行的信息系统和远程通信系统。在那样的灾难之后，也完全有可能出现持续多年的大规模停电、人类集体记忆被抹除的情况。

超人类主义：科幻的尼采式描述

尽管超人类主义的哲学家从来没有说过，他们还是建议大家重新阅读弗里德里希·尼采（Friedrich Nietzsche）的作品，尤其是在《查拉图斯特拉如是说》（*Ainsi parlait Zarathoustra*，1885年）中的名句："我把超人指给你们看。人类存在就是为了被超越。你们做了什么准备超越人类？"尼采邀请超人把可怜琐碎的道德放在一边，让超人强化自身去征服无限之地。接下来请阅读两段文字，比较一下尼采和法国超人类主义之父的思想。

首先是尼采在《查拉图斯特拉如是说》中的论述：

等级制度适用于土地之上的政府系统：土地的主人最终

是新的统治阶级。由这个阶级开始，到处都诞生了享乐主义的神、超人、存在的改变者。

下文是洛朗·亚历山大在《智慧战争》(*La Guerre des intelligences*, 2017年)一书中的论述：

民主调节将变得困难。超人类主义者有两大关键优势：由于他们最先接受神经强化，所以会变得更加聪明；他们的寿命更长，所以最终人类中的大多数都是超人类，最后超人类主义者将获得政治和经济上的权力。

超人类主义向我们宣布了在大脑中植入芯片的强化人(神经强化)终将到来，强化人会拥有超能力，超人类在他们漫长的一生中会领导其他人。于是人类制度会从过时的民主制度过渡到超人类领导的寡头政治制度。可以把超人类主义解读成反乌托邦的科幻作品，在那样的世界里，人类将失去肉体、屈服于人工智能。那个世界会许诺人类拥有永恒的灵魂，只不过这次是把人类的灵魂移植到机械身体里，变成生化人。这种景象可能会让很多人不寒而栗吧。

其实，超人类主义的统治既不狂妄也不专制，可能真的是人类未来发展的一条道路。人们对超人类主义既爱又恨的矛盾感情一定存在，客观的观察者会觉得超人类主义既充满希望又潜藏危险。

人类的未来无疑藏在群星之间，这个预言如何能够实现？

尼采在他的作品《曙光》(*Aurore*)里提到了传统道德观念——怜悯的道德观念必然终结。这本书的结尾值得一读：

> 也许有一天我们会觉得身为统治者希望朝向西方，能够到达未知的印度。但如果我们的命运就是在无限未知面前失败呢？我的兄弟们，如果不如此又会怎样呢？

可见，尼采邀请超人起航出发，抛掉基督教的道德观念，成为太空的征服者。超人会有漫长的生存时间。每个人都在记忆中储存了那个场景：斯坦利·库布里克(Stanley Kubrick)的电影《2001太空漫游》(*l'Odyssée de l'espace*，1968年)开篇时呈现的那一缕曙光，伴随着理查德·斯特劳斯(Richard Strauss)的音乐《查拉图斯特拉如是说》。

《明天你将永生不死》，一部科幻小说

我曾经用勒内·德·圣-让(René de Saint-Jean)的笔名写过一部超人类主义题材的科幻小说。人们常说作家最担心

的是面对白纸写不出一个字来，而我的烦恼是可以写的东西太多，无从下手。我写了很多内容，最后终于出版。最初写这部小说的想法来自一场演讲，当时的法国总统弗朗索瓦·奥朗德（François Hollande）在为阿富汗牺牲的法国士兵棺椁前致辞。我想象着这些士兵如果死而复生，变得永生不死，那会发生什么呢？我描述了一个人类永远不死的社会，以及这种极端变化后产生的超人类社会可能是什么样子的。在那部小说里，我通过各种人物阐述了超人类主义的思想。超人类是对死亡焦虑的回应，是人类相信能够超越自己能力的信仰，也是人类生物进化法则的体现。根据进化法则，如果生存环境发生变化但物种不发生突变以适应环境的话，那么这些物种就会灭亡。在那部小说里，突变并非源自漫长的自然选择，而是源自人类科技的自我改变。

结论：超人类即将到来吗？

弗里德里希·尼采启发了超人类主义思想，这点鲜为人知。超人类主义预示了普通人类终将消失。这种理论会产生积极的影响，提出了前沿性、超越性的价值，促使人类超越原来的自己。尽管如此，这样的发展可能危害到人文主义中分享的价值观念，利于催生力量强大的新贵族阶层。

我们是不是热爱这片土地，能够牺牲无关紧要的东西拯救这片土地？时间不多了，但是只要人类减少生产各种一次性物品，保证满足人类基本需求的经济增长，促进新模式的发明，有利于人类共分享成果、共同进步，那么一切仍皆有可能。

我们需要重新定义乌托邦吗？为了保证人类扩张需要向群星进发吗？自古以来，始终是积极向上的人甘冒风险找到问题的解决方法，推动人类前进。可是这种演化会引发伦理问题，仅凭科技进步无法解决，还会引起民众整体的不信任感，现在越来越多、越来越夸张的阴谋论就证明了这一点。

或许，为了保证人类的存活，请每个人赞同超人类主义这种进步，同时保证这种进步尊重自然，那么超人类主义可能会向偏向“人文主义”转变。在不远的将来，我们必须明确地定义人类的本质是什么；然后，根据科学家提供的信息，考虑大多数物种希望做出怎样的改变。

否则，最后的普通人类可能会变成孤独的旅行者，淹没在满是生化合成人的黑暗世界里。这些生化合成人就在转弯处的房子里，房间灯火通明，他们正观察着最后的人类，心想和他们看起来差不多的人类是否彻夜难眠。

第十章

正面情绪的力量

前九章内容几乎完全在介绍人类情绪的阴暗面，现在应该看一看正面情绪的力量了。这是积极心理学的目的，研究的是人们生活中每个阶段令人快乐的东西。远远超出了传统精神病学和心理疾病治疗的框架，被应用于三大基础领域，目的是做到基础预防，也就是说在心理障碍出现之前就把问题解决掉，积极心理学的目标是改善每个人的心理健康。刚才提到的三大基础领域是：

- 积极主观经验，尤其是幸福感、舒适感、快乐；
- 性格上的正面特征，尤其是乐观主义、博爱的利他价值、情感同化；
- 正面的心态，教育管理的心态、组织工作的心态与社会生活的心态。

积极心理学能够给情绪管理带来什么呢？从中我们可以吸取哪些经验，让自己生活快乐、发展正面人格，在社会生活中更加轻松自如、更加幸福呢？

快乐是第一种基本的正面情绪，能够独自抗衡恐惧、愤怒、厌恶、悲伤四种负面情绪，所以抓住机会感受并表达快乐的情绪，非常重要。

快乐：无法持续的情绪

快乐虽然是一种重要的情绪，但对快乐的研究并不多。我们需要从达尔文的研究成果里找到一条既适用于人类和动物又清晰明了的定义。达尔文（1872年）在一本书里讲述了人类与动物的情绪表达，他对“快乐”做出了如下阐述：

鲜活强烈的快乐情绪会引发各种无目的动作：跳舞、拍手、跺脚，等等，同时伴随强烈的笑声……在表达快乐和兴奋的时候，会明显带有各种动作。观察儿童大笑的时候，他们会拍手、跳起来……快乐促进血液循环，刺激大脑，大脑反过来又对全身产生作用……需要指出的是，这些夸张、没有目的的行为以及发出的各种声音都属于愉悦的前奏，而非快感本身。

但是快乐并不仅仅是强烈、短促、简单的基本情绪反应，它有助于我们体会到感情和持续的激情，让生活变得有价值。可以把所有积极的情绪分成几个级别，快乐实际上只持续很短的一段时间，比如让人高兴得跳起的时间非常短促。幸福是在生活中所产生的愉悦的感觉，持续时间相对更久。有谚语说，爱情可以持续三年。愉悦也非常短暂，伴随着快乐同来，而且愉悦的前奏往往是快乐，达尔文几次这样说过。有时快乐之后，随之而来的也可能是悲伤。古罗马诗人奥维德（Ovide）用拉丁语写下过这样的诗句："性交之后，灵魂悲伤。"法国政治家乔治·克列孟梭（Georges Clemenceau）说过："最美好的时刻是上楼梯的时候。"因为欲望为了重生而逝去，也可能永远消失。

良好状态

1948年，国际卫生组织给"健康"下了这样的定义："健康是指生理、心理及社会适应三个方面全部处于良好状态，而不仅仅指没有生病或者身体健壮。"

实际上存在两种"良好状态"：第一种是主观上的良好状态，也被称作"享乐主义"，第二种是心理上的良好状态，也被称作"幸福主义"。

主观上的良好状态/享乐主义

心理学家迪耶内（Diener）等人（2005年）经过研究后认为，这个概念指的是在生活中寻找快感以及舒适感，这是一种情绪上的良好感觉，能够让人品味生活中一个又一个的美好时刻。可以用"迪耶内量表"来进行测量，该量表和正面情绪的测量紧密相关，量表具体内容请看下文。

表7 迪耶内(Diener)等人制作的、测量对生活满意程度的量表(1985年，科特洛2007年翻译)

姓名:　　　　年龄:　　　　性别:　　　　日期:

本测试量表目的是评估您对于生活的满意程度。请对下列五个关于个人生活的论述给出从1到7的评分(每个评分代表的含义已经注明)。

1完全不赞同;2比较不赞同;3有点不赞同;4谈不上赞同还是不赞同;5有点赞同;6比较赞同;7完全赞同。

5个关于个人生活的论述	得分
1. 从很多方面看，我的生活都接近最理想的状态。	
2. 我的生活条件完美无缺。	
3. 我对自己的生活很满意。	
4. 直到今天，在生活中我拥有了自己想要的最重要的东西。	
5. 如果能够重生的话，我什么都不想改变。	
总分(5~35分)	

对于得分的解释:

5~9：对自己的生活非常不满意;10~14：对自己的生活比较不满意;15~19：对自己的生活略微不满意;20：对自己的生活谈不上满意也谈不上不满意;21~25：对自己的生活相对满意;26~30：对自己的生活满意;31~35：对自己的生活非常满意。

在美国，大多数人得分在21到25之间。

如果得25分以上，代表满意度要明显高于大多数人。

心理上的良好状态/幸福主义

心理状态良好或者幸福主义是指自我实现的幸福。这个概念可以追溯到亚里士多德 (Aristote) 的《尼各马可伦理学》(*Éthique à Nicomaque*, 2004年版)：可以把“幸福主义”(εὐδαιμονία) 翻译成“怒放、充分发展”或者“幸福”。实际上，快感是主观感受，转瞬即逝；幸福指的是事件、相遇、不稳定的状态，所谓的“幸福主义”和上述两种概念不同，其具体含义是：在居住的城邦内完成正当行为，这些行为对于实施者来说具有意义，并总结做这些行为后产生的感觉。所谓幸福主义指的是把生命当成一件作品，如果可能的话把生命当成杰作，对于自己和别人来说，这件作品具备价值。下图对比了享

亚里士多德对比享乐主义和幸福主义两种情况下的“良好状态”

亚里士多德（公元前384—前322年）
《尼各马可伦理学》

幸福主义（εὐδαιμονία）
幸福主义：城邦里完成正当行为，给生命赋予意义，把生命当成作品。

两种良好状态：
1. 主观上的良好状态/享乐主义
寻求快感和幸福：美好的相遇［迪耶内（Diener）］
2. 心理上的良好状态/幸福主义
追寻有意义的生活，自我充分发展与自我实现［里夫（Ryff）］

乐主义的"良好状态"和幸福主义的"良好状态"。

和心理上的良好状态紧密相关的是行动、生活目标、完成使命、感觉能够控制生活、有效率、自我实现、个人发展，即发挥具有创造性的潜在能力。

卡罗尔·里夫（Carol Ryff，2014年）研发了评价工具，通过六个和心理状态概念相关的方面对良好状态进行评价（科特洛翻译的法语版，2012年）。可以用"DDRAMA"（Donner, Développement, Relations, Autonomie, Maîtrise, Acceptation）六个字母缩写概括涉及的六个方面：

- D：为生命赋予意义。
- D：个人发展。
- R：和他人的积极关系。
- A：自主性。
- M：掌控环境。
- A：接受自我。

凭借这些研究成果诞生了新型的心理治疗形式——良好状态疗法，用作专精认知行为疗法（TCC）的补充［科特洛（Cottraux）2012年；法瓦（Fava），2016年］。

智慧与良好状态

艾伦·李（Ellen Lee，2020年）和圣地亚哥大学的同事们开辟了一条可能通向智慧的科学之路。这个研究团队认为，智慧包含三个组成部分：亲社会行为（共情、怜悯）、情绪调节能力、精神调节能力。其实除此之外，智慧还包括其他元素，比如自我反思、实施社会帮助与心理帮助、接受不确定的局面、决策能力。为了进一步确认该概念，研究团队进行了元分析，集中精力研究智慧的三大主要组成部分。这三大组成部分包含了个性特点，比如为自己塑造角色设定、与他人合作、超越自我，正面心理学都会研究这些特点，而且我们会部分继承这些特点［茨维尔（Zwir）等，2019年］。

这项元分析包括57项研究，其中29项的主题是亲社会行为，13项的主题是情绪调节能力，15项是精神调节能力。总共有7096个患有精神障碍、身体障碍以及没有确诊任何疾病的患者作为受试对象，参与研究。这些研究都有对照组作为参考。

试验结果显示，把智慧的三大组成部分（和他人互动的能力、情绪调节能力、精神调节能力）作为研究对象时，智慧测试所得的分数越高，受试者身心情况就越有明显好转。受试者年龄越大，往往预示他们亲社会的行为能力越强，而且精神调节能力越强往往代表受试者年龄越大。可见，智慧的行为对个人具有积极影响。

所以，可以通过智慧科学的发展研究对策，对抗现代社会病，比如孤独、自杀、吸毒成瘾，同时帮助整个社会维持良好状态。

性格优点

所有文化都非常重视性格优点（详见后文表格）。性格优点可以产生积极的情绪，比如：满足、幸福感，父母都希望新生儿拥有性格优点。性格优点可以促使人散发出高贵的品质，令别人对其尊敬、羡慕，但不会嫉妒，其他人感受到这些性格优点不会觉得遭到贬低。各种文化都会通过展示英雄人物、榜样模范来颂扬一些性格优点，学校、文化机构、政治机构同样会宣传这些人物，法国举行仪式把为国家做出巨大贡献的伟大人物送入先贤祠就是非常好的宣传实例。法国小说家安德烈·马尔罗（André Malraux）曾经为进入先贤祠的法国第二次世界大战的民族英雄让·穆兰（Jean Moulin）致辞："庞大的随行队伍伴随让·穆兰进入这里……"

每个人都可以凭借这些性格优点形成一个最核心的品质。不论受到表扬还是遭到批评，这些品质使得我们每个人拥有真实的自我以及独一无二的特点，让每个人充满激情地生活。因此，培养这些优点至关重要，因为凭借这些性格优点，我们才能成为更好的自己。

很明显，我们根本不可能拥有下文所讲的全部性格优点，因为有些优点互相抵触，所以我们要依靠的是自己品行中存在的优点。“如果大众批评你的某些性格特点，那么请培养这些特点，因为正是它们使得你成为你自己。”法国作家让·古克多（Jean Cocteau）在《普多马克》（*Le Potomak*）一书中这样写道。

性格优点符合每个人的能力，能够展现出每个人的深度信仰和价值观，不同国家的文化都认同几乎一样的价值观念。美国心理学家克里斯托弗·彼得森（Christopher Peterson）研发了测试性格优点的问卷。

填写问卷的时候不应依据心中所想，而应依据每天的实际行为回答。

我在2006年回答了英文版问卷，根据答案结果，值得我依靠的自身品质有：勇气、对学习的热爱、批评思维、毅力、对美的欣赏。

这个问卷还有一个简化版，我把简化版问卷翻译成了法文，并附在我的一本书里［科特洛（Cottraux），2007年］。二十四种性格优点可以分成六种美德：智慧和知识、勇气、人性和爱、公正、节制、卓越。

彼得森模式下六大美德的二十四个性格优点（2006年）

一、智慧和知识：

1. 好奇心、对世界的兴趣；

2. 热爱学习；

3. 评价、批评的能力、开放的思维；

4. 发明创造的能力、独创性、实践智慧；

5. 洞察力、评价需要的时间/空间距离、远见；

二、勇气：

6. 价值和勇敢；

7. 毅力、勤勉、努力；

8. 正直、真实、诚实；

9. 热情；

三、人性和爱：

10. 爱和依恋；

11. 善良和慷慨；

12. 社交智慧；

四、公正：

13. 团队精神、责任意识、忠诚；

14. 公平、客观；

15. 指挥能力、领导能力；

五、节制：

16. 原谅；

17. 谦虚和谨慎；

18. 谨慎、低调、提防；

19. 自我控制、自我管理；

六、卓越：

20. 对美和优秀的欣赏；

21. 感恩；

22. 希望、乐观主义、面向未来；

23. 快乐和幽默；

24. 精神、寻找生命的意义、信仰、虔诚。

乐观主义

乐观主义是性格优点，也是诠释事件的一种方式，把注意力始终放在正面、积极的方面。乐观主义和正面情绪、良好状态关系紧密。要知道，伏尔泰在小说《老实人》(*Candide ou l'Optimisme*)一书中发明了“乐观主义”这个词。这部小说讲述了主人公历经各种磨难寻找幸福，最终自由地在花园耕作的故事。

一个乐观的人永远期待正面的结果。具备乐观主义精神的人能够感恩生活中的恩赐，可以想象自己的未来，能够自如地应付高压力。容易存活、坚忍不拔都属于卓越的美德。

乐观主义代表了一种自我放纵的积极认知方式，与对自我、对世界和对未来持消极看法的抑郁症认知方式形成鲜明对比。健康的人大约有2/3的积极思想，1/3的消极思想［施瓦茨（Schwartz）、加拉莫尼（Garamoni），1989年］。但是和那些聪明、悲伤、抑郁的人相比，乐观主义者不够现实。良好的健康状态更加接近轻微的狂躁症而不是中间性情。但乐观主义者无疑更加具备生存能力，因为乐观主义能够促使我们持续努力，这种坚持不懈的精神能够使我们获得回报。

我们可以比较一下乐观主义和实际情况，10%的美国人觉得自己能够活到100岁（实际活到100岁的美国人的比例是0.02%）；0%的新婚夫妇觉得自己会离婚，实际上离婚率达到50%；76%的人认为自己的家庭拥有美好的未来，70%的人觉得自己目前的家庭不如父母的家庭成功。尽管实际数据堪忧，但整体上看，80%的人能够保持乐观［沙罗特（Sharot），2011年］。

英国前首相温斯顿·丘吉尔（Winston Churchill）说过："所谓的成功是能够从一次失败走向另一次失败，但从不失去热忱。"丘吉尔这么说必然有他的道理，要知道，丘吉尔在自身患有躁郁症、烟酒成瘾的情况下带领英国人打赢了第二次世界大战。先天乐观的特点有43%由遗传得来［斯奈德（Snyder）、洛佩兹（Lopez），2005年］，温斯顿·丘吉尔爵士乐观的特点可能就是来自父母，而且丘吉尔的母亲也患有躁郁症，她的生活充满了坎坷。

乐观的人能够更好地处理自己的健康问题，他们要比悲观的人更加坚定地去解决问题。奉行乐观主义的人即使遇到艰难困苦也能保持良好状态。

乐观主义者对职业生涯很投入，他们努力对待规划，发现机会的能力很强，这些特质都使得乐观的人比悲观的人在经济生活中更有效率。通常来说，乐观主义者努力奋斗争取优秀的教育机会，坚忍不拔地学习，所以他们要比悲观主义者和性情平和的人收入更高［卡佛（Carver）等，2010年］。

通过功能性核磁共振可以看到乐观主义者大脑的活动情况，当出现正面情绪流的时候，大脑两个边缘系统区域变得活跃。第一个区域是喙前扣带皮质，其活动与乐观主义特点相关；第二个区域是杏仁核区域，这里和管理记忆的海马体相连。这些区域和尾状核一起组成了一个网络，当有好事发生的时候就会通知大脑，尤其是负责规划行动的前额叶区域更是如此［沙罗特（Sharot），2007年］。

创造性：创造力冥想法——“木兰花冥想”

创造性是个人或集体革新的行为，通过这种行为可以使得某个文化领域发生改变。人们普遍认为，创造性是一种美德、一种个性特征，代表了社会的正面价值。创造性是人类心理的基本维度，从发明能力出发到具体创造为止，留下看得见、摸得着的遗产——作品。积极心理学很关注创意流程，各种心理学特征共同促进这种创造性的状态：维持定向关注的能力和三种人格特征，即好奇心、持久性、对自己的关注度低。我们身上存在人格的一种特殊形式，即根据自身目的而非外界利益行事，上述特征和这种人格的特殊形式相结合，促进创造性的发展。

在“最佳体验”过程中能够感受到“心流”，在日常创造性活动中就能够感受到“最佳体验”。人们在特别时刻里能感受到超越自我、掌控局势、快乐欣喜的感觉［奇克森特米哈伊（Czikszentmihalyi），2006年］。最佳体验拥有三大特点：最大限度集中注意力、高度关注当下时刻、出于主观意愿的创造性行为。但是创造性行为也可能没有结果。

如果注意力不集中、体力和脑力不足，可能会出现各种问题，比如缺乏使命召唤、创意受阻、逃避创造，等等。我研发出了一种方法可以解决此类问题［科特洛（Cottraux），2012年］。

这种方法是持续15分钟到20分钟的正念冥想法，集中注意力想象具有创造力的空间。冥想时可以采取坐位或者卧位，把关注点定在呼吸与冥想上。冥想者冥想的主题是复苏的季节，季节象征着创造性以及创造性无法始终存在的特点，如同木兰花和木兰的叶子只能存在数天。冥想时要把注意力集中在创造力的回归上，以及冰天雪地的冬天结束之后充满创造性的复苏上。建议观察冬天的负面思想，比如春天迟迟不到。尽管如此，春天迟早要回归，花朵总是要绽放。把焦点集中固定在一个具体的创作情境上：绘画、音乐、书籍、物体、实践、相遇、社会行为，等等。接下来，想象必要的步骤和新想法，然后关注个人创造力持续存在的特点。在冥想的最后，回归现实，记下在冥想过程中浮现的想法和正面想法，找到一个场所构筑时间与空间。

下文把这种正念冥想法总结成八个步骤，每个步骤的法文首字母组成“创造力”（CREATIVE）一词，这种方法即“创造力冥想法”，也可以称作“木兰花冥想”。

木兰花冥想

“创造力冥想法”分为八个步骤，总共15~20分钟［科特洛（Cottraux），2012年］。

1. 停止“自动巡航”状态：换句话说就是，不要每天凭着本能做事，而不进行思考。请找到

15~20分钟的空闲时间，在一个安静的地方，闭上眼睛，或者睁着眼睛。

2. 呼吸：把注意力集中在一呼一吸的动作上，如果注意力偏离到其他事物上，马上拉回到呼吸上。

3. 把意识扩展到全身。

4. 把注意力集中在木兰花上，把意识扩展到永恒的季节更替上。

5. 在自己身上找到一个创造力不足的地方、工作的荒芜之地，带着善意与从中而来的情绪和想法观察这个地方。

6. 在意识清明的情况下发掘一个空间、一块地方、一个季节、一个时刻，并在此处停留片刻。

7. 在头脑中具体呈现出你创造的作品，充满兴趣地一部分一部分地观察它，仿佛它是一朵木兰花一样，这次这朵木兰花会一直和你在一起。

8. 从冥想中将所有有利于创作的思想和情绪抽离出来，寻找实际地点进行创作活动。

下面的表格可以供心理医生和患者跟进创造性思想和行为的培养发展。

表8　创造力冥想的日常实践卡

日期	创造力冥想的实践 想象出来的创作空间 持续时间	从高处观景台俯瞰我的生活全景	空间创造性实践 实际生活中用于创作的地点和时间	注释和评论

普遍适用的价值观

价值是稳定的信仰，根据信仰人们确定生活中要达到的目标。不同文化下的价值相同，来自耶路撒冷大学的施瓦茨教授（Schwartz，1999年）在49个国家进行的一系列科学研究成果证明了这一点。施瓦茨教授认为，价值是在十个不同领域表现出来的。

- 追求权力：追求权力是在追求社会身份，统治其他人。
- 自我实现：具体表现为寻求个人成功、增强能力。
- 享乐主义：具体表现为追寻快感与幸福。
- 寻找刺激：找到挑战、展现新生事物的价值，冒险，让生活充满令人兴奋的事件。

◉ 自主：是创造力、特殊性、不墨守成规、独立等诸多品质的基础。

◉ 普遍性：相关的价值包括宽容、慷慨、智慧、平等、和平、美丽、保护环境。

◉ 善良：包括关注他人福祉、帮助他人、真诚、宽恕、忠实、感恩、奉献。

◉ 遵循传统：尊重，责任感，接受传统、公约、宗教思想，谦虚、牺牲精神、稳重。

◉ 保守：具体表现是控制冲动、克制冒犯他人的倾向；礼貌、顺从、有纪律、尊重父母和老人，这些是最明显的表现。

◉ 安全：具体表现是寻求和谐和社会稳定；守护秩序、遵守礼节、互利、善良、顺从等美德。

总之，这些价值的来源只有两个：社会群体施加的一致性压力；纯粹个人的追求和欲望，某些追求甚至与社会相抵触。

这十种价值符合两条主轴，每条主轴有两个极点：一条主轴从开放/改变到保守主义；一条主轴从个人膨胀到追求卓越［施瓦茨（Schwartz），1999年］。这两条主轴可以通过下图展示。

四个极点之间分布的十种价值：

保守—开放，个人膨胀—追求卓越

［科特洛(Cottraux)，2007年］

你可以评估自己处在两极之间的什么位置，并用“×”号标出。

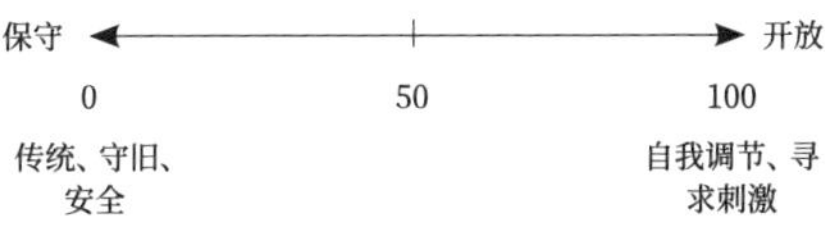

另一条主轴从自我膨胀到自我超越，自我超越指的是普遍、卓越的利他主义价值。

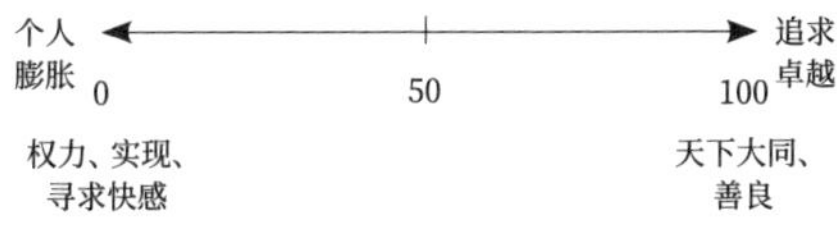

在所有的普遍适用的价值观里，所有希望天下大同的宗教会把善良这种品质放在最重要的位置。信仰能够拯救人类，即使对那些缺乏爱心的人也是一样，一项以66492名女性护士和43141名男性医疗卫生从业者为对象的研究［陈(Chen)等，2020年］证明了这一点。不过性别不同，死亡率所降低的程度也不同，根据观察，女性的死亡率降低了68%，男性的死亡率降低了33%。

通过教育和平解决冲突的实用建议

教育可以帮助人们奠定积极生活态度的基础，使得人们彼此之间的关系缓和，有利于让人们处于良好状态之中。在早期教育中，应该让孩子接受全国人民认同的价值观念，这一点在法国当下的教育中最为缺乏。目前，人们根据各自的出身、宗教等小群体的价值观念开展教育，通过暴力解决冲突的观点横行，导致社会分裂。父母应该鼓励孩子与他人共情，站在他人的角度考虑问题，这样才能培养孩子的解决冲突的能力，并使其逐渐将这种能力内化，并传递给后代。下文是具体步骤。

◉ 反馈。首先指出孩子具有攻击性的行为、不礼貌的行为、不适宜的行为，把这些行为描述给孩子听："你刚才做了……"这样的反馈有助于孩子走出以自我为中心的观念，养成孩子与他人共情的能力。

◉ 认知框架重构。比如，一个9岁的孩子站在父亲的一边，在父母离婚的时候攻击母亲（"妈妈，你真坏"）。这种行为表明孩子缺乏同情心，这时候应该和孩子私下沟通，让孩子认识到他的行为多么伤人。这种认知框架重构的做法能够帮助孩子拓宽思考范围，不再凭借冲动行事，而更多的是理性思考。

◉ 共情时刻。可以再进一步，让孩子设想一下如果自己是"受害者"，即处在妈妈的位置上，自己会有什么感受。请孩子描述一下，比如悲伤、感觉受到侮辱、焦虑，等等。

◉ 置身事外一段时间。请孩子置身事外一段时间，远离所有刺激。可以在这段时间里做个游戏、画一幅画、听听音乐。

◉ 心理整合。问孩子是不是理解了刚才的教训；在刚才经历的事件中学习到了什么，怎样改变自己的行为（对母亲），以后怎样改变自己的行为（对他人）。

◉ 道歉之后回归正常生活。

通过这些方法避免了惩罚孩子，同时做出和平解决冲突的榜样。

这些建议源自积极心理学的研究，可以用于防止负面情绪出现，也可以用于处理因为负面情绪导致的不良行为。这类建议并不罕见，真正的难点在于是否有意愿、耐心、毅力、勇气去实际应用这些建议。

在与他人关系的生活里，各种建议注意建立积极行动和个人满足之间的联系，强调有利于社会的行为产生的心理良好状态与幸福感。

正面教育的十条建议

1. 毫无愧疚地承担起一个健康、有爱心的成年人的角色，但是作为成年人不能违背共同幸福生活的规则，举止行为要得体。

2. 对孩子的进步表现出积极的态度。

3. 对孩子的愿望表现出同情和理解。

4. 和孩子一起制订很有可能达成的目标。

5. 用爱和礼物嘉奖孩子的进步。

6. 只对孩子进行正面的批评，这样有助于孩子解决问题。

7. 教孩子有礼貌，培养孩子谦虚谨慎的品德。

8. 不要使用威胁与暴力，通过平等协商的方式解决生活问题，给孩子做出榜样。

9. 指出无私、利他的道路，比如请孩子至少每星期做一次帮助他人不求回报的事情。

10. 教孩子对爱自己的人和帮助自己的人表达感激之情。

或许应该在稍许调整之后回归原来的传统教育。那时候，社会以父母、学校作为媒介告诉孩子什么是正确的行为方式，什么是榜样。第二次世界大战之后我在圣-芒代(Saint-Mandé)公立小学学习，每星期有一次共和国道德课。我记得其中一节课的主题是科学价值。当时的女老师清楚地告诉我们，要想和路易·巴斯德(Louis Pasteur)一样优秀，就要努力学习。那节道德课深深地印在了我的脑海里。

接受过这样的教育，孩子可能成为优秀的工作者，获得成功，实现心中的梦想；但如果失败可能会产生负罪感，觉得自己不够出色。如果父母要求严格，迫使孩子必须获得惊人的成功，那么孩子会努力变得完美，认为在所有领域都能成功，然后才能得到爱。这样的孩子会把生活的重心都放在工作上，竭尽全力寻求成功，因为“失败”两个字在他的字典上不存在。一旦出现些许挫折，这样的孩子就会觉得是弥天大祸。让孩子正确认识需求和情绪边界，这样才是人人满意的教育，不要陷入过分严苛和过分溺爱的陷阱当中。

日常生活逻辑教育的十二条建议

被海量信息轰炸、陶醉在信息同温层，这类情况已经深入我们的生活。现在应该从孩子的幼年开始实施正面教育。对于正面教育，与其说是培养抽象的科学推理方法的能力，倒不如说是培养辨析能力，能够分辨出什么是事实，什么是对事实的诠释。同样，从他人的面部表情分辨出对方是否在撒谎非常重要。所以，从青少年时代开始学习一些简单的逻辑思维规则非常有用。下文是一套简短的方案，能够指导家长、教师和教育工作者。这套方案可以勾勒出逻辑思维的大体框架，共十二次课，每次一个小时，整套课程的题目是《思维的自由》。

对日常逻辑教育和思维自由教育的十二条建议

1. 要知道，求得真相需要做很多工作，而不是不假思索地直接评判。

2. 做事情时学习使用有条理的逻辑思维，不要凭借直观感觉下结论。

3. 直觉可能有用，但是需要以在客观事实基础之上的推理为依据。客观事实是各个领域的专业人士共同认定、证明之后的事件。

4. 花点时间思考、理解，不要在电脑上盯着别人的点赞，不要看到什么就不假思索地在键盘上打字反馈。

5. 对比不同信息源发出的信息。

6. 根据事件本身整理出事实，不要用先入为主的想法去解释一切。要提防一些号称掌握了真理，能够解释一切的宗教、哲学体系。

7. 学会分辨阴谋论解释方法和科学解释方法。

8. 学会分辨自我偏见：分辨自我证明的偏见，

即只保留能够证明自己观点、自己喜欢的理论；分辨自我满足的偏见，即只保留保证自己高大形象的观点，把成功归功于自己，把失败归咎于他人的理论。

9. 不要成为没有主见的盲从之人，面对群体、国家的压力，要培养独立判断的能力。

10. 学习一些统计学的基本概念，比如高斯曲线，平均值、众数、中位数之间的区别；学习一些概率的基本概念。知道了这些知识以后，才能明白某些看似无懈可击、牢不可破的证据其实并不可靠。

11. 保持开放的态度，在不咄咄逼人的前提下和别人讨论自己坚信的理念。

12. 如果出现反驳自己理论的新观点，随时准备自我调适，重新审视自己的观点。

生活道路上的两项积极心理学练习

在结束本书之前，我想留给各位读者一份礼物：两项积极心理学练习，帮助大家在生活的道路上越走越顺畅。一项练习的主题是乐观主义，一项练习的主题是感激。

第一项练习是梅维森（Meevissen）等人（2011年）设计推出的。我在自己和学生身上做过测试，并且取得成功。在一项对比研究的结果报告上，现实的结果很值得关注。“最优秀的自我”是一种专注于未来行为的积极心理想象法，目的在于鼓励每个人对自己的未来进行乐观地预测。整个过程非常简单，可以看作通过积极行动在最高水平上的自我管理。

1. 用20分钟写出一篇短文，描述“最优秀的自我”。

（1）确定三个方面：

1）个性

2）社交关系

3）职业

（2）写出在这三个方面你希望达到的目标。

（3）详细写出在这三个方面未来你想达到的理想状态。

2. 闭上眼睛，想象你的未来，仿佛在眼前看到你在这三个方面取得了最理想的进步。每天进行一次这种想象，每次持续5分钟，连续进行两个星期。在这种想象练习中，呈现在你眼前的是未来的理想场景，“以后，我将……为了达到目标，我要……”

建议把注意力集中在能够实现的目标上，关注实现梦想过程中积极的方面。

第二项练习是怀着感激之情回顾曾经的美好回忆。一项研究［肖皮克（Chopik）和艾德斯坦（Edelstein），2019年］显示，那些对父母拥有美好回忆的人身体更加健康，更不容易抑郁。这就是为什么我设计了这项专注于感激之情的练习——“对父母的美好回忆”。这就是规程，可以在伤心、焦虑的时候进行练习，持续时间不要超过20分钟。

对父母的美好回忆：感激之情的练习

［科特洛（Cottraux），2020年］

1. 找一个安静的地方，坐在椅子上。

2. 花上5分钟时间放松，调整吸入呼出的频率。

3. 忘却生活中的烦恼，摆脱无意识行为，集中精力想象一幅蓝色的背景。

4. 在蓝色背景前，想象小时候曾经照顾过你的大人形象。

5. 这些大人的声音刻在你的记忆深处，你的耳边似乎响起了他们说话的声音。

6. 你看到了他们脸上熟悉的表情。

7. 你进入思想中想象出来的场景，不过这次你已经是成年人了，你和照顾过你的亲人交谈。

8. 你用成年人的语言向他们中的每个人表达感激之情。

9. 你想象他们会怎么回答。

10. 不要抑制自己的感情，让情绪自然流露。

11. 你向他们说："再见。"

12. 你召唤出蓝色背景，然后慢慢睁开眼睛，重新回到现实世界。

结论：普遍真理、善良、权威

积极心理学不是给亲亲熊宝宝的哲学，也不是更加先进的自我暗示法 (méthode Coué)。乐观主义相信教育革新，因为这是打开美好未来的关键。我在这本书中勾勒出了大致的轮廓，给大家提供了一些可供实践的练习。

我们都需要拥有利他主义的目标，为了比个人利益更伟大的事业服务。今天，人文主义、爱国主义、普遍真理日渐衰落，艺术与科学理想遭到抨击，权威被大幅削弱，人们不再珍视努力，上述所有因素都导致人们以自我为中心、个人主义横行，每个人都自以为是，把自己当作星之尘埃。这种原子化的情况开辟了民粹主义的道路，随之而来的是无法容忍他人的不同意见、暴力、破坏人们共同接受的现实。重新塑造教师的权威是现在应该优先考虑的问题。

教育不应该任由以自我为中心的暴力个人主义肆意妄为，不应该纵容这种现象发展，而应该坚决遏制这种不良思潮，引导年轻人从事有利于社会凝聚的活动。不论在家庭还是在学校，都应该鼓励年轻人进行有利于普遍适用的价值观、善良积极的思想传播的活动，并给予嘉奖。权力机关的功能不仅仅是禁止和惩罚，更应该发挥作用，推广正确的价值观，鼓励人们超越自我。

后记

情绪的未来

一位英国记者曾经问过圣雄甘地对西方文明怎么看，甘地回答道：“西方文明？一个伟大的想法。”虽然这个小故事可能是人为捏造的，但其中包含了一定的真理。

是什么奠定了西方文明的基础？雅典城邦？罗马帝国、犹太—基督教？雅典的民主、西方帝国主义、神性的正义，今天还剩下了什么？

正是这些残存的美丽文明遗迹使人们驻足凝望。人们从豪华的赌场邮轮下来，从低价的飞机下来，凝望这些遗迹。他们知道自己参观的是祖辈的生活，祖辈的生存与死亡艺术要比他们的生活更加令他们满足。参观的人群涌入古城遗迹，一点一滴侵蚀着古城，返程的时候搜集旅游纪念品带在身上，损害着大理石光辉的冥想、教堂阴影处的静思。

后现代的人类厌恶空虚，可是城市就是一个空虚之地：出行过程中的无聊、大家一致认同平庸的虚荣、正面情绪的闭锁、街上随处可以感受到的焦虑。新冠肺炎疫情使得各种琐碎的小事占满了这片空虚，空虚的生活很快回归。在第一次封城的时候，人们想象着一个全新的世界。在那几个星期里，天空重新变得湛蓝，鸟儿重新歌唱，河水重新变得清澈。这段仿佛静止的时间把我们带回二十世纪五六十年代，那时候还存在希望，极地大浮冰上还有北极熊的身影，环境还没有遭到过度污染。那不是天堂，但是和现在的情况相比，那个年代和天堂可能也相差无几。封城不是流放，而是带人们回到认同基本价值的时代。没完没了、毫无目的地追求经济增长，不能概括人类的基本价值，人类的基本价值远超于此。

新冠疫情导致卫生健康危机之后，伴随而来的是心理健康危机、经济危机，这一切侵蚀着我们的梦想。一个简单的事实摆在面前：真正的危机是信仰危机。这是价值的危机、梦想的危机、行动的危机。我们正站在十字路口，路口的标牌上赫然写着几个大字："怎么办？"

各种有害情绪的大潮使得警钟响起。我们当前的文明建立在抽象、图像、信息流之上，警钟告诉我们，大自然正在质疑当前文明的过分之处。我们的文明提供了一个表象，这个表象把世界置于越来越完美的官僚行政体系下，然而在各种屏幕的背后呈现了另一个事实：这个事实把混乱置于情绪之上，正在摧毁越来越难以承受这份混乱的地球。人们越来越对大城市失去兴趣，在第一次封城之后人们希望在"法国荒漠"上重新站起来，这些都是面对混乱秩序的自然、合理的反应。

我们的情绪将向哪种未来演变？情绪把我们和自然联系起来，如果人类这种动物消亡，人类的精神将随之消亡。反之，如果人类的精神消亡，人类这种动物自然也时日无多。

参考书目

1. 阿登纳 · H.(Adenauer H.)、卡塔尼 · C.(Catani C.)、戈拉 · H.(Gola H.) 等,《使用叙述性暴露疗法治疗创伤后应激障碍会增强患者对厌恶刺激自上而下的处理——来自随机对照治疗试验的证据》(“Narrative exposure therapy for PTSD increases top-down processing of aversive stimuli – Evidence from a random controlled treatment trial”),《BMC 神经科学》(*BMC Neurosci*), 2011年, 12, p.127

2. 阿尔韦蒂 · R.(Alberti R.) 和埃蒙斯 · M.(Emmons M.),《你的完美权利》(*Your Perfect Right*), Impact 出版社, 1974年; 法语版《自我确认, 知道占据自己的位置》(*S'affirmer. Savoir prendre sa place*), Le Jour Editeur出版社, 1992年

3. 阿罗耶 · L.B.(Alloy L.B.) 等,《抑郁性认知风格: 预测效度, 信息处理和人格特征, 以及发展起源》(“Depressogenic cognitive styles: Predictive validity, information processing and personality characteristics, and developmental origins”),《行为研究与治疗》(*Behaviour Research and Therapy*), 1999年, 37, pp.503-531

4. 亚历山大 · L.(Alexandre L.),《智慧战争》(*La Guerre des intelligences*), J.-C. Lattès出版社, 2017年, p.319

5. 美国精神医学会,《精神疾病诊断与统计手册(第5版)》, APA, 2013年; 法文版由 M.-A. 克劳克(M.-A. Crocq)、J.-D. 盖尔夫(J.-D. Guelf)翻译, Elsevier Masson出版社, 2015年

6. 阿姆胡纳 · F.(Amroune F., 2020年),《情绪智力: 机器人比人类更强吗?》https://www.forbes.fr/technologie/intelligence-emotionnelle-les-robots-plus-fort-que-lhomme/Technologie /#Intelligenceartificielle.2020年, 下载链接有可能失效

7. 亚里士多德(Aristote),《尼各马可伦理学》, Flammarion出版社, 2004年

8. 巴梅里斯 · L.(Bamelis L.) 等人,《多中心随机对照试验结果图示疗法对人格障碍的临床疗效》(“Results of a multicenter randomized controlled trial of the clinical effectiveness of schema therapy for personality disorders”),《美国精神病学》杂志(*American Journal of Psychiatry*), 2014年, 171, pp.305-322

9. 巴洛 · D.H.(Barlow D.H.) 等人,《走向情绪障碍的统一治疗》(“Toward a unified treatment for emotional disorders”),《行为疗法》(*Behavior Therapy*), 2004年, 35, pp.205-230

10. 巴洛 · D.H.(Barlow D.H.),《情绪障碍跨诊断治疗的统一方案与焦虑症诊断特异性方案的比较: 一项随机临床试验》(“the unified protocol for transdiagnostic treatment of emotional disorders compared with diagnosis-specific protocols for anxiety disorders : a randomized clinical trial ”),《美国医学会神经病学纪要》(*JAMA Psychiatry*), 2017年, 74(9), pp.875-884

11. 巴洛 · D.H.(Barlow D.H.) 等人,《情绪障碍跨诊断统一治疗方案》(*Unified Protocol for Transdiagnostic Treatment of Emotional Disorders*), 牛津大学出版社(Oxford

University Press)，2018年

12. 贝雷 · F.J.(Baylé F. J.) 等人，《巴莱特冲动量表法译因子结构》(“Structure factorielle de la traduction française de l'échelle d'impulsivité de Barratt”)，《加拿大精神病学》杂志（*Can. J. Psychiatry*），2000年，45 (2), pp.156–166

13. 贝克 · A.T.(Beck A. T.)，《认知治疗和情绪障碍》(*Cognitive Therapy and the Emotional Disorders*)，International Universities Press 出版社，法语版由贝尔纳 · 帕斯卡尔（Bernard Pascal）翻译，让 · 科特洛（Jean Cottraux）撰写序言，《认知治疗和情绪障碍》(*La Thérapie cognitive des troubles émotionnels*)，De Boeck 出版社，2010年

14. 爱德华 · 伯尼斯（Edward Bernays)，《舆论》(*Propaganda*)，1928年，序言作者：诺曼德 · 拜拉戈恩（Normand Baillargeon），La Découverte 出版社，2007年

15. 贝里奇 · K.C.(Berridge K. C.)、文科尔曼 · P.(Winkielman P.)，《什么是无意识情绪？》(*What is an unconscious emotion ? (The case for the unconscious liking)*)，2003年，17（2），pp.181–211

16. 博德 · R.(Border R.) 等人，《在多个大样本中，没有对历史候选基因或候选基因相互作用导致严重抑郁假说的支持》(“No support for historical candidate gene or candidate gene-by interaction hypotheses for major depression across multiple large samples”)，《美国精神病学》杂志（*American Journal of Psychiatry*），2019年，176（5），pp.376–387

17. 博斯坦因 · R.F.(Bornstein R. F.)、达戈斯蒂诺 · P.R.(D'Agostino P. R.)，《刺激识别与单纯暴露效应》(“Stimulus recognition and the mere exposure effect”)，《个性与社会心理学》杂志（*J. Pers. Soc. Psychol*），1992年，63（4），pp.545–552

18. 阿尔丰斯 · 布达尔（Alphonse Boudard)，《樱桃》(*La Cerise*)，1963年，La Table Ronde出版社，1972年

19. 阿尔丰斯 · 布达尔（Alphonse Boudard)、卢克 · 埃蒂安（Luc Etienne)，《同化方法学俗语：无压力掌握俗语》(*La Méthode à Mimile.L'argot sans peine*), La Jeune Parque出版社，1970年

20. 鲍尔比 · J.(Bowlby J.)，《安全的基础：依恋理论的临床应用》(*A Secure Base. Clinical Application of Attachment Theory*)，Routledge出版社，1988年

21. 布勒瓦尔 · D.R.(Boulware D. R.) 等人，《羟氯喹作为暴露在新冠病毒后预防的随机试验》(“A randomized trial of hydroxychloroquine as postexposure prophylaxis for Covid-19”)，《新英格兰医学》杂志（*The New England Journal of Medicine*），2020年6月3日，pp.1–9

22. 布拉伊洛夫斯卡娅 · J.(Brailovskaia J.) 等人，《在德国、美国日常生活压力、压力症状、脸书使用成瘾障碍之间的关系》(“Relationship between daily stress, depression symptoms, and Facebook addiction disorder in Germany and in the United States"),《网络心理学、行为和社交网络》(*Cyberpsychology, Behavior, and Social Networking*), 2019, 22(9), pp.610-614

23. 巴克利 · T.(Buckley T.)等人,《愤怒发作引起急性冠状动脉闭塞》("Triggering of acute coronary occlusion by episodes of anger"),《欧洲心脏:急性心血管治疗》杂志(*European Heart Journal: Acute Cardiovascular Care*), 2015年2月23日, https://doi.org/10.1177/2048872615568969.

24. 西蒙娜 · 比法尔(Simone Buffard),《监狱之寒》(*Le Froid pénitentiaire*),Seuil出版社, 1973年

25. 克雷尔 · 恰佩克(Karel Capek),《索洛姆的万能机器人》(*Rossum's Universal Robots*), 1921年, Wildside Press出版社, 2010年

26. 卡鲁索 · D.R.(Caruso D.R.)、梅耶 · J.D.(Mayer J.D.)、萨洛维 · P.(Salovey P.),《情绪智力的能力测量与人格的关系》(*Relation of an ability measure of emotional intelligence to personality*),《人格评估》杂志(*Journal of Personality Assessment*), 79(2), pp.306-320

27. 卡佛 · S.C.(Carver S.C.)、谢尔 · M.F.(Scheier M. F.)、塞格斯特罗姆 · S. C.(Segerstrom S. C.),《乐观主义》("Optimism"),《临床心理学研究》(*Clinical Psychology Review*), 2010年, 30, pp.879-889

28. 陈 · Y.(Chen Y.)等人,《美国职业健康治疗中宗教服务和毒品、酒精、自杀死亡的相关性》("Religious service attendance and deaths related to drugs, alcohol, and suicide among US health care professionals"),《美国医学会神经病学纪要》杂志(*JAMA Psychiatry*), 2020年, 77(7), pp.737-744

29. 肖皮克 · W.J.(Chopik W. J.)、艾德斯坦 · R.S.(Edelstein R. S.),《生命中期到晚期的对父母的回忆和健康》("Retrospective memories of parental care and health from mid-to late life"),《心理健康》(*Health Psychology*), 2019年, 38(1), pp.84-93

30. 克莱博朗 · G.G.(Clérambault G.G.),《激情性精神病:情爱狂、慢性妄想、忌妒妄想(患者自述)》("Les délires passionnels. Érotomanie, revendication, jalousie (présentation de malade) "),《精神病医学临床社会通告》(*Bulletin de la Société clinique de médecine mentale*), 1921年, p.61

31. 克劳 · C.(Collao C.),《大陆:格雷文之谜》(*Le mystère Greven*), DVD, ESC版, 2018年

32. 让 · 科特洛(Jean Cottraux),《监狱群体的动与静》("Statique et dynamique de groupe en milieu pénitentiaire"),《拉埃耐克手册》(*Cahiers Laënnec*), 31(2),1971年, pp.34-44

33. 让 · 科特洛(Jean Cottraux),《生活剧本的重复:明天是另一个故事》(*La Répétition des scénarios de vie. Demain est une autre histoire*), Odile Jacob出版社, 2001年

34. 让 · 科特洛(Jean Cottraux),《自己的力量:为了积极心理学》(*La Force avec*

soi. Pour une psychologie positive)，Odile Jacob出版社，2007年

35. 让·科特洛（Jean Cottraux），《每人有自己的创造性》（*À chacun sa créativité*），Odile Jacob出版社，2010年

36. 让·科特洛（Jean Cottraux）（目录），《积极心理学与工作中的良好状态》（*Psychologie positive et bien-être au travail*），巴黎，Masson出版社，2012年

37. 让·科特洛（Jean Cottraux），《所有的自恋狂》（*Tous narcissiques*），Odile Jacob出版社，2017年

38. 让·科特洛（Jean Cottraux），《认知与行为心理学治疗》（*Les Psychothér apie agnitives et comportementales*），Masson出版社，2020年（第七版）

39. 让·科特洛（Jean Cottraux）等人，《边缘型人格障碍的认知心理治疗与罗杰斯支持疗法：为期两年的对照试验随访研究》（"Cognitive therapy versus rogerian supportive therapy in borderline personality disorder: A two-year follow-up of a controlled pilot study"），《心理治疗与身心医学》（*Psychotherapy and Psychosomatics*），2009年，78，pp.307-316

40. 让·科特洛（Jean Cottraux）等人，《遭受创伤后压力女性的创伤记忆恢复脑磁图记录：先导性研究》（"Enregistrement magnétoencéphalographique (MEG) de réminiscences du trauma chez des femmes souffrant de stress post-traumatique : une étude pilote"），《脑》（*L'Encéphale*），2015年，41，pp.202-208

41. 克里斯泰亚（Cristea）等人，《边缘型人格障碍的心理治疗效果系统回顾和元分析》（"Efficacy of psychotherapies for borderline personality disorder. A systematic review and meta-analysis"），《美国医学会神经病学纪要》杂志（*JAMA Psychiatry*），2017年，74（4），pp.319-328

42. 奇克森特米哈伊·M.（Czikszentmihalyi M.），《创造性：发现和发明心理学》（*La Créativité Psychologie de la découverte et de l'invention*），Robert Laffont出版社，2006年

43. 安东尼·达马西奥（Antonio Damasio），《斯宾诺莎说得对：欢乐与悲伤，情绪大脑》（*Spinoza avait raison. Joie et tristesse. Le cerveau des émotions*），Odile Jacob出版社，2003年

44. 达尔文·C.(Darwin C.),《人与动物的情绪表达》（*The Expression of the Emotions in Man and Animals*），1872年；再版时保罗·艾克曼（Paul Ekman）撰写前言和后记，牛津大学出版社，1998年

45. 戴维森·K.M.（Davidson K.M.）等人，《认知疗法与通常疗法治疗边缘型人格障碍：六年跟踪随诊》（"Cognitive therapy v. usual treatment for borderline personality disorder: Prospective 6-year follow-up"），《英国心理学》杂志（*Br. J. Psychiatry*），2010年，197，pp.456-462

46. 让·德赛提（Jean Decety）和蒂埃里·查米纳德（Thierry Chaminade），《与同情心相关的神经连接》（"Neural correlates of feeling sympathy"），《神经心理学》（*Neuropsychologia*），2003年，41，pp.127-138

47. 让·德赛提（Jean Decety）等人，《被监禁的精神病患者大脑对涉及疼痛的共情场景反应》（“Brain response to empathy-eliciting scenarios involving pain in incarcerated individuals with psychopathy”），《美国医学会神经病学纪要》杂志（*JAMA Psychiatry*），2013年，70（6），pp.638-645

48. 勒内·笛卡儿（René Descartes),《灵魂的激情》（*Les Passions de l'âme*），1649年，https://www.academia.edu/29203651/_Descartes_Rene_Les_passions_de_lame_pdf.

49. 德维莱尔·L.(Devillers L.)，《情绪机器人》（*Les Robots émotionnels*），Éditions del' Observatoire出版社，2020年

50. 菲利普·K.迪克（Dick P. K.)，《高堡奇人》（*The Man in the High Castle*），1962年，Penguin Books出版社，1965年

51. 迪耶内·E.(Diener E.)、卢卡斯·R.E.(Lucas R. E.)、大石·S.(Oishi S.)，《主观幸福感，幸福和生活满意度的科学》（“Subjective well-being. The science of happiness and life satisfaction”），斯奈德·C.R.(Snyder C.R.)、洛佩兹·S.(Lopez S.)《认知心理学手册》（*Handbook of Cognitive Psychology*）里，牛津大学出版社，2005年，pp.63-73

52. 德苏内拉·T.J.(D' Zurilla T. J.)、讷苏·A.(Nezu A.)，《问题解决疗法：一种积极的临床干预方法》（*Problem Solving Therapy : A Positive Approach to Clinical Intervention*），Springer出版社，2006年

53. 保罗·艾克曼（Paul Ekman），《人类面部的情绪》（*Emotion in the Human Face*），Cambridge University 出版社，1982年（第二版）

54. 保罗·艾克曼（Paul Ekman）、戴维森·R.J.(Davidson R.J.)，《情绪的性质》《根本的问题》（*The Nature of Emotions. Fundamental Questions*），牛津大学出版社，1994年

55. 艾尔－海·J.(El-Hai J.)，《纳粹和精神病：寻找绝对的邪恶》（*Le Nazi et le Psychiatre. À la recherche du mal absolu*），Les Arènes出版社，2015年

56. 汉斯·艾森克（Hans Jürgen Eysenck），《艾森克个性清单》（*Inventaire de personnalité de Eysenck*），Centre de psychologie appliquée出版社，1971年

57. 法瓦·G.A.(Fava G.A.)，《良好状态的治疗方法：实用治疗手册》（*Well-Being Therapy. Treatment Manual and Application*），Karger 出版社，2016年，FDA, https://www.lapresse.ca/international/etats-unis/2020-06-15/covid-19-les-eu-retirent-l-autorisation-d-urgence-de-l-hydroxychloroquine, 2020.

58. 弗洛雷思科·S.B.(Floresco S.B.)，《伏隔核：认知、情感和行动之间的界面》（“*the bucleus accumbens:An interface between cognition,emotion,and action*”），《心理学年鉴》（*Annu.rev.psychol.*），2015年，66，pp.25-52

59. 阿纳托尔·法郎士（Anatole France），《西尔维斯特·波纳尔的罪行》（*Le Crime de Sylvestre Bonnard*），1896年，Gallimard出版社，“Folio”，1991年

60. 弗朗克·N.(Franck N.)，《新冠病毒和心理困境：2020年封城历险》(*Covid-19 et détresse psychologique. 2020 l'odyssée du confinement*)，Odile Jacob出版社，2020年

61. 法兰克福特·H.G.(Frankfurt H.G.)，《屁话之上》(*On Bullshit*)，Princeton University出版社，2005年

62. 西格蒙德·弗洛伊德(Sigmund Freud)，《文明及其缺憾》("Civilization and its discontents")，1929—1930年，《西格蒙德·弗洛伊德心理学全集普通版》(*The Standard Edition of the Complete Psychological Works of Sigmund Freud*)，The Hogarth Press出版社，1964年

63. 福·C.H.(Fu C. H.)等人，《使用抗抑郁剂的治疗重度抑郁症患者快乐时面部表情的神经反应》("Neural responses to happy facial expressions in major depression following antidepressant treatment")，《美国精神病学》杂志(*American Journal of Psychiatry*)，2007年，164，pp.599-607

64. 福马克·T.(Furmark T.)等人，《使用西酞普兰或认知行为疗法治疗恐惧症后社交型患者脑血流的常见变化》("Common changes in cerebral blood flow in patients with social phobia treated with citalopram or cognitive-behavioral therapy")，《普通精神病档案》(*Archives of General Psychiatry*)，2002年，59，pp.425-433

65. 戈捷·J.(Gauthier J.)、拉里维·S.(Larivée S.)，《情商概念化和评估》("L'intelligence émotionnelle conceptualisation et évaluation")，在拉里维·S(Larivée S.)主编的书籍《智能》(*L'Intelligence*)中，第一卷：《生物认知、发展、当代方法》(*Approches biocognitives, développementales et contemporaines*)，ERPI/Pearson出版社，2007年

66. 安德烈·纪德(André Gide)，《日记：汇编(1889-1949)》(*Journal. Une anthologie (1889-1949)*)，Gallimard出版社，"Folio"，2012年

67. 吉森·布洛·J.(Giesen Bloo J.)等人，《边缘型人格障碍门诊心理治疗图示型治疗与移情型心理治疗的随机试验》("An outpatient psychotherapy for borderline personality disorder randomized trial of schema-focused therapy vs transference-focused psychotherapy")，《普通精神病档案》(*Archives of General Psychiatry*)，2006年，63，pp.649-658

68. 吉尔伯特·P.(Gilbert P.)，《集中同情疗法》(*Compassion Focused Therapy*)，Routledge出版社，2010年

69. 吉莱·A.L.(Gilet A. L.)，《情绪诱导程序：批评检查》("Mood induction procedures : A critical review")，《大脑》(*L'Encéphale*)，2008年，34(3)pp.233-239

70. 歌德(Goethe J. W. von)，《少年维特的烦恼》(*Les Souffrances du jeune Werther*)(1774年)，Flammarion出版社，1998年

71. 戈拉克·M.(Gollac M.)，《测量社会心理危险元素并将其控制》("Mesurer les facteurs de risques psychosociaux pour les maîtriser")，2011年，http://

www.aractidf.org/risques-psychosociaux/ressources/mesurer-lesfacteurs-psychosociaux-de-risque-au-travail-rapport-gollac.

72. 格里尼（Guerini）等人，《3岁到10岁儿童代理机构在遗憾和放松中的作用》（"The role of agency in regret and relief in 3-to 10-year-old children"），《组织与经济》杂志（*Journal of Economics and Organization*），2020年，179，pp.797-806

73. 哈里里 · A.R.（Hariri A.R.）等人，《杏仁核对恐惧反应的新皮质调节》（"Neocortical modulation of the amygdala response to fearful stimuli"），《生物精神病学》（*Biological Psychiatry*），2003年，53, pp.494-501

74. 哈特 · S.L.（Hart S. L.）《嫉妒的临近基础：婴儿出生后第一年对专属性的期望》（"Proximal foundations of jealousy: Expectations of exclusivity in the infant' s first year of life"），《情绪评论》（*Emotion Review*），2016年，8，pp.358-366

75. 赫日 · R.（Herz R.）等人，《嗅觉诱发情绪效力的神经成像证据记忆》（"Neuroimaging evidence for the emotional potency of odor-evoked memory"），《神经心理学》（*Neuropsychologia*），2004年，42（3），pp.371-378

76. 霍夫曼 · S.G.（Hofmann S.G.）等人，《认知行为治疗的有效性：元认知检视》（"The efficacy of cognitive behavioral therapy: A review of meta-analyses"），《认知疗法和研究》（*Cognit. Ther. Res*），2012年，36，pp.427-440

77. 胡利 · J.M.（Hooley J. M.），《情绪表达与心理疾病病例复发》（"Expressed emotion and relapse of psychopathology"），《临床心理学年度评论》（*Annu. Rev. Clin. Psychol.*），2007年，3，p329-352

78. 于尔 · A.M.（Hull A. M.）《创伤后压力障碍神经影像探寻》（"Neuroimaging finding in post-traumatic stress disorder"），《英国精神病学》杂志（*Systematic Review. Brit. J. Psychiatry*），2002年，181，pp.102-110

79. 地中海大学医院感染研究所（IHU Méditerranée-Infection），https://www.mediterranee-infection.com/wpcontent/uploads/2020/04/Abstract_Raoult_EarlyTrtCovid19_09042020_ vD1v.pdf.

80. 司法总局，《配偶之间的谋杀》，2019年10月，http://www.justice.gouv.fr/publication/Rapport%20HC%20Publication%2017%20novembre%202019.pdf.

81. 詹姆斯 · W.（James W.），《情绪是什么？》（*What is an emotion?*），《思想》（*Mind*），1884年，9，pp.188-205

82. 乔 · 卡巴金（Jon Kabat-Zinn），《冥想：正面冥想108课》（*Méditer. 108 leçons de pleine conscience*），配有CD，贝尔纳 · 吉罗多（Bernard Giraudeau）朗读，Les Arènes出版社，2010年

83. 丹尼尔 · 卡尼曼（Daniel Kahneman），《思考的快与慢》，Penguin Books出版社，2011年

84. 肯尼迪 · S.H.（Kennedy S.H.）等人，《使用认知行为疗法和文拉法辛疗法的

患者的大脑葡萄糖代谢差异：为期16周的对照实验》(“Differences in brain glucose metabolism between responders to CBT and Venlafaxine in a 16-week randomized controlled trial”),《美国精神病学》(*American Journal of Psychiatry*)，2007年，164，pp.778-788

85. 克鲁格 · J.(Kruger J.)、邓宁 · D.(Dunning D.)，《不熟练和不知道：发现认识自己不称职如何导致夸大的自我评估》(“Unskilled and unaware of it : How difficulties in recognizing one's own incompetence lead to inflated self-assessments”)，《个性与社会心理学》杂志 (*Journal of Personality and Social Psychology*)，1999年，77（6），pp.1121-1134

86. 伊丽莎白 · 库伯勒 · 罗斯 (Elisabeth Kübler-Ross)，《死亡与濒临死亡》(*On Death and Dying*)，Macmillan 出版社，1969年，法语版《生命中的最后时刻》(*Les Derniers Instants de la vie*)，Labor et Fides 出版社，2011年

87. 库兹维尔 · R.(Kurzweil R.)，《如何创造意念》(*Create a Mind*)，Penguin Books出版社，2012年。

88. 朗日 · J.(Lange J.)、克鲁修斯 · J.(Crusius J.)《重新审视羡妒 : 揭示良性羡妒和恶性羡妒的动机》(“Dispositional envy revisited : Unraveling the motivational dynamics of benign and malicious envy”)，《个性与社会心理学》杂志 (*Personality and Social Psychology Bulletin*)，2015年，41（2），pp.284-294

89. 朗日 · J.(Lange J.)、鲍休斯 · D.J.(Paulhus D. J.)、克鲁修斯 · J.(Crusius J.)，《看清羡妒的黑暗面：分清良性羡妒和恶性嫉妒的关系以及黑暗人格》(“Elucidating the dark side of envy: Distinctive links of benign and malicious envy with dark personalities”)，《个性与社会心理学》杂志 (*Personality and Social Psychology Bulletin*)，2018年，44（4），pp.601-614

90. 拉尼厄斯 · R.A.(Lanius R. A.) 等人，《创伤性记忆的本质 :4-T 功能磁共振成像功能连通性分析》(“The nature of traumatic memories : A 4-T fMRI functional connectivity analysis”)，《美国心理学》杂志 (*Am. J. Psychiatry*)，2004年，161（1），pp.36-44

91. 莱西 · R.(Leahy R.)，《嫉妒治疗：克服占有欲、保证正常关系》(*The Jealousy Cure Learn to Trust, Overcome Possessiveness, and Save Your Relationship*)，New Harbinger出版社，2018年

92. 勒杜 · J.(LeDoux J.)，《个性的神经生物学》(*Neurobiologie de la personnalité*)，Odile Jacob 出版社，2002年

93. 勒杜 · J(LeDoux J.)，《情绪大脑：我们情绪的根本秘密》(*Le Cerveau des émotions, Les mystérieux fondements de notre vie émotionnelle*)，Odile Jacob出版社，2005年

94. 李 · E.E.(Lee E. E.)，《干预措施的随机临床试验的结果增强社会、情感和精神智慧的系统成分的回顾和元分析》(“Outcomes of randomized clinical trials of interventions to enhance social, emotional, and spiritual components of wisdom a systematic review and meta-analysis”)，《美国医学会神经病学纪要》杂志（*JAMA Psychiatry*），2020年，77（9），pp.925-935

95. Légifrance 网站，2012年8月6日 n° 2012-954关于性骚扰（1）的法律，2012年，https://www.legifrance.gouv.fr/affichTexte.do?cidTexte=JORF-TEXT000026263463&dateTexte&categorieLien=id.

96. 马切耶夫斯基·P.K.（Maciejewski P. K.）等人，《悲伤阶段理论的实证检验》（“An empirical examination of the stage theory of grief”），《美国医学会神经病学纪要》杂志（*JAMA Psychiatry*），2007年，297（7），p716-723

97. 马米翁·J.-F.（Marmion J.-F.），《蠢话心理学》（*Psychologie de la connerie*），欧塞尔，Sciences Humaines Éditions出版社，2018年

98. 马丁·R.C.（Martin R. C.）等人，《因特网上的愤怒：在网站上骂人的网络心理价值》（“The perceived value of rant-sites cyberpsychology”），《行为和社会网络》（*Behavior, And Social Networking*），2013年，16（2），pp.119-122

99. 松本·D.（Matsumoto D.），《表达蔑视的普遍性的更多证据》（“More evidence for the universality of a contempt expression”），《动机与情绪》（*Motivation and Emotion,*），1992年，16（4），p363-368

100. 梅维森·Y.M.C.（Meevissen Y.M.C.）等人，《通过想想最好的自己变得积极乐观：实施两周的效果》（“Become more optimistic by imagining a best possible self : Effects of a two week intervention”），《行为治疗与实验精神病学》杂志（*J. Behav. Ther Exp Psychiatry*），2011年，42（3），pp.371-378

101. 梅拉·M.R.（Mehra M.R.）等人，《撤回：羟氯喹或含或不含氯喹的大环内酯没有治疗新冠病毒的作用的跨国注册分析》（“Retraction: Hydroxychloroquine or chloroquine with or without a macrolide for treatment of COVID-19: A multinational registry analysis”），《柳叶刀》（*The Lancet*），2020年，395（10240），p.1820

102. 梅西纳·J.L.（Messina J. L.）（2010年），https://www.hobotraveler.com/psychology/resentment.php.

103. 米塞利·M.（Miceli M.）、卡斯特尔弗兰奇·C.（Castelfranchi C.），《嫉妒的心》（“The envious mind”），《认知与情绪》（*Cognition and Emotion*），2007年，21（3），pp.449-479

104. 米尔格拉姆·S.（Milgram S），《屈服于权力》（“Soumission à l’autorité”），Calmann-Lévy出版社，1974年

105. 托马斯·莫尔（Thomas More），《乌托邦》（*Utopia*），1516年，Dutton出版社，1972年

106. 尼登塔尔 · P.M.(Niedenthal P.M.) 等人,《法国情绪类别原型分析》(“A prototype analysis of the French category ‘émotion’”),《认知与情绪》(*Cognition and Emotion*), 2004年, 18 (3), pp.289-312

107. 尼德科罗特塔勒 · T.(Niederkrotenthaler T.) 等人,《美国青少年自杀率的增加与 < 十三个原因 > 的上映有关》(“Association of increased youth suicides in the United States with the release of 13 Reasons Why”),《美国医学会精神病学纪要》杂志 (*JAMA Psychiatry*), 2019年, 76 (9), pp.933-940

108. 弗里德里希 · 尼采 (Friedrich Nietzsche),《曙光》(*Aurore*), 1881年, Hachette出版社, 1987年

109. 托马斯 · 尼德科罗特塔勒 (Thomas Niederkrotenthaler),《查拉图斯特拉如是说》(*Ainsi parlait Zarathoustra*), 1883—1885年, 亨利 · 阿尔伯特 (Henri Alert) 翻译, Mercure de France出版社, 1958年

110. 弗里德里希 · 尼采 (Friedrich Nietzsche),《道德谱系学》(*Généalogie de la moral*), 1887年, Flammarion出版社, 1996年

111. 世界卫生组织 (OMS) (2020年),《世卫组织终止对新冠病毒治疗的羟氯喹试验, 缺乏得到证实的益处》(“WHO halts hydroxychloroquine trial for Covid-19 over lack of proven benefit”), 2020年6月18日, https://www.france24.com/ en/20200617-who-world-health-organisation-hydroxychloroquine-covid-19.

112. 联合国 (ONU),《杀害妇女: 世界现状盘点》(“Féminicides: état des lieux de la situation dans le monde”), 2019年11月25日, https://www.onufemmes.fr/nos-actualites/2019/11/25/feminicides-etat-des-lieux-de-la-situation-dans-le-monde.

113. 乔治 · 奥威尔 (Orwell G.),《 1984 》, 1949年, Penguin Books 出版社, 2013年

114. 布莱兹 · 帕斯卡 (Blaise Pascal),《思想录》(*Pensées*), 1669年, 选自《全集》, Gallimard出版社, 七星图书馆, 1954年

115. 鲍休斯 · D.L.、威廉姆斯 · K.(Paulhus D.L., Williams K.) 等人,《黑暗三角人格: 自恋、心理变态、马基雅维利主义》, (“the dark triad of personality: Narcissism, machiavellianism, and psychopathy”),《个性研究》杂志 (*Journal of Research in Personality*), 2002年, 36 (2), pp.556-563

116. 罗伯特 · 帕克斯顿 (Robert Paxton),《维希政府下的法国》(*La France de Vichy*), 1972年, Seuil出版社, 1999年

117. 克里斯托弗 · 彼得森 (Christopher Peterson),《积极心理学入门》(*A Primer in Positive Psychology*), 牛津大学出版社, 2006年

118. 菲利普 · D.P.(Phillips D. P.),《自杀暗示的影响: 维特效应的影响和现实

意义》（“The influence of suggestion on suicide : Substantive and theoretical implications of the Werther Effect”），《美国社会科学评论》，1974年，39（3），pp.340-354

119. 菲利普 · D.P.(Phillips D. P.)，《自杀与媒体》（“Suicide and the media”），收录于马里斯 · R.W.(Maris R. W.)、伯曼 · A.L.(Berman A. L.)、马尔茨伯格 · J. T.(Maltsberger J. T.)、尤菲特 · R.I.(Yufit R. I.) 主编的《自杀评估和预测》(*Assessment and Prediction of Suicide,*)，Guilford出版社，1992年，pp.499-519

120. 波利比乌斯（Polybe），《历史》（*Histoire*）（第四卷),Gallimard 出版社，2003年，pp.562-606

121. 普鲁斯特 · M.(Poust M.)，《追忆似水年华》（*À la recherche du temps perdu,*），第一卷:《在斯万先生身旁》（*Du côté de chez Swann*），Gallimard 出版社，七星图书馆，1959年

122. 让 · 拉辛（Jean Racine），《费德尔》（*Phèdre*），选自《戏剧全集》（*Théâtre complet*），Classiques Garnier出版社，1951年

123. 拉姆齐 · R.(Ramsay R.)，《丧失亲人的行为方法》（“Behavioural approaches to bereavement”），《行为研究与治疗》（*Behaviour Research and Therapy*），1977年，15，pp.131-135

124. 复苏（2020年），https://www.lemonde.fr/planete/article/2020/06/05/covid-19-l-hydroxychloroquine-n-a-pas-d-effet-benefique-selon-l-essai-clinique-recovery_6041923_3244.html?fbclid=IwAR0Bf-JyzlBtTluz-sm-ve0noJA8Zyl_0l4x-vGrFPpULLnOVcUYLgWJ6WU

125. 贾科莫 · 里佐拉蒂（Giacomo Rizzolatti）、西尼加利亚 · C.(Sinigaglia C.)，《神经元镜子》（*Les Neurones miroirs*），Odile Jacob 出版社，2008年

126. 罗兰 · J.-P.(Rolland J.-P.)，《个性的演化：五种元素的模型》（*L'Évaluation de la personnalité. Le modèle à 5 facteurs*），Mardaga出版社，2019年

127. 罗夏 · F.D.(Rosa F. D.) 等人，《我们是查理：媒体广泛报道的“查理周刊恐怖袭击”引发的情绪压力与心脏病的影响的研究”》（“We are CHARLIE: Emotional stress from ‘Charlie Hebdo attack’ extensively relayed by media increases the risk of cardiac events”），《心脏病临床研究》（*Clin. Res. Cardiol.*），2016年，105，pp.630-631

128. 罗森博格 · E.S.(Rosenberg E. S.) 等人，《使用羟氯喹或阿奇霉素与纽约州新冠肺炎患者死亡的关系》（“Association of treatment with hydroxychloroquine or azithromycin with in-hospital mortality in patients with COVID-19 in New York State”),《美国医学会》杂志（*JAMA*），2020年，323（24），pp.2493-2502

129. 卡罗尔 · 里夫（Carol Ryff），《重新审视心理健康：科学和幸福的实践》（“Psychological well-being revisited : Advances in the science and practice of Eudemonia”），《心理治疗与身心医学》杂志（*Psychother. Psychosom*），2014

年，83，pp.10–28

130. 圣—让 · R.(Saint-Jean R. de)，《明天，你们将永生不死》(*Demain, vous serez immortel*)，Odile Jacob出版社，2019年

131. 康丝坦斯 · 德 · 萨尔姆（Salm C. de)，《一个女人一生中的二十四小时》(*Vingt-quatre heures d'une femme sensible*)，Phébus出版社，2007年

132. 索尔—扎弗拉（Sauer-Zavla）等人，《心理治疗中神经质的处理》(*Addressing neuroticism in psychological treatment*)，《人格障碍》(*Personal Disord.*)，2017年，8（3），pp.191–198

133. 斯科特（Scott）等人，《反社会人格的早期预防：对采取比较指示性和选择性方法的两组随机对照试验的长期随访》("Early prevention of antisocial personality : Long-term follow-up of two randomized controlled trials comparing indicated and selective approaches")，《美国心理学》杂志(*Am. J. Psychiatry*)，2014年，171，pp.649–657

134. 舒尔茨 · J.H.(Schultz J. H.)，《受到训练的自动基因》(*Le Training autogène*)，PUF出版社，1965年

135. 施瓦茨 · S.(Schwartz S.)，《文化价值理论和工作应用》("A theory of cultural values and some implication for work")，《应用心理学评论》(*Applied Psychology Review*)，1999年，48,1，pp.23–47

136. 施瓦茨 · R.M.(Schwartz R. M.)、加拉莫尼 · G.L.(Garamoni G.L.)，《认知平衡和精神病理学：正、负状态信息处理模型的评价的思想》("Cognitive balance and psychopathology: Evaluation of an information processing model of positive and negative states of mind")，《临床心理学评论》(*Clinical Psychology Review*)，1989年，9，pp.21–274

137. 塞尔福 · W.H.(Self W. H.) 等人，《羟氯喹对新冠肺炎住院患者术后第14天临床状态的影响：一项随机临床试验》("Effect of hydroxychloroquine on clinical status at 14 days in hospitalized patients with COVID-19 : A randomized clinical trial")，《美国医学会》杂志（*JAMA*)，2020年，24（21)，pp.2165–2176

138. 沙罗特 · T.(Sharot T.)，《乐观主义的方法》(*The optimist bias*)，《时代周刊》(*Time*)，2011年6月6日

139. 沙罗特 · T.(Sharot T.) 等人，《乐观与偏见的神经机制》(*Neural mechanisms mediating optimism bias*)，《自然》(*Nature*)，2007年，450，pp.102–105

140. 希尔 · M.K.(Shear M.K.) 等人，《老年人复杂性悲伤的治疗：随机临床试验》("Treatment of complicated grief in elderly persons: A randomized clinical trial")，《美国医学会神经病学纪要》杂志（*JAMA Psychiatry*)，2014年，71，pp.1287–1295

141. 斯奈德 · C.R.(Snyder C. R.)、洛佩兹 · S.J.(Lopez S. J.)，《积极心理学手

册》(*Handbook of Positive Psychology*)，牛津大学出版社，2005年

142. 约翰·斯坦贝克（John Steinbeck），《愤怒的葡萄》(*Les Raisins de la colère*)，1939年，Gallimard出版社，1947年

143. 司汤达（Stendhal），《红与黑》(*Le Rouge et le Noir*)，1830年，Classique Garnier出版社，1955年

144. 斯滕伯格·R.J.(Sternberg R. J.)，《仇恨的双重理论：恐怖主义、屠杀和种族灭绝的发展和应用》("A duplex theory of hate : Development and application to terrorism, massacres, and genocide")，《通用心理学评论》(*Review of General Psychology*)，2003年，7（3），pp.299-328

145. 塔勒布·N.N.(Taleb N. N.)，《黑天鹅：不可能发生事件的影响》(*The Block Swan. The Impact of Highly Improbable*)，Penguin Books出版社，2007年。法语版《黑天鹅：不可预见之事的力量》(*Le Cygne noir. La puissance de l'imprévisible*)，les Belles Lettres出版社，2008年

146. 唐·W.(Tang W.)，《2019年羟氯喹用于轻度至中度新冠肺炎患者：开放实验及随机对照试验》("Hydroxychloroquine in patients with mainly mild to moderate coronavirus disease 2019: Open label, randomised controlled trial")，《英国医学》杂志（*BMJ*），2020年，369，m1849

147. 泰勒·S.(Taylor S.)等人，《音乐痴迷：对被忽视的临床现象的全面回顾》("Musical obsessions: A comprehensive review of neglected clinical phenomena")，《焦虑障碍》杂志（*J. Anxiety Disord*），2014年，16,28（6），pp.580-589

148. 汤普森·P.M.(Thompson P.M.)等人，《谜题联盟：大规模合作神经影像学和遗传数据分析》("The ENIGMA consortium: Large-scale collaborative analyses of neuroimaging and genetic data")，《大脑影响与行为》(*Brain Imaging Behav*)，2014年，8，pp.153-182

149. 名利场《*Vanity Fair*》:《新闻：阴谋论、假新闻……"劫持"，关于新冠病毒引起争论的纪录片》，(Actu: Complotisme, fake news..."Hold-up", le documentaire sur le coronavirus qui fait polèmique) 2020年11月12日，https://www.vanityfair.fr/pouvoir/medias/story/complotisme-fake-news-hold-up-le-documentaire-surle-coronavirus-qui-fait-polemique/12827.

150. 伏尔泰（Voltaire），《老实人》(*Candide ou l'Optimisme*)，1759年，Gründ出版社，1937年

151. 乌拉贝尔·J.K.(Vrabel J.K.)等人，《"自尊"与羡妒：自尊状态的不稳定性与良性羡妒和恶性羡妒有关吗？》(" 'Self-esteem' and envy:Is state self-esteem instability associated with the benign and malicious forms of envy?")，《人格与个体差异》(*Personality and Individual Differences*)，2018年，123，pp.100-104

152. 布洛妮·瓦尔（Bronnie Ware），《生命末期后悔的五件事》（*Les Cinq Regrets des personnes en fin de vie*），Guy Trédaniel Éditeur出版社，2013年

153. 威廉姆森·P.（Williamson P.），《花时间和精力去纠正错误的信息》（"Take the time and effort to correct misinformation"），《自然》（*Nature*），2016年，540，p.171

154. 威廉姆森·P.（Williamson P.）等人，《隐藏的快乐和愤怒的面孔会影响人们的消费行为和价值判断》（"Unconscious affective reactions to masked happy versus angry faces influence consumption behavior and judgments of value"），《个性与社会心理学》杂志（*J. Pers. Soc. Psychol*），2005年，31（1），pp.121–135

155. 延·S.（Yen S.）等人，《边缘型人格的创伤暴露和创伤后应激障碍、分裂型、回避型和强迫型人格障碍：合作纵向人格障碍研究的结果》（"Traumatic exposure and posttraumatic stress disorder in borderline, schizotypal, avoidant, and obsessive-compulsive personality disorders: Findings from the collaborative longitudinal personality disorders study"），《神经和精神疾病》杂志（*J. Nerv. Ment Dis*），2002年，190（8），pp.510–518

156. 杰弗瑞·杨（Jeffrey Young）、科罗斯科·J.（Klosko J.）、维沙尔·M.（Weishaar M.），《认知图示治疗：人格障碍的认知疗法》（*La Thérapie des Schémes. Approche cognitire des Troubles de la personnalité*），贝尔纳·帕斯卡尔（Bernard Pascal）翻译，让·科特洛（Jean Cottraux）撰写前言，De Boeck Université 出

版社，2005

157. 扎荣茨 · R.B.(Zajonc R.B.)，《多看效应》(*Attitudinal effects of mere exposure*)，《个性与社会心理学》杂志 (*Journal of Personality and Social, Psychology Monographs*)，1968,9 (2)，pp.1-27

158. 扎荣茨 · R.B.(Zajonc R.B.)，《感觉和思想：偏好无需推理》("Feeling and thinking: Preferences need no inferences")，《美国心理学家》(*American Psychologist*)，1980年，35 (2)，pp.151-175

159. 斯蒂芬 · 茨威格 (Stefan Zweig)，《一个陌生女人的来信》(*Lettre d'une inconnue*)，1922年，选自《长篇和中短篇小说》(*Romans et nouvelles*)，La Pochothèque出版社，2009年，pp.333-372

160. 斯蒂芬 · 茨威格 (Stefan Zweig)，《一个女人一生中的二十四小时》(*Vingt-quatre de la vie d'une femme*)，1927年，选自《长篇和中短篇小说》(*Romans et nouvelles*)，La Pochothèque出版社，2009年，pp.395-454

161. 斯蒂芬 · 茨威格 (Stefan Zweig)，《通向往昔之旅》(*Le Voyage dans le passé*)，1929年，Grasset出版社，2008年

162. 茨维尔 · I.(Zwir I.)、戴尔一瓦尔 · C.(Del-Val C.)、阿尔纳多 · J.(Arnedo J.) 等人，《三种遗传环境网络对人格的影响》("Three genetic-environmental networks for human persondlity")，《分子精神病学》(*Mol. Psychiatry*)，2019年，doi:10.1038/s41380-019-0579-x

图书在版编目(CIP)数据

走出负面情绪 /(法)让·科特洛(Jean Cottraux)著;吴博译 .-- 上海:上海三联书店,2023.5
ISBN 978-7-5426-8048-8

I. ①走… II. ①让… ②吴… III. ①情绪 - 自我控制 - 通俗读物 IV. ① B842.6-49

中国国家版本馆 CIP 数据核字(2023)第 050452 号

走出负面情绪

著 者 [法]让·科特洛
译 者 吴 博
总 策 划 李 娟
执行策划 王思杰
责任编辑 杜 鹃
营销编辑 张 妍
装帧设计 潘振宇
监 制 姚 军
责任校对 王凌霄

出版发行 上海三联书店
(200030)中国上海市漕溪北路331号A座6楼
邮 箱 sdxsanlian@sina.com
邮购电话 021-22895540
印 刷 北京盛通印刷股份有限公司

版 次 2023年5月第1版
印 次 2023年5月第1次印刷
开 本 787mm×1092mm 1/32
字 数 200千字
印 张 11.875
书 号 ISBN 978-7-5426-8048-8/B·823
定 价 59.00元

敬启读者,如发现本书有印装质量问题,请与印刷厂联系 15901363985

人啊，认识你自己！